LIVRE DU MAITRE

ENSEIGNEMENT DES CLASSES ÉLÉMENTAIRES

CLASSE DE HUITIÈME

ATLAS-SCOLAIRE

COURS DE GÉOGRAPHIE

RÉDIGÉ CONFORMÉMENT AUX PROGRAMMES OFFICIELS DU 2 AOUT 1882

COMPRENANT

30 CARTES ET 26 ILLUSTRATIONS ET FIGURES INTERCALÉES DANS LE TEXTE

7 CARTES MUETTES AVEC QUESTIONNAIRES POUR LES INTERROGATIONS

ET DES RÉSUMÉS DE CHAQUE LEÇON PLACÉS A LA FIN DU VOLUME

Par E. LEVASSEUR

MEMBRE DE L'INSTITUT

INSTITUT GÉOGRAPHIQUE DE PARIS

LIBRAIRIE CH. DELAGRAVE

15, RUE SOUFFLOT, 15

TABLE DES MATIÈRES

A chaque page du livre de l'élève correspond, en outre, une page du livre du maître qui contient la méthode d'enseignement et le commentaire du texte de l'élève.

CLASSE DE HUITIÈME

PRÉFACE DE L'ATLAS-SCOLAIRE

(Les pages du Livre du maître se distinguent de celles du Livre de l'élève par la couleur du papier.)

Faire **voir**, faire **comprendre**, faire **apprendre** : voilà les trois règles fondamentales de l'enseignement de la géographie.

Le but que se propose le maître est de faire bien *apprendre* la géographie. Pour l'atteindre, le meilleur procédé est de s'appliquer à *faire voir* et à *faire comprendre*.

D'une part, la géographie étant l'étude de lieux qu'on ne connaît bien que lorsqu'on en sait exactement la forme et la position, il est indispensable de *voir* sur la carte cette forme et cette position. D'autre part, il importe d'expliquer, de décrire et de faire *comprendre*.

Il y a longtemps que nous avons dit : « L'enseignement de la géographie, quelque sommaire qu'il soit, ne doit jamais se borner à une aride nomenclature. Il ne consiste pas uniquement à apprendre par cœur une série de noms propres; il consiste à faire connaître la terre et ses diverses contrées et à donner pour ainsi dire l'intelligence des lieux; pour atteindre ce but, il faut des détails et des descriptions. » En effet, les détails et descriptions donnés par le maître ont l'avantage : 1° d'intéresser les élèves pendant la leçon ; 2° d'aider à retenir le nom propre qui demeure associé à une idée ou à une circonstance particulière ; 3° de contribuer au développement général de l'intelligence, c'est-à-dire au but principal de l'éducation, en apprenant aux élèves la raison d'être des choses et en meublant leur mémoire de connaissances variées, qui sont intimement liées à la géographie.

I. Pour faire voir, le professeur se servira de la carte ou du globe.

Toute classe de huitième doit posséder au moins un globe terrestre et deux cartes murales : carte d'Europe et carte de la Terre. Il est désirable qu'elle ait, en outre, une ou plusieurs cartes muettes sur tableau noir.

On ne saurait trop recommander au professeur de donner les premières leçons sur la Terre à l'aide du globe, et de s'en servir pour faire comprendre d'abord la position des grands cercles, des continents, des mers, etc., de manière à imprimer dans la mémoire des élèves une image exacte des formes générales. Le maître pourra employer ensuite sans inconvénient une mappemonde.

On ne saurait trop recommander aussi au maître de donner d'ordinaire les autres leçons devant la carte murale en y montrant chaque chose à mesure qu'il la nomme. Ce procédé impose sans doute quelque peine et exige une bonne dicipline de la classe; mais le profit qu'en tireront les élèves récompensera amplement le professeur.

Il gagnera plus encore si, à côté de la carte murale, il a une carte muette sur tableau noir, et s'il y marque ou dessine la chose même dont il parle.

La carte murale et le tableau-carte-muette ne sont pas utiles seulement pour la leçon, ils le sont aussi pour l'interrogation. Lorsque le maître fait cette interrogation à l'aide de la carte muette de l'Atlas-scolaire, tous les élèves suivent et marquent en même temps du doigt sur leur Atlas-scolaire le lieu demandé; lorsqu'il la fait à l'aide de la carte murale ou du tableau-carte-muette, un seul élève montre ou marque à la craie le lieu demandé, pendant que tous les autres élèves ont les yeux fixés sur lui, prêts à rectifier, sur l'appel du maître, chaque erreur.

Nous nous sommes imposé partout l'obligation de mettre chaque carte en regard du texte correspondant, de manière à ce que les élèves puissent toujours voir la position du lieu en même temps qu'ils lisent le nom, sans avoir à retourner la page. Nous avons de même placé la carte muette sur laquelle l'élève doit être interrogé et le questionnaire qui l'accompagne, de manière à ce que l'élève n'ait pas sous les yeux la réponse toute faite; il appartient au maître de veiller à ce que l'élève ne tourne pas la page.

Les cartes ont été dressées, autant que possible, à des échelles uniformes, dans le but de rendre les images plus facilement comparables et de laisser une impression plus juste sur les rapports de grandeur.

II. Nous donnons, quand il y a lieu, de courtes explications ou descriptions qui, sans dépasser l'intelligence des enfants, les aideront à comprendre ou éveilleront leur intelligence. Les figures, choisies à dessein pour représenter les choses essentielles, sont une partie nécessaire du texte et une manière de description par l'aspect; dans l'interrogation, le maître pourra demander aux élèves de les expliquer.

Le commentaire du maître sera toujours plus efficace que le texte du livre pour donner à des enfants l'intelligence des choses. C'est dans ce but que nous avons décrit le **Livre du maître.** A chaque page du Livre de l'élève correspond exactement une page du Livre du maître, placée en regard, afin que celui-ci ait toujours l'une et l'autre sous les yeux sans avoir à tourner la page.

Chaque page du Livre du maître contient, quand il y a lieu :

1° Des indications sur la *méthode* à employer pour la leçon et sur le *commentaire* dont elle peut être accompagnée ;

2° Des *lectures ;*

3° Un *questionnaire* comprenant des demandes avec les réponses, et des devoirs.

La *méthode* est l'application du principe exposé dans cette préface : faire voir et faire comprendre pour faire mieux apprendre. Le *commentaire* n'a pas pour objet d'ajouter des noms propres aux noms propres du Livre de l'élève, mais de fournir certains renseignements supplémentaires en vue des développements que le maître voudrait donner à ses leçons ou des réponses à faire aux questions qui pourraient lui être adressées. C'est à dessein que le nombre des noms propres n'est pas plus considérable dans l'Atlas-scolaire, et nous ne cherchons pas à l'augmenter dans ce commentaire. Il ne faut pas surcharger la mémoire des enfants; ce qui importe, c'est de leur apprendre le nécessaire et de le leur bien apprendre.

Les **lectures** portent toutes sur des points particulièrement importants de chaque leçon; elles en constituent le principal commentaire. Nous recommandons spécialement aux maîtres l'emploi de ces lectures. Elles sont une partie essentielle de la méthode, parce qu'elles permettent de donner, en dehors du texte même de la leçon qui est nécessairement sommaire, quelques descriptions de détail, de communiquer par là de l'intérêt et de la variété à l'enseignement, de faire aimer la nature et comprendre les œuvres de la civilisation aux élèves et de leur inspirer le goût de la géographie. Le maître pourra s'en servir de trois manières :

1° Faire lui-même à ses élèves la description sous forme de commentaire, après avoir pris connaissance du texte de la lecture;

2° Lire en classe le texte de la lecture comme complément de la leçon ;

3° Donner le texte ou une partie du texte en dictée, chaque morceau ayant été composé en vue de fournir une ou plusieurs dictées profitables à la classe.

Toutes les questions qui figurent au bas des cartes muettes dans le *questionnaire* du Livre de l'élève se retrouvent dans le questionnaire du Livre maître, placé à la page correspondante. Le Livre du maître contient en outre un certain nombre de questionnaires plus développés avec les réponses.

Les *devoirs*, qui se trouvent à la suite des questionnaires dans le Livre de l'élève et en plus grand nombre dans le Livre du maître, consistent pour la plupart en exercices écrits sur une carte muette. A la fin du volume sont des **Résumés** qui facilitent aux élèves le moyen de repasser leur leçon, mais qui ne doivent jamais les dispenser d'étudier dans le texte.

PROGRAMME DE L'ENSEIGNEMENT SECONDAIRE CLASSIQUE. — CLASSE DE HUITIÈME.

Classe de huitième. *Géographie élémentaire des cinq parties du monde ; principaux voyages de découvertes ; grands navigateurs.*

La mer et les continents : les océans. Les cinq parties du monde. Les régions polaires.

Europe, Asie, Afrique, Amérique, Océanie. — Configuration et limites : mers, grands golfes et détroits, caps, îles, presqu'îles. Grandes chaînes de montagnes. Fleuves et lacs. Animaux et plantes remarquables. Principaux États avec leurs capitales. Grands ports de commerce et villes importantes.

Voyages et découvertes de Marco Polo, Christophe Colomb, Vasco de Gama, Magellan, Cook, La Pérouse, Dumont d'Urville, Parry, Livingstone.

INTERROGATION SUR LA CARTE MUETTE DE LA TERRE

Méthode. — L'Atlas-scolaire est disposé de manière à ce qu'à chaque partie corresponde une carte muette contenant exactement les mêmes choses que la carte écrite, moins les noms, et accompagnée d'un questionnaire et de devoirs. La carte muette est elle-même placée avant ou après le texte correspondant, à une page d'où l'élève ne puisse pas apercevoir ce texte. Le maître se servira de la carte muette pour l'interrogation après que la leçon aura été expliquée par lui sur la carte écrite et apprise par les élèves. Ceux-ci montreront sur cette carte muette les choses à mesure qu'il leur demandera de les nommer.

La carte muette de la Terre est dressée sur la projection de Mercator : c'est une des projections les plus usitées pour représenter la Terre sur une carte, c'est-à-dire sur une surface plane. On l'emploie toujours pour les cartes marines. Elle a l'avantage de présenter l'image de la Terre sans la couper en deux comme les projections par hémisphères, et de présenter tous les lieux dans leur véritable rapport d'orientation, parce que les degrés de longitude et les degrés de latitude y sont figurés par les lignes droites, se coupant à angle droit : ainsi tous les lieux situés sous un même méridien sont bien, comme sur le globe, placés directement les uns au-dessus des autres sur la même ligne. Mais il n'est pas de système de représentation d'une sphère sur un plan qui n'ait des inconvénients. Celui de la projection de Mercator est de grossir considérablement les régions voisines des pôles par rapport aux régions voisines de l'équateur ; c'est ainsi que le Grœnland paraît presque aussi grand que l'Afrique, quoiqu'en réalité il soit quatorze fois plus petit. (Voir p. XI la *construction des cartes.*)

Il est facile de se rendre compte de cette exagération des parties polaires. Puisqu'on représente les méridiens par des lignes parallèles, on leur donne partout le même écartement, quoique, dans la réalité, ils soient disposés comme les côtes d'un melon, ayant leur plus grand écartement au centre, c'est-à-dire à l'équateur et se rapprochant vers les extrémités jusqu'à se réunir en un même point aux pôles. Pour ne pas altérer la forme des contrées, la projection de Mercator écarte dans la même proportion les degrés de latitude : de là un agrandissement dans un sens et dans l'autre.

Aussi un planisphère dressé sur la projection de Mercator n'a-t-il pas une échelle uniforme. Celui de l'Atlas-scolaire est à l'échelle du 100,000,000ᵉ à l'équateur, c'est-à-dire qu'un millimètre y représente 100 kilomètres, tandis qu'au 80ᵉ degré, l'échelle est environ du 7 100,000ᵉ, c'est-à-dire qu'un millimètre n'y représente plus que 7 kilomètres 1/10.

Le maître ne doit entrer dans aucune de ces explications avec des commençants. Il se contentera de dire qu'aucune projection de la sphère n'est parfaite ; que, sur un planisphère dressé dans le système de Mercator, il ne faut jamais oublier que les régions polaires sont relativement trop grandes ; que d'ailleurs les élèves peuvent corriger cette impression en regardant les deux hémisphères de l'Atlas-scolaire qui ont un inconvénient d'un autre genre, celui de présenter disposés en demi-cercle, à la circonférence de chaque hémisphère, des lieux qui sont en ligne droite les uns à la suite des autres en allant du sud au nord.

Questionnaire. — 1ʳᵉ **leçon.** — D. Quelle est la forme de la Terre ? — R. *La Terre est ronde.*

D. Quelle est la seule manière de la représenter exactement ? — R. *C'est de la représenter par un globe.*

D. Qu'arrive-t-il quand on la représente sur une carte ? — R. *Il arrive toujours qu'on en altère d'une manière ou d'une autre la forme.*

D. N'est-il pas nécessaire cependant de la représenter par des cartes dites mappemondes ou planisphères et ceux qui connaissent ces altérations inévitables n'usent-ils pas de ces cartes sans inconvénient ? — R. *Oui.*

D. En combien de temps la terre tourne-t-elle sur elle-même. — R. *En 24 heures.*

D. A quelle division du temps correspondent les 24 heures ? — R. *A un jour.*

D. Faites tourner le globe (ou une boule quelconque) dans le sens où tourne la Terre. — R. .....

D. Montrez sur le globe le pôle nord. — R. .....

D. Pouvez-vous montrer les pôles sur la mappemonde en deux hémisphères ? — R. *Oui.*

D. Pouvez-vous les montrer sur un planisphère Mercator ? — R. *Non ; les pôles n'y sont pas représentés.*

2ᵉ **leçon.** — D. Q'est-ce que l'équateur ? — R. *C'est un grand cercle également distant des deux pôles, qui partage la Terre en deux parties égales.*

D. Ce cercle qu'on voit tracé sur le globe peut-il être figuré par une ligne droite sur une carte ? — R. *Oui ; il est figuré par une ligne droite sur les cartes de la Terre dans l'Atlas-scolaire.*

D. Que signifie le mot hémisphère ? — R. *Moitié de la sphère.*

D. Comment la première carte insérée dans le texte de l'Atlas-scolaire représente-t-elle la Terre ? — R. *En deux hémisphères.*

D. Pourquoi sont-ils nommés hémisphère occidental et hémisphère oriental ? — R. *Parce que dans l'un sont les régions situées à l'occident de l'Europe ; dans l'autre, les régions situées vers l'orient.*

D. Qu'entend-on par hémisphère boréal ? — R. *La moitié de la Terre située au nord de l'équateur.*

D. Par hémisphère austral ? — R. *La moitié de la Terre située au sud de l'équateur.*

D. Que signifie le mot torride ? — R. *Il signifie brûlant.*

D. Pourquoi appelle-t-on zone torride les régions voisines de l'équateur ? — R. *Parce que la chaleur solaire y est très grande.*

D. Quelles sont les limites de la zone torride au nord et au sud ? — R. *Le tropique du Cancer au nord, le tropique du Capricorne au sud.*

D. Où est située la zone glaciale du nord ? — R. *Au nord du cercle polaire.*

D. Pourquoi dit-on zones glaciales ? — R. *Parce qu'il y fait très froid.*

D. Où est placée la zone tempérée du nord ? — R. *Entre la zone torride et la zone glaciale du nord.*

D. Montrez l'équateur sur le globe. — Montrez-le sur le planisphère. — R....

D. Montrez les deux zones glaciales sur le globe et sur le planisphère. — R...

D. Montrez les zones tempérées sur les figures 41 et 42. — R. .....

D. Pourquoi les zones ne sont-elles pas semblables sur les deux figures ? — R. *Parce qu'elles représentent les hémisphères sous des aspects différents.*

Le maître pourra faire remarquer que l'équateur est la circonférence des hémisphères sur la figure 41 et en est le diamètre sur la figure 42.

D. La mer occupe-t-elle sur la surface du globe plus de place que la terre ? — R. *Oui ; la mer occupe près des trois quarts de la surface.*

3ᵉ **leçon.** — D. Combien y a-t-il d'océans ? — R. *Il y en a cinq.*

D. Où est situé l'océan Glacial du nord ? — R. *Dans la zone glaciale du nord.*

Le maître peut faire observer que le froid s'étendant plus loin dans le sud que dans le nord, l'océan Glacial du sud se prolonge au delà de la zone glaciale (jusque vers le 60ᵉ degré de latitude), tandis que l'océan Glacial du nord ne s'avance pas partout jusqu'au cercle polaire.

D. Par quel océan est formée la mer Blanche ? — R. *Par l'océan Glacial du nord.*

D. Nommez les mers et le principal golfe à l'est de l'océan Atlantique. — R. *La mer du Nord, la mer Baltique, la Méditerranée, le golfe de Guinée.*

4ᵉ **leçon.** — D. Entre quels continents est le Grand océan ? — R. *Entre le continent américain à l'est, l'ancien continent et le continent austral à l'ouest.*

D. Quel est le détroit qui le fait communiquer avec l'océan Glacial du nord ? — R. *Le détroit de Béring.*

D. Par quel océan sont formées la mer de Chine et la mer du Corail ? — R. *Par le Grand océan.*

D. De quel océan dépend la mer Rouge ? — R. *De l'océan Indien.*

D. Quelles mers le canal de Suez fait-il communiquer ? — R. *La Méditerranée et la mer Rouge.*

D. Montrez sur le globe et sur la carte muette le golfe de Bengale, la mer des Antilles, le détroit de Bal-el-Mandeb, etc. — R. .....

D. Dites et montrez sur la carte muette la route que suivrait un navire venant de l'océan Glacial du nord par le détroit de Béring pour se rendre dans l'océan Indien. — R. *Il passerait par le Grand océan et le détroit de Malacca.*

5ᵉ **leçon.** — D. Qu'est-ce qu'un continent ? — R. *C'est une vaste étendue de terre entourée d'eau de tous côtés.*

D. Quelle différence y a-t-il entre une île et un continent. — R. *Une île est une étendue de terre plus petite, mais également entourée d'eau de tous côtés.*

D. Si l'on compare une île à un lac, à quoi peut-on, dans le même genre, comparer un continent ? — R. *A un océan.*

D. Montrez sur la carte muette et nommez les continents. — R. ..... *Ancien continent, continent Américain, continent Austral.*

D. Ne donne-t-on pas un autre nom au continent Américain ? — R. *Oui, celui de Nouveau continent.*

D. N'est-ce pas parce qu'il a été découvert longtemps après que l'Ancien continent était civilisé ? — R. *Oui.*

D. Pourquoi le continent Austral porte-t-il ce nom ? — R. *Parce qu'il est situé dans l'hémisphère austral.*

D. Nommez et montrez sur la carte les cinq parties du monde. — R. *L'Europe, l'Afrique, l'Asie, l'Océanie, l'Amérique.*

D. Le canal de Suez, qui est un canal creusé de main d'homme, empêche-t-il que l'Afrique fasse partie de l'Ancien continent ? — R. *Non.*

D. Pourquoi l'Océanie porte-t-elle ce nom ? — R. *Parce qu'elle se compose, outre le continent Austral, d'îles semées dans le Grand océan.*

6ᵉ **leçon.** — D. Nommez les plus grandes plaines de l'Europe. — R. *L'Allemagne du nord et la Russie.*

D. De l'Asie. — R. *La Sibérie et le Bas-Turkestan.*

D. Où sont situées les Pampas ? — R. *En Amérique.*

D. Où est situé le Caucase ? — R. *Sur la limite de l'Europe et de l'Asie.*

D. Quelle est, en dehors du Caucase, la plus haute montagne de l'Europe ? — R. *Le mont Blanc.*

D. Quelle est la plus haute chaîne de la Terre ? — R. *L'Himalaya, en Asie.*

D. Quelle en est la plus haute montagne et quelle hauteur a-t-elle ? — R. *Le Gaurisankar, qui a 8840 mètres.*

D. Quelle est la plus longue suite de chaînes de montagnes sur la Terre ? — R. *C'est la Cordillère qui s'étend du nord au sud de l'Amérique.*

D Qu'est-ce que le Grand massif central de l'Asie ? — R. *C'est une vaste région composée de plusieurs plateaux dont le plus élevé est le Tibet.*

7ᵉ **leçon.** — D. Nommez les fleuves de l'Afrique. — R. *Le Nil, le Niger et le Congo.*

D. Où se jette le Yang-tsé-Kiang ? — R. *Dans le Grand océan.*

D. Quels sont les principaux fleuves tributaires de l'océan Atlantique ? — R. *Niger, Congo, Sᵗ-Laurent, Mississipi, Amazone, rio de la Plata.*

Devoirs. — Ecrire sur une carte muette de la Terre, sans regarder la carte écrite, les noms des océans, des principales mers, des principaux golfes et détroits qu'ils forment. (Écrire les noms des océans en grosses lettres ; les autres noms en lettres plus fines.)

Ecrire sur une carte muette de la Terre, sans regarder la carte écrite, les noms des continents et des parties du monde.

Ecrire sur une carte muette de la Terre les noms des grandes plaines, des grandes chaînes de montagnes, des principaux plateaux et des principaux cours d'eau.

TERRE

par E. Levasseur.

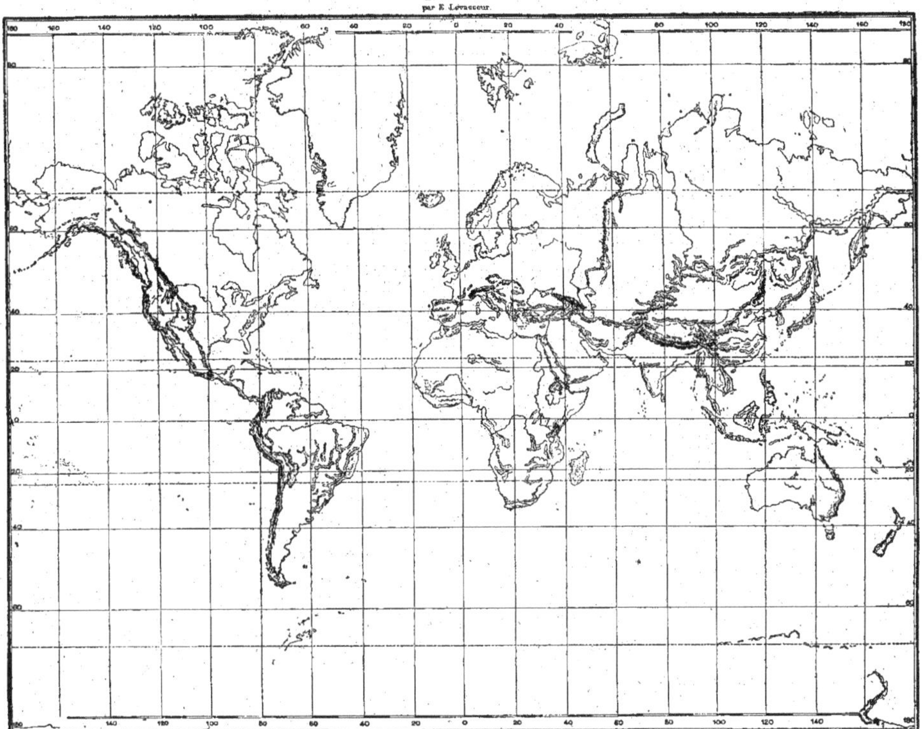

Dessiné par A. W. Jung.

Carte muette pour l'étude de la Terre.

QUESTIONNAIRE

1ère **leçon.** — Quelle est la forme de la Terre ? — Quelle est la manière de la représenter exactement ? — Qu'arrive-t-il quand on la représente sur une carte ? — N'est-il pas nécessaire cependant de la représenter par des cartes dites mappemondes ou planisphères, et ceux qui connaissent ces altérations inévitables n'usent-ils pas de ces cartes sans inconvénient ? — En combien de temps la Terre tourne-t-elle sur elle-même ? — A quelle division du temps correspondent les 24 heures ? — Faites tourner le globe (ou une boule quelconque) dans le sens où tourne la Terre. — Montrez sur le globe le pôle nord ? — Pouvez-vous montrer les pôles sur la mappemonde en deux hémisphères ? — Pouvez-vous les montrer sur un planisphère Mercator ?

2e **leçon.** — Qu'est-ce que l'équateur ? — Ce cercle qu'on voit tracé sur le globe peut-il être figuré par une ligne droite sur une carte ? — Que signifie le mot hémisphère ? — Comment la première carte insérée dans le texte de l'Atlas-scolaire représente-t-elle la Terre ? — Pourquoi sont-ils nommés hémisphère occidental et hémisphère oriental ? — Qu'entend-on par hémisphère boréal ? — Par hémisphère austral ? — Que signifie le mot torride ? — Pourquoi appelle-t-on zone torride les régions voisines de l'équateur ? — Quelles sont les limites de la zone torride au nord et au sud ? — Où est située la zone glaciale du nord ? — Pourquoi dit-on zones glaciales ? — Où est située la zone tempérée du nord ? — Montrez l'équateur sur le globe. — Montrez-le sur le planisphère. — Montrez les deux zones glaciales sur le globe et sur le planisphère. — Montrez les zones tempérées sur les figures de la page 2. — Pourquoi les zones ne sont-elles pas semblables sur les deux figures ? — La mer occupe-t-elle sur la surface du globe plus de place que la terre ?

3e **leçon.** — Combien y a-t-il d'océans ? — Où est situé l'océan Glacial du nord ? — Par quel océan est formée la mer Blanche ? — Nommez les mers et le principal golfe à l'est de l'océan Atlantique.

4e **leçon.** — Entre quels continents s'élève le Grand océan ? — Quel est le détroit qui le fait communiquer avec l'océan Glacial du nord ? — Par quel océan sont formées la mer de la Chine et la mer du Corail ? — De quel océan dépend la mer Rouge ? — Quelles mers le canal de Suez fait-il communiquer ? — Montrez sur le globe et sur la carte muette le golfe de Bengale, la mer des Antilles, le détroit de Bab-el-Mandeb, etc. — Dites et montrez sur la carte muette la route que suivrait un navire venant de l'océan Glacial du nord par le détroit de Béring pour se rendre dans l'océan Indien.

5e **leçon.** — Q'est-ce qu'un continent ? — Quelle différence y a-t-il entre une île et un continent ? — Si l'on compare une île à un lac, à quoi peut-on, dans le même genre, comparer un continent ? — Combien y a-t-il de continents ? — Montrez-les sur la carte muette et nommez-les. — Ne donne-t-on pas un autre nom au continent Américain ? — N'est-ce pas parce qu'il a été découvert longtemps après que l'Ancien continent était civilisé ? — Pourquoi le continent Austral porte-t-il ce nom ? — Nommez et montrez sur la carte les cinq parties du monde. — Le canal de Suez, qui est un canal creusé de main d'homme, empêche-t-il que l'Afrique fasse partie de l'Ancien continent ? — Pourquoi l'Océanie porte-t-elle ce nom ?

6e **leçon.** — Nommez les plus grandes plaines de l'Europe. — De l'Asie. — Où est située la Pampa ? — Où est situé le Caucase ? — Quelle est, en dehors du Caucase, la plus haute montagne de l'Europe ? — Où est situé l'Himalaya ? — Qu'a-t-il de particulièrement remarquable ? — Quelle en est la plus haute montagne et quelle hauteur a-t-elle ? — Quelle est la plus longue suite de chaînes de montagnes sur la Terre ? — Qu'est ce que le Grand massif central de l'Asie.

7e **leçon.** — Nommez les fleuves de l'Afrique ? — Où se jette le Yang-tsé-kiang ? — Quels sont les plus grands fleuves du monde tributaires de l'océan Atlantique ?

8e **leçon.** — Récapitulation des notions sur la Terre.

Nota. Le questionnaire de la Terre est divisé en 8 leçons pour le cours de la classe de huitième, comme pour le cours de la classe préparatoire.

Devoirs. — Écrire sur une carte muette de la Terre, sans regarder la carte écrite, les noms des océans, des principales mers, des principaux golfes et des détroits qu'ils forment. (Écrire les noms des océans en grosses lettres ; les autres noms en lettres plus fines.)

Ecrire sur une carte muette de la Terre, sans regarder la carte écrite, les noms des continents et des parties du monde.

Ecrire sur une carte muette de la Terre les noms des grandes plaines, des grandes chaînes de montagnes, des principaux plateaux et des principaux cours d'eau.

II. LA TERRE

FORME GÉNÉRALE DE LA TERRE (carte n° 1).

Nous savons que **la Terre est ronde.** C'est un énorme globe *qui tourne sur lui-même en un jour* (24 heures), tout en se déplaçant de manière à tourner *en une année* (365 jours 1/4) *autour du soleil* qui l'éclaire.

Les pôles sont les deux extrémités du globe terrestre : le **pôle nord** au nord, le **pôle sud** au sud.

L'**équateur** est un grand cercle, également distant des deux pôles, qui *partage la terre en deux parties égales* ou moitiés.

Quand on regarde un globe ou sphère, on n'en voit qu'une moitié ; hémisphère signifie moitié de sphère.

On peut représenter sur une carte la Terre en deux hémisphères : **hémisphère oriental** situé à l'est du méridien ou ligne de partage des deux hémisphères, et **hémisphère occidental** situé à l'ouest de ce méridien (fig. 41). L'un et l'autre hémisphère s'étend d'un pôle à l'autre et se trouve coupé au milieu par l'équateur.

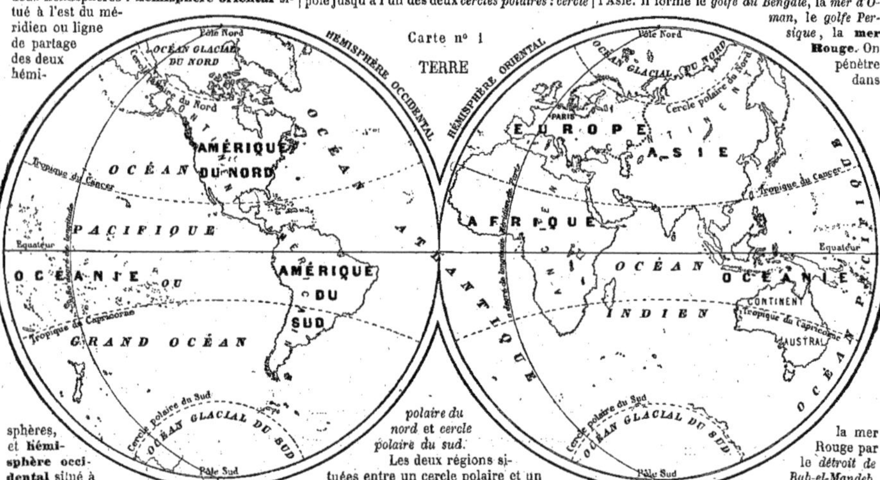

Carte n° 1
TERRE

On peut la diviser d'une autre manière, en **hémisphère boréal** ou **du nord** et **hémisphère austral** ou **du sud**, ayant tous deux pour centre un pôle et pour circonférence l'équateur (fig. 42).

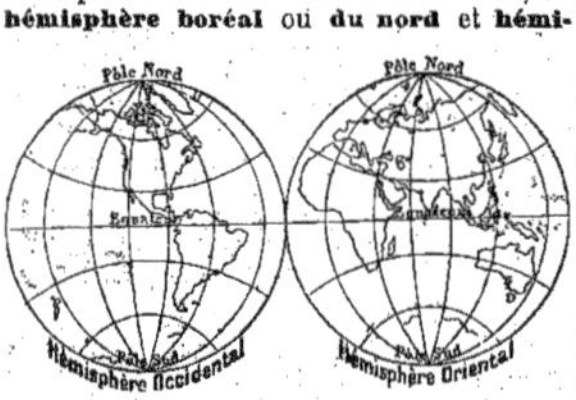

Hémisphère occidental, hémisphère oriental et zones.

La région voisine de l'**équateur** est la partie du globe terrestre où le soleil a le plus d'action et où il fait *le plus chaud.* On appelle **zone torride** celle qui s'étend entre les **deux tropiques :** *tropique du Cancer* au nord et *tropique du Capricorne* au sud (fig. 41 et 42). L'équateur marque le milieu entre les tropiques.

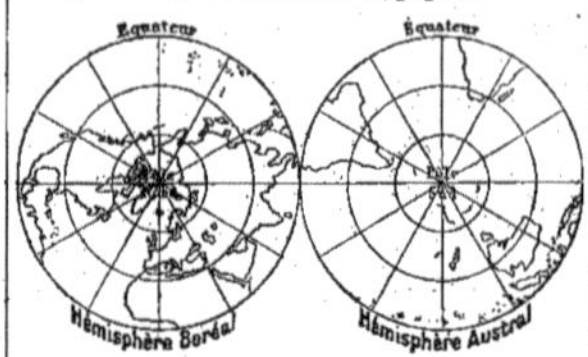

Hémisphère boréal, hémisphère austral et zones.

Les deux *pôles* sont les parties du globe où le soleil a le moins d'action et où il fait *le plus froid.* On appelle **zones glaciales** les deux régions qui s'étendent de l'un ou de l'autre pôle jusqu'à l'un des deux *cercles polaires : cercle polaire du nord* et *cercle polaire du sud.*

Les deux régions situées entre un cercle polaire et un tropique sont les **zones tempérées.** La chaleur et le froid y sont relativement modérés.

La Terre a une surface cinquante et une fois grande comme celle de l'Europe.

Près des *trois quarts* de la surface de la Terre sont couverts par la **mer ;** un quart environ est occupé par les **terres.**

OCÉAN (carte n° 2).

La **mer** ou **océan** se divise en **cinq océans.** Les océans forment des *mers secondaires,* des *golfes,* des *baies,* des *détroits* (fig. 35 et 33).

L'**océan Glacial du nord,** situé dans la zone glacial, est ainsi nommé parce qu'il est presque entièrement couvert de glaces pendant la plus grande partie de l'année. Il forme la **mer Blanche,** en Europe, la *mer de Baffin,* la **baie d'Hudson,** en Amérique, et beaucoup de détroits situés entre les nombreuses îles dont il est semé.

A l'autre extrémité de la Terre, dans la zone glaciale du sud, est l'**océan Glacial du sud.** Il a été peu exploré par les navigateurs.

L'**océan Atlantique** s'étend entre l'ancien continent à l'est et le continent américain à l'ouest (voir plus loin). Il forme, à l'est, la plupart des mers d'Europe, telles que la *mer du Nord,* la *mer Baltique* et la **Méditerranée,** la plus grande des mers secondaires ; en Afrique, le grand **golfe de Guinée.** A l'ouest, il forme le **golfe du Mexique** et la **mer des Antilles.**

Le **Grand océan** ou *océan Pacifique* est le plus grand des océans. Il s'étend entre le continent américain à l'est, l'ancien continent et le continent austral à l'ouest. Il communique, au nord, avec l'océan Glacial par le **détroit de Béring,** qui sépare l'ancien continent du continent américain.

Il forme, au nord, la *mer de Béring ;* à l'ouest, la *mer d'Okhotsk,* la *mer du Japon,* la *mer Orientale,* la **mer de Chine,** la *mer de la Sonde,* la *mer du Corail.*

Le *canal de Panama* que l'on creuse doit faire communiquer l'océan Atlantique et le Grand océan.

L'**océan Indien** s'étend du continent austral à l'Afrique. Il est borné, au nord, par l'Asie. Il forme le *golfe du Bengale,* la *mer d'Oman,* le *golfe Persique,* la **mer Rouge.** On pénètre dans la mer Rouge par le *détroit de Bab-el-Mandeb.*

Le *canal de Suez* fait communiquer la Méditerranée avec la mer Rouge et l'océan Indien.

Au nord-est, l'océan Indien communique avec le Grand océan par *plusieurs détroits ;* le plus important est le **détroit de Malacca**

CONTINENTS.

Les *terres,* qui occupent un peu plus du quart de la surface du globe, se composent de **continents et d'îles.**

Un continent est une très vaste étendue de terre enveloppée par la mer, tandis qu'une île est une étendue de terre beaucoup plus petite, également entourée d'eau.

Un continent peut être comparé pour l'importance à un océan, comme une île peut être comparée à un lac (fig. 28 et 32).

La Terre se compose de **trois continents,** avec de nombreuses îles, et se divise en **cinq parties du monde.**

1° L'**ancien continent** comprend trois parties du monde :

L'**Europe,** au nord-ouest, la plus petite des cinq parties du monde, a une superficie de

LA TERRE

Méthode et commentaire. — *Forme générale de la Terre.* — Cette étude générale de la Terre doit être faite avec un globe, parce que c'est seulement à l'aide d'un globe que les enfants se graveront exactement dans la mémoire la forme véritable, la grandeur et la position relatives des parties de la Terre. Le maître doit avoir également dans sa classe une carte murale; les élèves auront sous les yeux les cartes de l'Atlas-scolaire. Dans l'Atlas-scolaire il y a un planisphère écrit et le même planisphère dressé d'après la projection de Mercator, et une petite mappemonde en deux hémisphères dressée d'après la projection stéréographique. (Voir à la fin du livre du maître (pages x, xi, xii) la notice sur la *construction des cartes.*) Le maître montrera successivement les mêmes choses sur le globe et sur les cartes, afin d'habituer les enfants à mieux comprendre une carte en s'habituant à comparer les différents modes de représentation.

En étudiant les grands et les petits cercles, le maître fera observer que ce sont des lignes idéales que les géographes ont tracées d'après les lois de la géométrie, qu'elles n'existent nulle part matériellement sur la Terre, et qu'on ne saurait les voir, comme on voit les côtes, les fleuves, les montagnes; mais qu'elles sont nécessaires pour déterminer la position des lieux et qu'il serait impossible de dresser un globe ou une carte sans la connaissance des méridiens (degrés de longitude) et des parallèles (degrés de latitude).

Les mots *hémisphère boréal* et *hémisphère austral* ont un sens précis, parce que leur limite, qui est l'équateur, est elle-même précise. Il n'en est pas de même des mots *hémisphère oriental* et *hémisphère occidental* qui sont relatifs. Pour les habitants de Paris, tout ce qui est à l'ouest du méridien de Paris, qui, étant le méridien initial, est le 0 degré, appartient à l'hémisphère occidental jusqu'au 180e degré, tout ce qui est à l'est jusqu'au 180e degré appartient à l'hémisphère oriental; mais il n'en est pas de même pour les habitants de Sydney, en Australie, qui ont l'océan Indien à l'ouest et tout le Grand océan à l'est. Sur la petite mappemonde de l'Atlas-scolaire, les deux hémisphères sont divisés au 20e degré de longitude occidentale, un peu à l'ouest de l'Afrique, de manière à présenter l'ancien continent presque entier (moins l'extrémité orientale de l'Asie) dans un hémisphère et toute l'Amérique dans l'autre.

Le maître pourra appeler l'attention des élèves sur l'extrême différence des climats dans la zone glaciale et dans la zone torride.

Le maître apprendra aux élèves qu'il n'est pas nécessaire d'aller de la zone glaciale à la zone torride pour trouver les climats les plus différents. Le climat d'un lieu est subordonné non seulement à la latitude, c'est-à-dire à la distance de ce lieu à l'équateur, mais à la direction ordinaire des vents, à la proximité de la mer, et surtout à l'altitude, autrement dit à l'élévation du lieu au-dessus du niveau de la mer. En effet, à mesure que l'altitude augmente, la température s'abaisse et le climat change. Ceux qui habitent dans le voisinage d'une montagne le savent bien; pendant qu'au pied on voit des moissons et de la vigne, on ne voit sur les pentes que des arbres d'abord, des châtaigniers et des chênes, puis des sapins, plus haut on ne trouve que de l'herbe; plus haut encore, si la montagne est assez élevée, la végétation cesse, la température s'abaisse au-dessous de zéro et il y a des neiges perpétuelles. Si la montagne est dans la zone torride, il suffit d'une montée de quelques kilomètres pour passer de la végétation tropicale qui caractérise la zone torride au climat de la zone glaciale.

Océan. — Pour cette partie, le maître se bornera à enseigner les noms qui sont dans l'Atlas-scolaire. Il ne faut pas surcharger d'abord la mémoire; chaque chose viendra en son temps.

Il doit s'attacher à faire comprendre l'immensité de l'océan et l'importance des ressources qu'il fournit à l'homme; il ne doit même pas craindre de revenir, à ce propos, sur des explications qu'il aurait pu déjà donner dans les notions préliminaires.

Le maître peut ajouter quelques mots sur les deux grands canaux maritimes de la Terre dont l'un est en activité et l'autre en construction: ce sont deux grandes entreprises du génie moderne qui ont une importance considérable pour la circulation maritime sur le globe. Le maître montrera que, dans l'ancien continent, un isthme, large de 117 kilomètres, réunit l'Afrique à l'Asie; qu'il séparait la Méditerranée de la mer Rouge et par conséquent l'océan Atlantique de l'océan Indien; une compagnie, dont M. de Lesseps a été le promoteur et le directeur, a creusé, de 1856 à 1869, un canal maritime par lequel les navires passent d'une mer et d'un océan dans l'autre. Il montrera que, dans le nouveau continent, un isthme de 53 kilomètres de large réunit les deux Amériques et sépare l'océan Atlantique et le Grand océan à leur partie centrale: on y creuse un canal.

Lectures.—1re LECTURE.—*Le climat du pôle nord.*—« L'expédition qui a le plus approché jusqu'ici du pôle est celle que les Anglais ont faite en 1876 et qui était commandée par le capitaine Nares (prononcer Nerse). Elle était composée de deux navires qui se sont avancés, non sans de grandes difficultés, à travers les glaces flottantes, jusqu'au nord-ouest du Grœnland (prononcer Greunelande) et qui y ont passé un hiver et la plus grande partie de l'été suivant. Celui des deux navires qui a été le plus loin dans le nord, l'*Alert* (prononcer *Alerte*) fut arrêté par 82°27' de latitude, à une distance d'environ 750 kilomètres du pôle, et emprisonné, le 1er septembre 1875, dans la banquise, c'est-à-dire dans l'épaisse couche de glace qui se forme, à l'arrière-saison, sur toute la surface de la mer dans cette région. Le soleil cessa de se montrer sur l'horizon dans le commencement du mois d'octobre et ne reparut que le 1er mars 1876; la nuit avait duré 142 jours. Le froid fut si vif que, pendant treize jours, le thermomètre resta à 50 degrés au-dessous de zéro et qu'il descendit au-dessous de 58 degrés le 1er mars 1876. Par une température semblable, non seulement toute la mer était uniformément couverte par la banquise, mais le vin et le mercure gelaient. Cependant le navire était bien aménagé et, grâce à l'activité des hommes, qui est une condition de santé dans ces parages, l'équipage ne souffrit pas. En été, le soleil reste longtemps sur l'horizon et il y a une journée polaire aussi longue qu'a été la grande nuit polaire; mais il ne s'élève pas assez pour échauffer le sol et la température de l'air au mois de juin n'était guère que de 1 degré au-dessus de zéro. Il n'y a presque aucune végétation dans de pareilles contrées et les animaux, excepté les animaux marins, sont rares. »

2e LECTURE. — *Les routes de l'Océan.* — « L'Océan unit plus qu'il ne sépare les peuples, malgré l'obstacle qu'il semble opposer aux communications. Il est presque toujours le chemin le meilleur pour se rendre d'une partie du monde dans une autre. Aujourd'hui les chemins de fer sont un mode de transport plus rapide. Mais il n'y a pas de mode plus économique que la mer, parce qu'un léger effort, soit du vent qui ne coûte rien, soit de la vapeur, suffit pour y déplacer une cargaison d'un poids considérable; il n'y en a pas de plus direct, parce qu'un navire, quand il n'est pas contrarié par les vents ou par les courants, fait route en ligne droite sans avoir à se préoccuper, comme une voiture, des détours nécessaires pour franchir les vallées ou tourner les montagnes. Aussi les côtes de l'Amérique sont-elles beaucoup plus fréquentées par le commerce européen et beaucoup plus faciles à visiter que l'intérieur de l'Afrique et que le Grand massif central de l'Asie.

« Cette immense étendue d'eau salée, qui couvre près des trois quarts de la surface du globe, et dont la surface est régulièrement soulevée chaque jour deux fois par la marée et irrégulièrement agitée par les vents, auteurs des tempêtes, offre des routes sans nombre toujours ouvertes dans toutes les directions aux navires qui la sillonnent; elle porte les hommes et les marchandises d'une extrémité du monde à l'autre et d'un port quelconque à tous les autres ports. On court sans doute des dangers sur mer; mais les dangers ne sont rien en comparaison des avantages. Il n'y a pas de nation faisant un grand commerce qui ne soit une nation maritime. »

3e LECTURE. — *Les canaux maritimes des deux isthmes.* — « Toutes les grandes transformations de l'outillage des transports, canaux, vapeur, chemins de fer, percement d'isthmes, que notre siècle a vues s'accomplir, sont des services éminents dont l'humanité doit se montrer reconnaissante.

« Il y a une quinzaine d'années, en parlant du canal de Suez, alors inachevé, dans un discours prononcé à la distribution des prix du Lycée Henri IV, je rappelais le souvenir classique d'Hercule. Les anciens avaient personnifié dans ce demi-dieu les bienfaits de la force défendant l'homme contre les fléaux de la nature; lorsque, s'étant avancés jusqu'à l'extrémité occidentale de la Méditerranée, ils trouvèrent un passage qui conduisait dans l'immensité de l'océan, leur admiration leur fit croire à l'intervention d'un génie bienfaisant dont la main puissante avait volontairement écarté les montagnes pour ouvrir la route, et ils donnèrent au détroit le nom de colonnes d'Hercule. Je disais aux élèves du Lycée que notre siècle allait voir se réaliser ce que la fable avait autrefois imaginé.

« En effet, c'est la nature qui a uni la Méditerranée occidentale à l'Atlantique; mais c'est bien le génie de l'homme qui a ouvert les colonnes d'Hercule de la Méditerranée orientale, et c'est lui qui se prépare à ouvrir les colonnes d'Hercule de l'Amérique.

« Derrière les obstacles que l'ingénieur devra vaincre et les combinaisons financières qui sont nécessaires au succès, il y a évidemment dans une pareille œuvre un grand bienfait pour l'humanité. L'humanité serait ingrate si elle n'honorait pas ceux qui accomplissent une telle mission d'Hercule, et les hommes manqueraient de clairvoyance si, indépendamment même des calculs de la statistique, ils ne voyaient pas, avec les seules lumières du bon sens, les semences de richesse répandues sur une grande partie du globe terrestre par l'union des deux océans et la récolte abondante qui se lèvera ensuite au profit du genre humain. » (Conclusion du *Rapport de la commission de statistique au congrès du canal interocéanique.*)

LA TERRE.

Océans et continents. — L'Annuaire du Bureau des longitudes donne un tableau de la superficie des océans et de la superficie et population des cinq parties du monde. Voici ce tableau :

SUPERFICIE ET POPULATION PROBABLES DES OCÉANS ET DES PARTIES DU MONDE

GRANDES DIVISIONS de la Terre.	SUPERFICIE exprimée en millions de kilomètres carrés.	RAPPORT à la superficie totale de la Terre.	POPULATION ET DENSITÉ		
			POPULATION exprimée en millions d'habitants.	DENSITÉ par kilomètre carré.	RAPPORT à la population totale exprimée par 100
Océan Glacial du nord	10,3?	2,2			
Océan Glacial du sud (avec les terres polaires du sud)	20,0?	3,9			
Océan Atlantique	100,0?	19,0			
Océan Indien	68,0?	13,3			
Gr. océan ou océan Pacifique	175,5?	34,3			
Les cinq océans	373,3	73,3			
Europe	10,0	1,9	333	32,3	23
Afrique	30,0	5,9	206	6,9	14
Asie	43,1	8,5	58	17,6	53
Océanie	11,0	2,2	37	3,4	3
Amérique du nord	24,8	4,7	72	3,0	5
Amérique du sud	17,8	3,5	28	1,6	2
Les cinq parties du monde	136,7	26,7	1434	10,5	100
Total et rapport	510,0	100 0			

Le maître se gardera bien de faire connaître ces détails à ses élèves ; mais il est bon qu'il les ait lui-même sous les yeux pour répondre au besoin à une question. A notre carte murale de la Terre (Terre avec la statistique figurative) nous avons joint une figure représentant la superficie relative des parties du monde et des océans. Si notre carte murale complète est dans l'école, le maître fera bien de se servir de cette figure pour fixer par une image dans la mémoire des élèves l'idée des relations de grandeur, celle de l'Atlas-scolaire étant beaucoup plus petite.

L'Europe est la plus petite des cinq parties du monde ; mais, par les mers intérieures et les golfes qui la baignent, elle est celle qui possède, relativement à sa superficie, la plus grande étendue de côtes. Cette disposition y a facilité le développement de la navigation et n'est pas étrangère aux progrès de la civilisation européenne. Au contraire, l'Afrique est la partie du monde dont les côtes sont le moins découpées ; c'est aussi celle qui est restée le plus barbare.

Relief général du sol. — Si la carte murale porte des teintes hypsométriques, le maître s'en servira pour donner aux élèves une idée sommaire de la situation des grandes régions de plaines et de plateaux.

Il fera remarquer que la grande plaine de Russie se lie sans interruption à l'ouest avec la plaine de l'Allemagne du nord, des Pays-Bas et de la Belgique se prolongeant jusque dans la Flandre française, et à l'est, se lie à la grande plaine de la Sibérie et du Turkestan dont elle n'est séparée que par l'épaisseur, peu considérable, des monts Oural. Dans cette vaste étendue qui est au moins égale à l'étendue de l'Europe entière, il y a des collines, des plateaux, des vallées encaissées, des ondulations de terrain, mais aucune montagne, à l'exception de l'Oural : on peut aller en chemin de fer de Lille à Moscou et à Orenbourg sans passer sous un seul tunnel.

Dans l'Amérique du sud, la plaine de l'Amazone n'est pas moins remarquable ; elle se lie, au nord, à la plaine du bassin de l'Orénoque, et, au sud, aux Pampas qui occupent presque tout le bassin du rio de la Plata, de sorte qu'au pied de la longue chaîne des Andes règne une non moins longue suite de plaines.

Le maître montrera ces plaines, ainsi que toute chose, sur le globe ou sur la carte murale, même si les teintes hypsométriques n'y sont pas.

Hauteur approximative des montagnes : Mt Blanc 4,810 m., Caucase 5,647 m. à l'Elbrouz, Kilima-Ndjaro 5,705 m., massif d'Abyssinie 5,060 m. au m^t Ouocho ; Gaurisankar 8,840 m. ; Popocatepetl 5,410 m. ; Aconcagua 6,834 m.

Il y a plusieurs de ces montagnes dont on n'a jamais gravi le sommet : on en mesure néanmoins la hauteur par des procédés géométriques.

Principaux cours d'eaux. — Les plus grands fleuves du monde n'ont pas tous une égale importance. Les fleuves d'Afrique qui coulent, à l'exception du Nil inférieur, dans des contrées habitées par des nègres sauvages ou à demi civilisés, servent peu au commerce ; d'autre part, le tributaire de l'océan Glacial, l'Iénisséi, traverse une région trop froide et aboutit à une mer trop peu propre à la navigation pour être animé par un commerce actif. Les deux principaux, au point de vue de la navigation et de la richesse des cultures de leur bassin, sont le Yang-tsé-kiang qui, dans son cours moyen et son cours inférieur, traverse, de l'ouest à l'est, toute la Chine centrale, et le Mississipi qui, avec ses nombreux affluents, occupe tout le centre des États-Unis.

Le plus important par l'abondance de ses eaux est l'Amazone ; mais la contrée tropicale qu'il arrose est en partie occupée par des sauvages.

Longueur probable des cours d'eau : Nil 6,500 kil., Iénisséi 5,500 kil., Amour 4,500 kil., Yang-tsé-kiang 5,200 kil., Mé-kong 3,500 kil., Saint-Laurent 3,300 kil., depuis l'extrémité du lac Supérieur, Mississipi 5,000 kil., et 7,200 kil., depuis la source du Missouri, Amazone 6,200 kil., rio de la Plata 4,000 kil., depuis la source du Parana.

Lectures. — 4e Lecture. — *L'Himalaya.* — « L'Himalaya n'offre pas la variété et les oppositions qui rendent les Alpes si pittoresques, parce que les vallées en sont trop longues pour n'être pas monotones, que les eaux y sont rares, et que les glaciers n'y pénètrent pas, comme en Suisse, jusque dans la région des cultures. Il ne laisse pas cependant de satisfaire le besoin d'émotions par des spectacles imposants, et d'offrir un grand intérêt par la succession des climats les plus divers, depuis les forêts touffues de bambous, de palmiers et d'autres végétaux de la zone tropicale qui tapissent ses pentes inférieures, jusqu'aux neiges perpétuelles qui couvrent les solitudes inexplorées de sa crête.

« De Dardjiling, station sanitaire que les Anglais ont fondée dans le Sikkim, au centre de la chaîne, et qui, malgré l'altitude de 2230 mètres, est cependant encore entourée de bois et de plantations de thé, le voyageur embrasse un des panoramas les plus grandioses qu'il soit donné à l'homme de contempler : sous ses pieds, à une profondeur de 1800 mètres, il voit le Rungeet (prononcer Roundjite) couler dans son étroite vallée ; devant lui, dans la direction du nord, une vaste région verdoyante au premier plan, âpre et accidentée de rocs et de précipices au second ; puis derrière, au dernier plan, une crête gigantesque, toute blanche de neige, tantôt doucement ondulée, tantôt dentelée de pics. Cette crête, distante d'environ 80 kilomètres, se dresse à une hauteur de 5000 mètres au-dessus de la tête du spectateur et ferme l'horizon ; le milieu est occupé par le double sommet du Kinchindjounga ; du côté de l'orient, le Narsing, bien que moins haut, attire le regard par ses escarpements abrupts ; du côté de l'occident, apparaît dans le lointain, par delà la chaîne du Singalila, la masse énorme des croupes neigeuses du Népâl dominée par le Gaurisankar, la plus gigantesque de toutes ces montagnes géantes qu'égalerait à peine la plus haute cime des Pyrénées dressée sur le dôme du mont Blanc. »

5e Lecture. — *L'Amazone.* — « Le fleuve des Amazones ou par abréviation l'Amazone, dont le cours sinueux dépasse 6000 kilomètres, c'est-à-dire six fois la longueur de la France, doit son nom à la croyance que sur ses bords habitaient des tribus de femmes guerrières. Il est formé par la réunion de deux longs cours d'eau, qui coulent rapidement vers le nord dans des gorges profondes, sur le haut plateau du Pérou : l'un est l'Apurimac qui sort d'un petit lac considéré généralement comme la source de l'Amazone et qui a 1300 kilomètres de cours ; l'autre, plus puissant, est l'Ucayali. Il sort de la région montagneuse par un défilé profond et très étroit.

« A partir du confluent, l'Amazone est un majestueux cours d'eau qui a déjà plus d'un kilomètre de largeur. Les dernières pentes des Andes le guident vers l'est à travers une grande plaine de plus de 3000 kilomètres de longueur ; il y coule en tourbillonnant et en enveloppant de longs chapelets d'îles dans son immense nappe d'eau de couleur cendrée. Sur la surface unie de cette plaine, le fleuve décrit un grand nombre de sinuosités et envoie une partie de ses eaux se perdre dans un dédale infini de branches latérales et de lagunes toutes couvertes de plantes aquatiques ; il coule au milieu d'immenses et impénétrables forêts vierges, qu'il ronge et dont on voit flotter çà et là les arbres enlacés en forme de radeaux.

« Les nombreuses rivières qui arrosent cette plaine et dont le cours est plus étendu que celui de la plupart des fleuves de l'Europe sont ses tributaires ; dans son lit, devenu large de 4 à 5 kilomètres et profond de 80 mètres et plus, elles déversent les unes après les autres leurs eaux noires ou blanchâtres qui ne se mêlent que lentement à la masse des eaux cendrées du fleuve. L'Amazone verse à la mer plus de 70000 mètres cubes d'eau par seconde, trente fois plus que le Rhône, le cours d'eau le plus considérable de France. Chaque année, ses crues sont considérables ; elles causent dans la partie supérieure de la plaine une immense inondation qui transforme les forêts en un étang presque aussi vaste que la mer Méditerranée ; aussi les Brésiliens nomment-ils avec orgueil leur fleuve « la Méditerranée américaine ».

« Le bassin de l'Amazone, qui est le plus vaste du monde entier, est plus grand que la moitié de l'Europe ; la longueur totale des voies de navigation accessibles aux bateaux à vapeur sur le fleuve, sur ses affluents et ses lacs, est d'environ 40000 kilomètres ; la marée, qui se fait sentir à près de 1000 kilomètres de l'embouchure, et les vents, qui soufflent presque constamment de l'est, facilitent la remonte. Ce bassin serait le plus beau réseau de navigation intérieure du globe, si les marécages, les forêts et la chaleur tropicale n'avaient opposé des obstacles presque insurmontables jusqu'ici à la colonisation par la race européenne. »

10 millions de kilomètres carrés, c'est-à-dire dix-neuf fois la grandeur de la France.

L'**Afrique**, au sud-ouest, est à peu près trois fois grande comme l'Europe. Elle se termine au sud par le *cap de Bonne-Espérance*.

L'**Asie**, à l'est, est quatre fois plus grande que l'Europe. Elle se rattache à l'Afrique par l'*isthme de Suez*, à l'Europe par le *Caucase* et par l'*Oural* (fleuve Oural et monts Ourals).

2° Le **continent américain** ou *nouveau continent* constitue une seule partie du monde.

L'**Amérique** est quatre fois grande comme l'Europe. Elle est divisée par l'*isthme de Panama* en deux parties, *Amérique du nord* et *Amérique du sud*, terminée au sud par le *cap Horn*.

3° Le **continent austral**, ou *Australie*, est

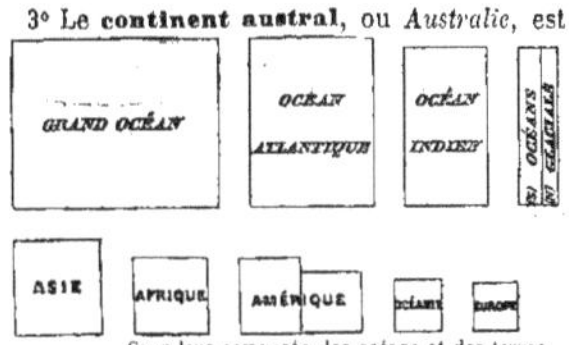

Grandeur comparée des océans et des terres.

un peu plus petit que l'Europe. Il dépend de la cinquième partie du monde, nommée **Océanie**, parce qu'elle est composée d'un grand nombre d'îles situées dans le Grand océan.

RELIEF GÉNÉRAL DU SOL

La surface de la Terre se compose de *plaines* ou terres basses, de collines, de *plateaux* ou plaines hautes et de *montagnes*.

Les plus grandes *plaines* du monde sont :

En Europe, l'*Allemagne du nord et la Russie*.

En Asie, la *Sibérie* et le *Bas-Turkestan*.

En Amérique, la *plaine de l'océan Glacial et du Mississipi*, la *plaine de l'Amazone*, les *Pampas*.

Les plus hautes *montagnes* sont :

En Europe, les *Alpes*, dont le *mont Blanc* est le principal sommet, et le *Caucase*, qui

Carte n° 2. — **TERRE.**

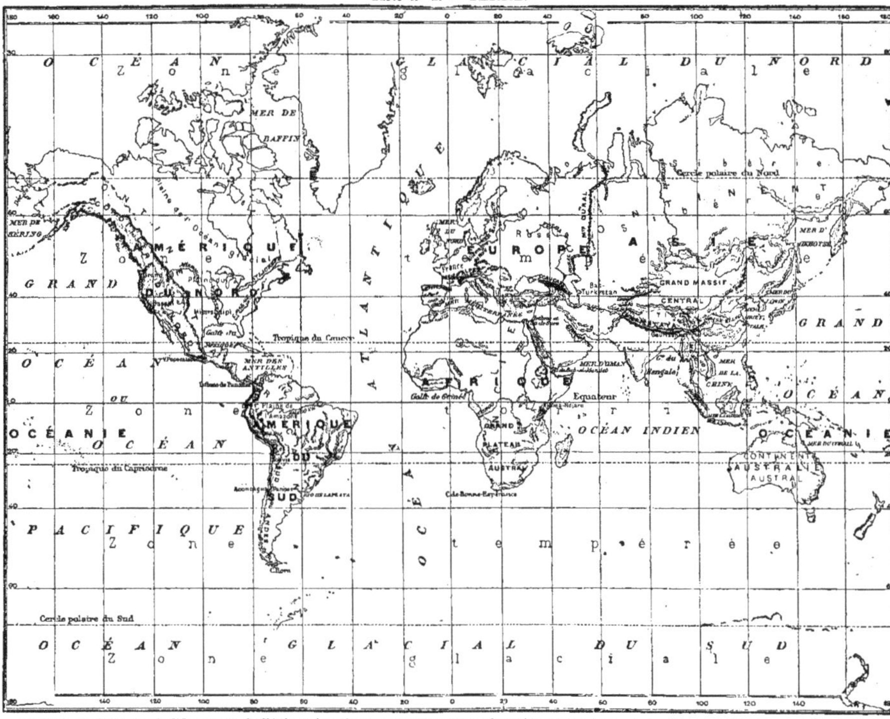

est situé sur la limite de l'Europe et de l'Asie.

En *Afrique*, le *Kilima-Ndjaro* et le *massif d'Abyssinie*.

En Asie, l'**Himalaya**, la plus haute chaîne de la Terre; le *Gaorisankar* (8,840 mètres) en est le sommet le plus élevé.

En Amérique, la **Cordillère**, *Cordillère du nord*, dans laquelle se trouve le *Popocatepetl*, volcan du Mexique ; *Cordillère du sud* ou chaîne des *Andes*, dont l'*Aconcagua* est un des plus hauts sommets. La Cordillère forme, du nord au sud de l'Amérique, la plus longue suite de chaînes de montagnes de la Terre.

Les principaux plateaux sont :

En Asie, le **Grand massif central**, vaste région composée de plusieurs plateaux dont le plus élevé est le *Tibet;* l'Himalaya s'y rattache.

En Afrique, le **Grand plateau austral ;**

En Amérique, le **Grand Bassin** dans la Cordillère du Nord, le **plateau du Pérou** dans les Andes.

PRINCIPAUX COURS D'EAU

Les plus grands fleuves du monde sont :

En Afrique, le **Nil**, tributaire de la Méditerranée ; le *Niger* et le **Congo**, qui se jettent dans l'océan Atlantique ;

En Asie, l'*Iénisséi*, le plus long des cours d'eau qui se jettent dans l'océan Glacial ; l'*Amour*, le **Yang-tsé-kiang**, le principal fleuve de l'Asie ; le *Mé-kong* ou Cambodge, tributaires du Grand océan.

En Amérique, le *Saint-Laurent*, le **Mississipi**, grossi du Missouri, l'**Amazone**, le *rio de la Plata*, tributaires de l'océan Atlantique.

Le plus grand fleuve de l'Europe, le *Volga*, est bien moins long que les principaux fleuves des quatre autres parties du monde.

RACES

Les hommes qui peuplent la Terre appartiennent tous à la même espèce, l'*espèce humaine*. On distingue trois grandes races : **race blanche**, occupant l'Europe, une partie de l'Asie et de l'Afrique, presque toute l'Amérique ; **race jaune**, occupant l'Asie ; **race noire**, occupant l'Afrique, l'Océanie, quelques parties de l'Amérique. Les autres races, comme la *race rouge* en Amérique, la *race malaise* en Océanie, sont des mélanges des trois premières.

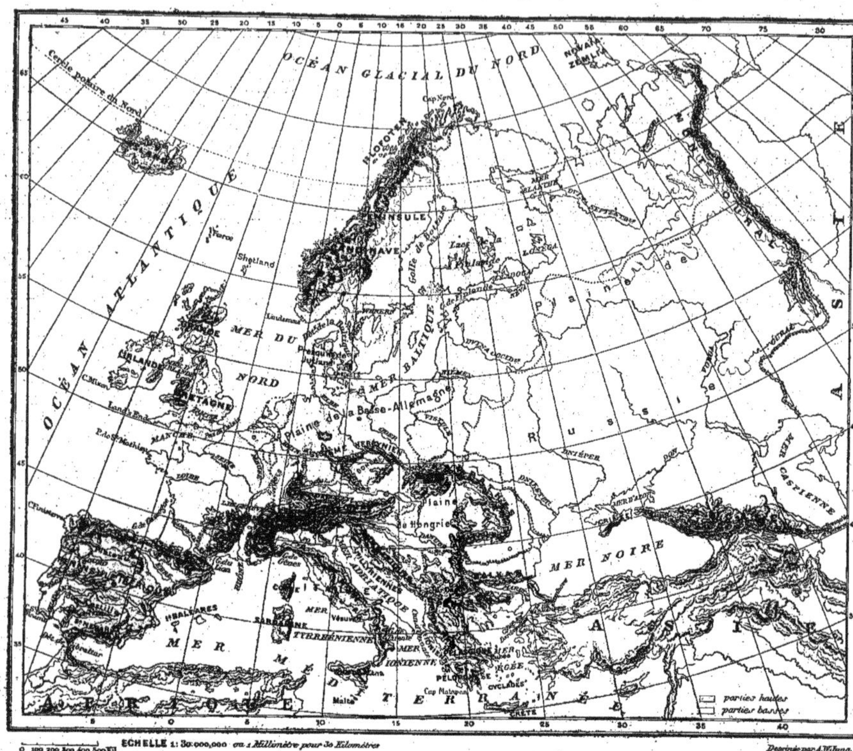

Carte n° 3. — Carte physique de l'Europe.

II. L'EUROPE

CONTOURS, MERS, CÔTES, ILES (carte n° 3)

L'Europe est comprise dans l'*ancien continent*. C'est la plus petite des cinq parties du monde, mais la plus importante par la richesse et par l'activité de sa nombreuse population. Elle a une superficie de 10 *millions de kilomètres carrés*; elle compte 330 *millions d'habitants*.

1° Le côté septentrional de l'Europe s'étend de l'embouchure du fleuve *Kara* au **cap Nord :** il est baigné par l'**océan Glacial**, qui forme la **mer Blanche**. Une partie de cet océan reste gelée plus de la moitié de l'année.

L'île principale est la *Novaïa-Zemlia*.

2° Les deux *côtés* du *nord-ouest* et de l'*ouest* sont baignés par l'**océan Atlantique**, depuis le **cap Nord** jusqu'au **détroit de Gibraltar**.

Les mers secondaires et principaux golfes sont : la **mer du Nord**, située entre la Grande-Bretagne, la presqu'île du Jutland et la péninsule Scandinave ; la **mer Baltique,** dans laquelle on pénètre par les **détroits de la Baltique** et où se trouvent le *golfe de Bottnie* et le *golfe de Finlande* ; la **Manche**, qui sépare la Grande-Bretagne de la France, et que le détroit nommé **pas de Calais** fait communiquer avec la mer du Nord ; la *mer d'Irlande*, située entre la Grande-Bretagne et l'Irlande ; le *golfe de Gascogne*.

Les côtes de cette partie de l'Europe sont très découpées ; on y trouve :

Deux grandes presqu'îles : **péninsule Scandinave,** *presqu'île du Jutland*.

De nombreuses îles : *îles Lofoten* sur la côte de la péninsule Scandinave, *îles Danoises* à l'entrée de la mer Baltique, **îles Britanniques** (comprenant la *Grande-Bretagne* et l'*Irlande*), les *Shetland*, les *Færoé*, l'**Islande.**

Les principaux caps sont : *Lindesnæs* au sud-ouest de la péninsule Scandinave, *Land's end* au sud-ouest de la Grande-Bretagne, *cap Mizen* au sud-ouest de l'Irlande, *pointe de Saint-Mathieu* à l'ouest de la France, *cap Finisterre* et *cap Saint-Vincent* dans la péninsule Ibérique.

3° Les deux *côtés* du *sud-ouest* et du *sud-est* sont baignés par la **mer Méditerranée**.

Les mers secondaires sont : le *golfe du Lion*, le *golfe de Gênes*, la **mer Tyrrhénienne** ; la **mer Ionienne**, *le golfe de Tarente*, la **mer Adriatique,** dans laquelle on pénètre par le *canal d'Otrante* ; la **mer Égée** ; la **mer Noire**, dans laquelle on pénètre par le **détroit des Dardanelles**, par la petite *mer de Marmara* et par le **Bosphore ;** la *mer d'Azov*, que la presqu'île de *Crimée* sépare de la mer Noire.

L'Europe méridionale se compose de trois grandes péninsules : à l'ouest, la **péninsule Ibérique ;** au centre, l'**Italie ;** à l'est, la **péninsule Pélasgique**, dite aussi péninsule Hellénique et terminée par la presqu'île dite **Péloponnèse**, à l'extrémité de laquelle est le *cap Matapan*.

Les îles y sont nombreuses : **Baléares, Corse, Sardaigne, Sicile, Malte, îles Illyriennes, îles Ioniennes, Crète, Cyclades, Eubée.**

Entre la mer d'Azov et la presqu'île d'Apchéron, est la haute chaîne de montagnes du **Caucase**, formant la limite de l'Europe et de l'Asie.

4° Le *côté oriental* a pour limites la **mer Caspienne**, qui ne communique pas avec l'Océan, le fleuve *Oural*, les **monts Oural,** le *Kara*.

RELIEF DU SOL

1° Les **Alpes** sont le système de montagnes le plus important de l'Europe et le plus élevé après le Caucase. Elles forment un grand arc de cercle au nord de l'Italie.

Elles se composent d'un nombre considérable de chaînes et de massifs répartis en trois groupes : **Alpes occidentales,** dans lesquelles se trouve le **mont Blanc**, le plus haut sommet des Alpes (4,810 mèt.) ; **Alpes centrales,** dans lesquelles le *mont Rose* égale presque le mont Blanc ; **Alpes orientales,** moins élevées. Des neiges perpétuelles couvrent les plus hauts sommets.

2° A l'ouest des Alpes, est le **massif Central** de la France, bordé par les *Cévennes*.

Au nord, sont le **Jura**, les **Vosges**, la **Forêt Noire** ou Schwarzwald, les montagnes de l'Allemagne centrale ou **système Hercynien**, que terminent, à l'est, les *chaînes de Bohême*.

A l'est, de la Bohême, les **Karpathes** forment aussi un grand arc de cercle qui enveloppe la *plaine de Hongrie*.

Au nord du système Hercynien, s'étend la vaste *plaine de la Basse-Allemagne*.

3° Les *monts Grampian* sont la principale chaîne de la Grande-Bretagne.

Au nord de l'Europe, les **Alpes scandinaves** sont une longue suite de plateaux et de som-

II. — L'EUROPE

Méthode et commentaire.—*La carte d'Europe.*—A l'étude générale de l'Europe correspondent deux cartes écrites et une carte muette. Les trois cartes sont dressées à l'échelle au 30,000,000°, c'est-à-dire d'un millimètre pour 30 kilomètres. On sait qu'un degré de latitude vaut 111 kilomètres et que, par conséquent, 5 degrés font 555 kilomètres. Or, $\frac{555}{30} = 18,5$; les degrés de latitude étant marqués de 5 en 5 sur la carte d'Europe, leur écartement moyen doit être de 18 millimètres 1/2. C'est ce que le maître peut vérifier lui-même et faire vérifier par quelques-uns de ses élèves les plus avancés, en considérant toutefois qu'une carte très exactement gravée sur la planche a rarement la même exactitude rigoureuse après l'impression, parce que le papier mouillé et comprimé joue presque toujours un peu sous la presse. L'écartement des degrés de longitude ne peut pas servir aussi facilement au contrôle de l'échelle, parce qu'il diminue à mesure qu'on se rapproche du pôle.

Le maître peut habituer les élèves à dessiner une carte d'Europe en s'appuyant sur les degrés. Pour cela, il leur apprendra que l'Europe, du nord au sud, s'étend à peu près du 70° degré, qui coupe la Norvège septentrionale et l'île Kalgouiev au nord-est de la Russie, au 35° degré, qui coupe la côte méridionale de la Crète et passe au sud de Malte et de Gibraltar ; que, mesurée de l'ouest à l'est, elle s'étend au delà du 10° degré de longitude occidentale qui traverse l'Irlande et le Portugal (en faisant abstraction de l'Islande qui s'étend au delà du 25° degré) et du 60° degré de longitude orientale qui coupe l'Oural septentrional.

Toutefois, il sera plus simple de montrer d'abord aux élèves encore peu exercés à dessiner de mémoire, sur le papier ou sur le tableau noir, à l'aide d'une figure géometrique très simple qui fournisse des points de repère. La figure ci-jointe indique ce mode de construction.

On commence par construire un triangle presque isocèle dont le petit côté ou base a à peu près la moitié de la longueur des deux autres. La base, légèrement inclinée vers le nord-ouest, marque à ses deux extrémités la presqu'île d'Apchéron et l'embouchure du Kara ; le sommet du triangle est le cap Saint-Vincent. Un triangle isocèle très surbaissé, élevé sur la base de ce premier triangle, marque par son sommet l'extrémité méridionale de la chaîne de l'Oural ; un autre triangle, également isocèle et surbaissé, élevé sur le côté méridional du premier triangle, marque la position du cap Matapan ; un trapèze, régulier et également surbaissé, indique par ses deux angles le cap Nord et le cap Mizen.

Quand cette figure géométrique est dressée, il est facile de dessiner à main levée les contours de l'Europe en regardant sur la figure ci-jointe les rapports de ces contours avec les côtés des triangles et du trapèze.

Contours, côtes, îles. — L'Europe constitue la partie nord-ouest de l'ancien continent. Elle semble être un prolongement occidental de l'Asie ; sa plaine orientale rappelle la plaine de Sibérie et du Turkestan, dont elle n'est séparée que par la chaîne médiocrement haute de l'Oural, et l'Europe, qui est massive à l'est comme l'Asie, s'amincit et se termine en péninsules vers le sud et l'ouest.

Quoique étant la plus petite des parties du monde, elle est aujourd'hui la plus importante, non seulement à notre point de vue, parce que nous en sommes les habitants, mais à un point de vue général, parce qu'elle est, à considérer l'ensemble de sa population, la plus civilisée et la plus riche.

330 millions d'habitants environ sur une superficie de 10 millions de kilomètres carrés donnent une densité de 33 habitants en moyenne par kilomètre ; aucune autre partie du monde n'a une densité aussi forte (voir le tableau inséré plus haut au chapitre de la Terre dans le Livre du Maître). Ces nombres ne sont pas d'une exactitude absolue, car on ne connaît que d'une manière approximative la superficie, des parties du monde ; même pour l'Europe où la plupart des États font des recensements périodiques, les données sur la population ne sont pas exemptes d'erreur : c'est pourquoi les auteurs, même les plus consciencieux et les plus autorisés, diffèrent quelquefois sur ce point.

A propos de l'océan Glacial du nord, le maître peut dire que la mer ne gèle jamais jusqu'au cap Nord, à cause d'un courant d'eau relativement chaude qui vient de l'océan Atlantique, et qu'en hiver la barrière de glaces, variables suivant les années, commence seulement à quelque distance à l'ouest de la mer Blanche ; l'océan Glacial est donc loin de s'étendre sur la côte jusqu'au cercle polaire. Mais à quelques centaines de kilomètres au nord du cap Nord, on se trouve dans une mer qui mérite véritablement le nom d'océan Glacial. Le rivage qui baigne l'océan Glacial est désert et la mer Blanche elle-même, quoique pénétrant beaucoup au sud du cercle polaire, est inhospitalière ; le seul port qu'elle possède, Arkhangel, n'est libre de glaces et ouvert à la navigation que pendant les deux mois les plus chauds de l'année.

Novaïa Zemlia sont deux mots russes qui signifient nouvelle terre ; les géographes ont traduit d'une manière inexacte par Nouvelle-Zemble.

Les côtes 1°, 2°, 3°, 4° décrites dans l'étude des contours de l'Europe correspondent à la figure géometrique qui sert à en dresser la carte.

Le maître fera remarquer la forme des côtes profondément découpées de l'Europe, et par suite celle de ses mers, parce que cette forme n'a pas été étrangère au grand développement du commerce de cette partie du monde. Il n'y a pas de région continentale dans laquelle on trouve autant de détroits et de mers secondaires. Parmi ces détroits, plusieurs sont très importants : les détroits de la Baltique sont le débouché de la navigation de la Suède, de la Russie occidentale et de la Prusse, le Pas de Calais est un des passages les plus fréquentés du monde dans lequel le jour des voiles et des traînées de fumée sont toujours en vue, et la nuit, vingt-cinq phares ou feux de ports jalonnent le chenal ; le détroit de Gibraltar, que l'antiquité avait nommé les colonnes d'Hercule, était, avant le percement de l'isthme de Suez, la seule voie de communication des contrées méditerranéennes avec le reste du monde ; le détroit des Dardanelles est, avec le Bosphore, le canal par lequel doit passer tout le commerce de Constantinople et de la Russie méridionale.

Relief du sol. — La carte de l'Europe physique porte deux teintes qui servent à distinguer du premier coup les terrains hauts et les terrains bas ou médiocrement élevés : c'est ce que l'on nomme des *teintes hypsométriques*, c'est-à-dire des teintes indiquant la mesure des hauteurs. Les deux teintes ont pour limite la courbe de 500 mètres, c'est-à-dire la série des points où le sol atteint une altitude de 500 mètres au-dessus du niveau de la mer. Sans entrer dans aucun détail sur la construction d'une courbe de ce genre, le maître peut faire comprendre d'une manière générale à ses élèves l'hypsométrie par l'hypothèse de l'inondation ; il dira que, si le niveau de la mer venait, par une crue subite, à monter de 500 mètres au-dessus de son niveau actuel, la mer inonderait les terres et ne s'arrêterait que là où le sol aurait une élévation supérieure à 500 mètres. La courbe dessine donc le rivage qu'aurait la mer ainsi débordée ; toute la partie teintée en jaune serait inondée.

Cette partie, que nous designons sous le nom de terrains bas, ne renferme que des collines et des plateaux de médiocre élévation. On voit tout d'abord qu'elle comprend une très vaste étendue : toute l'Europe orientale, l'est de la Péninsule scandinave, le nord de l'Allemagne, l'ouest de la France, la plus grande partie de l'Angleterre, la plaine du Pô et une partie de la vallée du Danube.

L'autre partie, que nous désignons sous le nom de terrains hauts et où le sol a plus de 500 mètres au-dessus du niveau de la mer, comprend d'une part, les trois régions isolées du Caucase, de l'Oural et des Alpes Scandinaves ; d'autre part, une partie considérable du midi de l'Europe centrale et des trois péninsules de l'Europe méridionale.

Il y a des cartes murales de l'Europe qui sont coloriées en teintes hypsométriques et qui ont un plus grand nombre de teintes, figurant une série de plans d'inondation à des hauteurs diverses : c'est ainsi qu'est coloriée notre carte murale complète de l'Europe au 4,000,000°.

Notre carte en relief de l'Europe, dressée par E. Levasseur et C. Kleinhaus, donne une idée de la répartition des hauteurs et des plaines ; elle présente une image qui fait sur de jeunes élèves une impression plus vive et plus juste qu'une carte imprimée ; le maître ne manquera pas d'en faire usage si l'école la possède.

Quand on étudie le relief du sol d'une contrée, c'est surtout à l'énumération et à la description des chaînes de montagnes qu'on s'attache ;

on a raison, mais il importe d'en marquer sur la carte partout où il y en a, et de n'en marquer que là. D'autre part, il ne faut pas apprendre exclusivement les montagnes ; les élèves doivent avoir aussi une notion des plateaux et des plaines, de manière à se rendre compte de la configuration générale d'un pays. C'est une partie de notre méthode.

Suite du relief du sol. — Les Alpes sont le système de montagnes le plus important de l'Europe par sa position dans la région centrale, par ses nombreuses ramifications et par son élévation ; aussi est-ce sur les Alpes que le maître doit surtout concentrer son commentaire.

Le mont Blanc étant le plus haut sommet des Alpes, il est bon d'en donner la description sous une des trois formes que nous conseillons : explication verbale, lecture ou dictée. Il existe de bons reliefs du mont Blanc, entre autres celui de M. Bardir et celui de M. Drivet ; si l'école en possède un, assurément le maître intéressera ses élèves en leur montrant ce qu'est une grande montagne. Celle-ci mesure 4,810 mètres au-dessus du niveau de la mer ; mais on ne voit jamais se dresser toute cette hauteur, parce qu'on contemple le mont Blanc d'une des vallées qui sont à ses pieds et que la principale de ces vallées, celle de Chamonix, est elle-même à un millier de mètres d'altitude. L'œil ne mesure donc qu'une hauteur d'environ 3,800 mètres. Mais comme ce sommet dépasse tous les sommets environnants, on l'aperçoit non seulement de Genève, mais de Lyon et du plateau de Langres, à une distance de 255 kilomètres.

7e Lecture. — *Les Alpes.* — Il faut se représenter les Alpes non comme une chaîne unique, mais comme un système composé d'un grand nombre de chaînes, les unes parallèles à l'axe principal, les autres transversales, séparées par de longues et profondes vallées dans lesquelles coulent des torrents alimentés par les neiges, les glaciers, les petits torrents descendant avec fracas des hautes vallées latérales

« Dans les fonds, on voit les cultures de seigle ou d'orge, les jardins, les prairies, les villages groupés tantôt sur une petite éminence, afin d'être à l'abri des inondations, tantôt derrière une paroi de rocher qui les garantit contre les avalanches ; sur les premiers coteaux et même plus haut dans la montagne, des chalets disséminés au milieu des pâturages ou à la lisière des bois.

« Dans les hauteurs, vers 1,500 ou 2,000 mètres d'altitude, les pentes deviennent plus raides ; la température est plus basse, les pins, d'abord plus rares et plus rabougris, cèdent ensuite la place aux tiges rampantes des rhododendrons et à l'herbe fine que paissent dans la belle saison les nombreux troupeaux de vaches de la Suisse ; le roc perce çà et là, présentant ici une muraille abrupte, se dressant là hardiment en forme d'aiguille ou formant un chaos de blocs confusément amoncelés.

« En hiver, tout le paysage est souvent revêtu d'une enveloppe uniforme de neige ; mais, en été la neige, persistant sur les plus hauts sommets, fait un contraste pittoresque avec les tons sombres des rochers et la verdure des pentes inférieures. »

Lecture. — 8e LECTURE. — *Ascension du mont Blanc par Saussure.* — « Le Genevois Saussure, ayant appris qu'un montagnard de Chamonix, Jacques Balmat, était parvenu au sommet du mont Blanc, voulut tenter à son tour l'entreprise, qu'il désirait depuis longtemps exécuter. Il partit accompagné de dix-neuf guides parmi lesquels était Balmat et muni de provisions, d'échelles, d'instruments de physique. Il gravit sans difficulté le flanc de la montagne de la côte à travers les bois et les prairies et, le lendemain matin, il aborda, vers la moitié de sa hauteur, le glacier des Bossons sur lequel il avait fait préparer une petite cabane abritée par les rochers qu'on nomme les Grands-Mulets.

« Saussure, pensant qu'il était de trop bonne heure pour s'y arrêter, décida, non sans peine, ses compagnons à le suivre plus haut et, vers le soir, parvenu à quelque distance au-dessous d'un cirque désigné sous le nom de Grand-Plateau, il fit dresser la tente au milieu de monticules semés par les avalanches et près des crevasses profondes produites par les craquements de la glace ; ces crevasses étaient rendues plus dangereuses par la neige qui les recouvrait. Le lendemain, 3 août 1787, s'étant mis en route de grand matin, il gravit la pente escarpée des Rochers-Rouges, dont la glace a l'aspect d'une cascade ou d'une mer tout à coup congelée et où la troupe courait le danger d'être engloutie tout entière par une avalanche, ou précipitée, par suite du glissement de la neige sur une surface polie, dans l'abîme d'une crevasse. Mais, dit Saussure, je ne m'occupais absolument pas du danger ; mon parti était pris ; j'étais décidé à aller en avant tant que mes forces me le permettraient. Lorsqu'il eut atteint l'étroite crête de glace qui forme un des épaulements du sommet, il eut encore à lutter non seulement contre les difficultés du terrain, mais contre la raréfaction de l'air qui, gênant la respiration, obligeait les voyageurs à faire de fréquentes haltes. Cependant, à onze heures du matin, il mettait enfin le pied sur le Dôme.

« Le Dôme, ou cime du mont Blanc, est une crête de neige, longue d'environ 70 mètres, présentant une surface allongée et arrondie qui l'a fait comparer à une moitié de poire d'Angleterre posée à plat ; il change d'ailleurs quelque peu de forme d'une année à l'autre selon les vents et la température.

« Saussure eut le temps de faire ses expériences et de contempler le magnifique panorama dont on jouit de cette hauteur qui domine toutes les hauteurs. Autour de lui, il avait d'immenses nappes de neige d'où sortaient les aiguilles et les parois rocheuses du massif ; plus loin, les deux vallées de Chamonix et de Courmayeur, au fond desquelles son regard se perdait dans la brume ; plus loin encore, des centaines de sommets, assemblée de géants de granit qui ne sont au premier coup d'œil qu'une foule confusément pressée, mais dans lesquelles un examen plus attentif distingue bientôt des lignes régulières, comme celles d'une armée rangée en bataille. Saussure trouva la récompense de sa persévérance, et, en montrant le chemin aux touristes, il fut un des premiers à propager, avec le sentiment des beautés de la nature, le goût des voyages de montagnes. »

États. — Les États de l'Europe énumérés dans le texte de l'Atlas scolaire sont au nombre de 25. Le maître pourra faire remarquer qu'il y en a trois qui sont de si petite étendue qu'on pourrait les négliger : Andorre, Monaco, Saint-Marin, Lichtenstein, dont la population n'est pas indiquée au tableau ci-joint parce qu'elle est inférieure à 100,000 habitants. Il reste donc 21 États ; de ces 21 États, plusieurs, la Suède et la Norvège, les Pays-Bas et le Luxembourg, ont le même roi, et la Bulgarie, vassale de la Turquie, est un État subordonné ; d'autre part, il y a des États composés eux-mêmes de plusieurs États ou cantons qui conservent certaines attributions de la souveraineté : l'Empire allemand, l'Autriche-Hongrie et la Suisse.

L'Europe occidentale est la partie où la population est le plus dense et le plus riche.

La Russie, à elle seule, occupe plus de la moitié de la superficie de l'Europe et possède le quart des habitants de cette partie du monde.

Voici un tableau qui est inséré dans l'*Annuaire du Bureau des Longitudes*, et qui indique la superficie, la population et la densité des États de l'Europe : ce sont des chiffres que le maître peut avoir besoin de consulter, mais qu'il ne doit pas reproduire dans sa leçon.

SUPERFICIE, POPULATION, DENSITÉ DE LA POPULATION PAR ÉTATS.

ÉTATS ET RÉGIONS	SUPERFICIE exprimée en kilom. car.	POPULATION probable en 1884, exprimée en millions d'habitants.	DENSITÉ PROBABLE. (Nombre d'habitants par kilom. carrés en 1884)	Nos D'ORDRE.
Royaume-Uni de Grande-Bretagne et d'Irlande	314952	35,9	114	1
Pays-Bas	32968	4,1	124	2
Grand-Duché de Luxembourg	2587	0,2	77	3
Belgique	29455	5,8	197	4
France	528401	37,8	72	5
Monaco	21	»	336	6
Europe occidentale	908384	83.8	92	
Heligoland (à l'Angl.)	0,5	»	3826	1 *bis*
Empire allemand	539737	40,0	86	7
Suisse (avec lacs)	41390	2,8	68	8
Liechtenstein	157	»	58	9
Autriche-Hongrie	62332	38,1	61	10
Europe centrale	1204606	87,5	73	
Andorre	495	»	33	11
Portugal	89619	4,4	49	12
Espagne	499764	16,8	34	13
Gibraltar (à l'Angl.)	5	»	5043	1 *ter*
Italie	296322	28,9	98	14
San-Marino (Saint-Marin)	86	»	910	15
Malte (à l'Angl.)	340	0,1	294	1 *quater*
Grèce	64688	1.9	29	16
Turquie (d'Europe)	271104	6,2	23	17
Bulgarie	62948	1,9	30	18
Monténégro	9400	0,3	32	19
Serbie	48690	1,6	35	20
Roumanie	131401	5,4	41	21
Europe méridionale	1474719	67,6	46	
Russie ou **Europe orientale**	5419637	85,07	16	22
Suède	442818	5,1	12	23
Norvège	518195	2,0	6	24
Danemark	141984	2,1	15	25
Spitzberg et autres îles, Jean Mayen, île aux Ours, etc.	70500	»	»	»
Europe septentrionale	973497	9,2	9	
Europe	9980843	333.1	33	

Le maître n'entrera d'ailleurs dans aucun détail sur les États de l'Europe : l'étude de la géographie politique de l'Europe viendra après l'étude de la France.

mets qui s'étendent d'une extrémité à l'autre de la péninsule Scandinave.

4° Les péninsules du sud de l'Europe sont en général des terres élevées et montagneuses.

La péninsule Ibérique est séparée de la France par la haute chaîne des **Pyrénées**, qui se prolonge jusqu'au cap Finisterre. Le centre de cette péninsule constitue le grand **plateau de Castille** ; au sud est la **sierra Nevada**.

La péninsule Italique est traversée, du nord au sud, par la chaîne des **Apennins**. Le *Vésuve*, en Italie, et l'**Etna**, en Sicile, sont deux volcans.

La péninsule Pélasgique est très accidentée. Elle se rattache aux Alpes par les *Alpes Dinariques* et le *Tchar dagh*. Les **Balkan** s'étendent de l'ouest à l'est jusqu'à la mer Noire ; la **chaîne du Pinde** partage, du nord au sud, la péninsule en deux versants.

Au nord-est des Karpathes, la vaste **plaine de Russie** fait suite à celle de la Basse-Allemagne à laquelle elle se rattache ; elle occupe environ la moitié de la superficie de l'Europe.

Cette plaine est bornée, du côté de l'est, par la chaîne des **monts Ourals**, médiocrement élevée, et, au sud-est, par la chaîne, très élevée, du **Caucase**.

En Europe, *les parties hautes dominent dans les régions des Alpes, des Karpathes et des grandes péninsules; les parties basses dominent dans le nord et le nord-ouest de l'Europe* (Scandinavie non comprise) *et dans l'Europe orientale.*

COURS D'EAU ET LACS

1° Les Alpes, constituant le principal relief de l'Europe centrale, donnent naissance à des cours d'eau dont les eaux se rendent à la mer par quatre grands fleuves coulant dans des directions opposées.

Le **Rhône** sort d'un grand glacier. Il coule vers l'ouest ; il forme le **lac de Genève**. Il se détourne vers le sud au point où les Cévennes lui barrent le passage, arrose Lyon, et se jette dans la Méditerranée.

Le **Rhin** coule vers le nord, puis vers l'ouest et le nord-ouest. Il forme le **lac de Constance**. Il arrose Bâle, longe la plaine d'Alsace, arrose Mayence et Cologne, puis la plaine des Pays-Bas, et se jette dans la mer du Nord.

Le **Danube**, qui prend sa source dans la Forêt-Noire et qui est le second fleuve de l'Europe par sa longueur est grossi de nombreuses rivières venues des Alpes. Après avoir arrosé Vienne, Budapest, Belgrade, il se jette dans la mer Noire.

Le **Pô**, qui arrose Turin, coule vers l'est dans la riche plaine de l'Italie septentrionale. Son bassin est borné, au nord, par les Alpes, dont les vallées méridionales, en partie occupées par des **lacs**, lui envoient un grand nombre d'affluents. Il se jette, ainsi que l'*Adige*, dans la mer Adriatique.

Ces fleuves forment chacun un delta.

2° Les fleuves de la France et de l'Europe centrale coulent, comme le Rhin, dans la direction du nord-ouest : **Garonne, Loire, Seine**, qui arrose Paris, **Meuse**, quatre fleuves situés à l'ouest du Rhin ; **Elbe**, qui arrose Dresde, **Oder**,

Carte n° 4. — Carte politique de l'Europe.

Vistule, qui arrose Varsovie, à l'est du Rhin.

3° La *Tamise*, qui arrose Londres, est le principal fleuve de la Grande-Bretagne.

Dans la péninsule Scandinave, toute semée de *lacs*, le principal cours d'eau est le *Gœta*, qui sort du **lac Wenern**.

4° Les fleuves des péninsules européennes sont peu navigables.

Dans la péninsule Ibérique, le *Douro*, le **Tage**, qui arrose Lisbonne, la *Guadiana*, le *Guadalquivir* coulent à l'ouest et se jettent dans l'océan Atlantique ; l'*Èbre* coule à l'est et se jette dans la Méditerranée.

Dans la péninsule Italique, le *Tibre* arrose Rome ; dans la péninsule Pélasgique, la *Maritza*.

5° Les grands fleuves de la vaste plaine de Russie coulent dans trois directions.

Le **Niémen**, la **Dvina occidentale**, la *Néva*, qui arrose St-Pétersbourg et qui sert de débouché aux **lacs Ladoga** et **Onéga**, coulent vers l'ouest dans la Baltique. La Finlande a beaucoup de lacs.

Au nord du lac Ladoga, la *Finlande* est une région en grande partie couverte de *lacs*.

La *Dvina septentrionale* coule vers le nord dans la mer Blanche.

Le **Don**, le **Dniéper**, le *Dniester*, coulent vers le sud, le premier dans la mer d'Azov, les deux autres dans la mer Noire.

Le **Volga**, le plus grand fleuve de l'Europe, et l'*Oural* coulent également vers le sud et se jettent dans la mer Caspienne.

Dans l'ensemble, il y a deux grands versants pour l'écoulement des eaux en Europe : le **versant de l'Océan** (océan Glacial et océan Atlantique) et le **versant de la Méditerranée** (avec la Caspienne).

ÉTATS (carte n° 4)

Les États de l'Europe sont :

1° Dans l'Europe occidentale, le **Royaume-Uni de Grande-Bretagne et d'Irlande**, désigné aussi sous le nom d'**Angleterre** ou d'*Iles Britanniques*, cap. *Londres*; les **Pays-Bas**, cap. *Amsterdam*, et le grand-duché de *Luxembourg* ; la **Belgique**, cap. *Bruxelles*; la **France**, cap. *Paris*; la principauté de *Monaco*.

2° Dans l'Europe centrale : l'**Empire allemand**, composé de plusieurs États, cap. *Berlin*; la **Suisse**, cap. *Berne*; la principauté de *Liechtenstein*; l'**Autriche-Hongrie**, cap. *Vienne*.

3° Dans l'Europe méridionale : le **Portugal**, cap. *Lisbonne*; l'**Espagne**, cap. *Madrid*, la république d'*Andorre*, comprise dans la péninsule Ibérique ; l'**Italie**, cap. *Rome*, et la république de *Saint-Marin* ; la **Grèce**, cap. *Athènes*, la **Turquie**, cap. *Constantinople*, la **Bulgarie**, le **Monténégro** et la **Serbie**, comprise dans la péninsule Pélasgique ; la **Roumanie**, cap. *Bucarest*.

4° Dans l'Europe orientale : la **Russie**, cap. *Saint-Pétersbourg*.

5° Dans l'Europe septentrionale : la **Suède**, cap. *Stockholm*, et la **Norvège**, cap. *Christiania*, comprises dans la péninsule Scandinave ; le **Danemark**, cap. *Copenhague*, avec l'Islande.

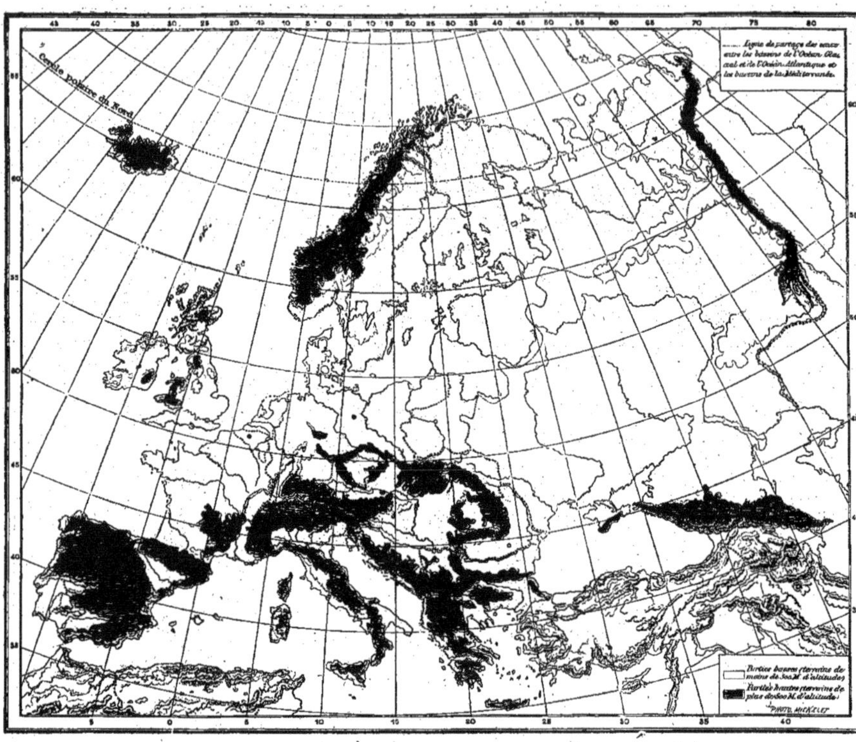

Carte muette pour l'étude de l'Europe.

QUESTIONNAIRE

9e **leçon**. — De quel continent l'Europe fait-elle partie? — Pourquoi l'appelle-t-on ancien continent? — Qu'est-ce que l'Europe? — Quelle différence y a-t-il entre continent et partie du monde? — Savez-vous s'il existe un continent qui n'est qu'une portion de partie du monde? — A l'aide de quelle figure géométrique peut-on commencer à dessiner une carte d'Europe? — Pouvez-vous faire la figure? — Quelle est la superficie de l'Europe? — Qu'entend-on par un kilomètre carré? — Savez-vous combien le territoire de notre commune a de kilomètres carrés? — Par quoi l'Europe est-elle la partie du monde la plus importante? — Combien y a-t-il d'habitants en Europe? — Montrez le cap Nord. — De quel océan dépend la mer Blanche? — Qu'est-ce que la Novaia Zemlia? — L'océan Glacial s'étend-il jusqu'au cap Nord? — Quelles sont les limites orientale et occidentale de la mer du Nord? — Nommez et montrez sur la carte les principaux détroits de l'Europe. —

10e **leçon**. — Par où un navire passe-t-il pour aller de la mer du Nord dans la mer Noire? nommez-les en les montrant sur la carte muette. — Où est situé le cap Finisterre? — Quelles sont les trois grandes péninsules de l'Europe méridionale? — Quel est le cap le plus méridional de l'Europe continentale? — Quelle est la position de la Sicile par rapport à la Sardaigne? — Où est située l'île de Malte? — Quelles sont les limites de l'Europe à l'est?

11e **leçon**. — Quel est le système de montagnes le plus important de l'Europe? — Les Alpes forment-elles une seule chaîne? — Par quoi sont séparées les différentes chaînes des Alpes? — Puisque vous savez qu'il y a beaucoup de neiges perpétuelles dans les Alpes, qu'en concluez-vous relativement à leur hauteur? — Quelles sont les trois grandes divisions des Alpes? — Quels sont les deux plus hauts sommets des Alpes? — Pourriez-vous raconter l'ascension du mont Blanc par Saussure? — Quelles sont les chaînes situées immédiatement au nord des Alpes? — Où sont situées les Karpathes? — Nommez et montrez la plaine qu'elles enveloppent. — Quelles sont, au nord et au sud, les limites de la plaine de la Basse-Allemagne? — Quelle est la principale chaîne de la Grande-Bretagne? — Où sont situées les Alpes scandinaves? — Qu'est-ce qui constitue la partie centrale de la péninsule ibérique? — Quels sont les deux principaux volcans de l'Europe? — Rappelez ce qu'on entend par volcan. — Où est situé le Tchar dagh? — Quelle est la chaîne qui traverse, de l'est à l'ouest, presque toute la péninsule pélasgique? — Quelle est la presqu'île qui termine la péninsule pélasgique? — Quel espace occupe la plaine de Russie? — Quelles sont les mers qui la baignent au nord et au sud?

12e **leçon**. — Pourquoi de grands fleuves ont-ils leur source dans les Alpes? — Quel est le lac que forme le Rhône? — Montrez et suivez sur la carte le cours du Rhin. — Pourquoi peut-il être considéré comme une dépendance du système alpestre? — Quelles sont les capitales d'État qu'il arrose? — Où se jette-t-il? — Dans quelle direction coule le Pô? — Indiquez et montrez la direction des quatre grands fleuves qui servent d'écoulement aux eaux des Alpes. — L'Adige ne peut-il pas être considéré comme une dépendance du bassin du Pô? — Tous les quatre ne se terminent-ils pas par un delta? — Rappelez ce qu'on entend par delta. — Nommez et montrez sur la carte les fleuves de l'Europe centrale qui sont à l'ouest du Rhin. — Quelle est la direction de leurs cours? — Quelle ville arrose la Vistule? — Quel est le principal cours d'eau de la Grande-Bretagne?

13e **leçon**. — Où est le lac Wenern? — Où est le Tage? — Quel est le fleuve qui arrose Rome? — Quel est le fleuve qui arrose Paris? — Qu'est-ce que le lac Ladoga? — N'y a-t-il pas d'autres lacs dans cette région? — A quel lac la Néva sert-elle de débouché? — Dans quels mers se jettent les deux plus grands fleuves de l'Europe? — Pourquoi y a-t-il en Russie des cours d'eau plus longs qu'en Grandè-Bretagne? — Tous les cours d'eau de la Russie ont-ils leur source dans des montagnes?

14e **leçon**. — Enumérez les États de l'Europe occidentale? — Montrez sur la carte la Suisse, la Serbie. — Sur quel fleuve est située la capitale du Portugal? — Quels sont les cours d'eau qui arrosent l'Empire allemand? — Dans quels États ou sur les limites de quels États sont les Karpathes? — Quels sont les États qui arrosent le Danube? — Où est située la Suède? — Nommez les États arrosés par la mer Baltique. — A quel État appartiennent la Sicile et la Sardaigne? — Par quels États passe-t-on et quels fleuves traverse-t-on pour aller en ligne droite d'Amsterdam à Constantinople?

INTERROGATIONS SUR LA CARTE MUETTE DE L'EUROPE

Méthode. — Les explications données plus haut relativement à l'interrogation sur la carte muette de la Terre s'appliquent aussi à l'interrogation sur la carte muette d'Europe. Cette interrogation doit toujours avoir un double but : s'assurer que l'élève a appris et qu'il a compris.

Afin de faire mieux comprendre, le maître ajoutera, au besoin, à la question qu'il pose ou à la réponse de l'élève quelque commentaire dont profitera la classe entière. Tous les élèves devront suivre l'interrogation sur la carte muette de leur Atlas scolaire, prêts eux-mêmes à répondre s'ils sont interrogés individuellement. Souvent le maître procédera par interrogation simultanée, procédé qui ne permet pas de se rendre aussi bien compte du développement intellectuel de l'enfant, mais qui a le grand avantage d'entraîner toute la classe dans le mouvement; dans ce cas, non-seulement les élèves répondront de vive voix, mais ils devront tous marquer du doigt sur leur carte muette le lieu demandé ; si le maître s'aperçoit que quelques-uns se trompent, il montrera lui-même le lieu sur la carte murale ; les élèves le montreront à leur tour sur leur carte muette.

Questionnaire. — **9e leçon.** — D. De quel continent l'Europe fait-elle partie? — R. *De l'ancien continent.*

D. Pourquoi l'appelle-t-on ancien continent? — R. *Parce qu'il est le plus anciennement connu.*

D. Qu'est-ce que l'Europe? — R. *C'est une des cinq parties du monde.*

D. Quelle différence y a-t-il entre continent et partie du monde? — R. *Un continent est une très grande étendue de terre entourée d'eau; une partie du monde est une des cinq grandes divisions de la Terre.*

D. Savez-vous s'il existe un continent qui n'est qu'une portion de partie du monde? — R. *Oui; le continent austral.*

D. A l'aide de quelle figure géométrique peut-on commencer à dessiner une carte d'Europe? — R. *A l'aide d'un triangle.*

D. Pouvez-vous faire la figure? — R...

D. Quelle est la superficie de l'Europe? — R. 10 *millions de kilom. carrés.*

D. Qu'entend-on par un kilomètre carré? — R. *Un carré dont chaque côté a un kilomètre de longueur.*

D. Combien le territoire de notre commune a de kilomètres carrés? — R...

D. Par quoi l'Europe est-elle la partie du monde la plus importante? — R. *Par la richesse et l'activité de sa nombreuse population.*

D. Combien y a-t-il d'habitants en Europe? — R. 330 *millions.*

D. Montrez le cap Nord. — R...

D. De quel océan dépend la mer Blanche? — R. *De l'océan Glacial.*

D. Qu'est-ce que la Novaia Zemlia? — R. *C'est la principale île de l'océan Glacial en Europe.*

D. L'océan Glacial s'étend-il jusqu'au cap Nord? — R. *Non; la mer ne gèle pas au cap Nord.*

D. Quelles sont les limites orientale et occidentale de la mer du Nord? — R. *La péninsule Scandinave et la presqu'île du Jutland a l'est, la Grande-Bretagne à l'ouest.*

D. Nommez et montrez sur la carte les principaux détroits de l'Europe. — R. *Les détroits de la Baltique, le pas de Calais, le détroit de Gibraltar, les Dardanelles et le Bosphore.*

10e leçon. — D. Par où un navire passe-t-il pour aller de la mer du Nord dans la mer Noire? Nommez et montrez sur la carte muette. — R. *Par le pas de Calais, l'océan Atlantique, le détroit de Gibraltar, la mer Méditerranée, la mer Egée, les Dardanelles, la mer de Marmara, le Bosphore.*

D. Où est situé le cap Finisterre? — R. *Dans la péninsule Ibérique.*

D. Quelles sont les trois grandes péninsules de l'Europe méridionale? — R. *La péninsule Ibérique, l'Italie, la péninsule Pélasgique.*

Le maître peut expliquer le sens de ces qualificatifs : ibérique vient des Ibères, une des races les plus anciennes qui ont peuplé la péninsule ; pélasgique, des Pélasges, regardés comme les premiers habitants du sud-est de l'Europe. Les Hellènes ou Grecs ne sont venus qu'après eux et n'ont jamais dominé sur toute la péninsule jusqu'au Danube.

D. Quel est le cap le plus méridional de l'Europe continentale? — R. *Le cap Matapan.*

D. Quelle est la position de la Sicile par rapport à la Sardaigne? — R. *La Sicile est au sud-est de la Sardaigne.*

D. Où est située Malte? — R. *Dans la Méditerranée, au sud de la Sicile.*

D. Quelles sont les limites de l'Europe à l'est? — R. *La mer Caspienne, le fleuve Oural, les monts Oural, et le Kara.*

11e leçon. — D. Quel est le système de montagnes le plus important de l'Europe? — R. *Les Alpes.*

D. Les Alpes forment-elles une seule chaîne? — R. *Non; elles se composent de plusieurs chaînes.*

D. Par quoi sont séparées les chaînes des Alpes? — R. *Par des vallées.*

D. Puisque vous savez qu'il y a beaucoup de neiges perpétuelles dans les Alpes, qu'en concluez-vous relativement à leur hauteur? — R. *Qu'elles sont très hautes.*

D. Quelles sont les trois grandes divisions des Alpes? — R. *Alpes occidentales, Alpes centrales, Alpes orientales.*

D. Quels sont les deux plus hauts sommets des Alpes? — R. *Le mont Blanc et le mont Rose.*

D. Pourriez-vous raconter l'ascension du mont Blanc par Saussure? — R...

D. Quelles sont les chaînes situées immédiatement au nord des Alpes? — R. *Le Jura, les Vosges, la Forêt-Noire, le système Hercynien.*

D. Où sont situées les Karpathes? — R. *A l'est des Alpes.*

D. Nommez et montrez la plaine qu'elles enveloppent. — R. *La plaine de Hongrie.*

D. Quelles sont, au nord et au sud, les limites de la plaine de la Basse-Allemagne? — R. *La mer du Nord, la mer Baltique et le système Hercynien.*

D. Quelle est la principale chaîne de la Grande-Bretagne? — R. *Les Grampian.*

D. Où sont les Alpes scandinaves? — R. *Dans la péninsule Scandinave.*

Le maître expliquera que ce sont les géographes qui leur ont donné le nom d'Alpes par analogie avec la véritable chaîne des Alpes. Elles n'ont cependant pas l'aspect des Alpes ; elles sont composées surtout de plateaux, creusées de gorges profondes; moins hautes que les Alpes, quoiqu'elles aient de très vastes étendues de neiges perpétuelles, parce qu'elles sont plus au nord.

D. Qu'est-ce qui constitue la partie centrale de la péninsule Ibérique? — R. *Le plateau de Castille.*

D. Nommez les principaux volcans de l'Europe. — R. *L'Etna et le Vésuve.*

D. Rappelez ce qu'on entend par volcan. — R. *Une montagne qui, par une ouverture appelée cratère, lance de la fumée et des matières enflammées.*

D. Où est situé le Tchar dagh? — R. *Dans la péninsule Pélasgique.*

D. Quelle est la chaîne qui traverse, de l'est à l'ouest, presque toute la péninsule Pélasgique? — R. *Les Balkan.*

D. Quelle est la presqu'île qui termine la péninsule Pélasgique? — R. *Le Péloponnèse.*

D. Quel espace occupe la plaine de Russie? — R. *Toute la moitié orientale de l'Europe.*

D. Quelles sont les mers qui la baignent au nord et au sud? — R. *L'océan Glacial au nord, la mer Noire, la mer d'Azov et la mer Caspienne au sud.*

12e leçon. — D. Pourquoi de grands fleuves ont-ils leur source dans les Alpes? — R. *Parce que les Alpes constituent le principal relief de l'Europe centrale.*

D. Quel est le lac que forme le Rhône? — R. *Le lac de Genève.*

D. Montrez et suivez sur la carte le cours du Rhin. — R...

D. Pourquoi le Danube peut-il être considéré comme dépendance du système alpestre? — R. *Parce qu'il reçoit des Alpes la plupart de ses grands affluents.*

D. Quelles capitales d'Etat arrose-t-il? — R. *Vienne, Budapest, Belgrade.*

D. Où se jette-t-il? — R. *Dans la mer Noire.*

D. Dans quelle direction coule le Pô? — R. *Dans la direction de l'est.*

D. Indiquez et montrez la direction des quatre grands fleuves qui servent d'écoulement aux eaux des Alpes. — R. *Le Rhin au nord-ouest, le Rhône au sud-ouest, le Danube au nord-est et à l'est, le Pô au sud.*

D. L'Adige ne peut-il pas être considéré comme une dépendance du bassin du Pô? — R. *Oui.*

D. Tous les quatre ne se terminent-ils pas par un delta? — R. *Oui.*

D. Rappelez ce qu'on entend par delta. — R. *C'est une embouchure de fleuve composée de plusieurs branches que séparent des îles basses.*

D. Nommez et montrez sur la carte les fleuves de l'Europe centrale qui sont à l'ouest du Rhin. — R. *La Garonne, la Loire, la Seine, la Meuse.*

D. Quelle est la direction de leurs cours? — R. *La direction nord-ouest, comme celle du Rhin.*

D. Quelle ville arrose la Vistule? — R. *Varsovie.*

D. Quel est le principal cours d'eau de la Grande-Bretagne? — R. *La Tamise.*

13e leçon. — D. Où est le lac Wenern? — R. *Dans la péninsule Scandinave.*

D. Où est situé le Tage? — R. *Dans la péninsule Ibérique.*

D. Quel est le fleuve qui arrose Rome? — R. *Le Tibre.*

D. Quel est le fleuve qui arrose Paris? — R. *La Seine.*

D. Qu'est-ce que le lac Ladoga? — R. *C'est le plus grand lac de l'Europe.*

D. N'y a-t-il pas d'autres lacs dans cette région? — R. *Oui, il y a le lac Onéga; il y a aussi beaucoup de lacs en Finlande.*

D. A quel lac la Néva sert-elle de débouché? — R. *Au lac Ladoga.*

D. Dans quelles mers se jettent les deux plus grands fleuves de l'Europe? — R. *Dans la mer Noire, le Danube; dans la mer Caspienne, le Volga.*

D. Pourquoi y a-t-il en Russie des cours d'eau plus longs qu'en Grande-Bretagne? — R. *Parce que la plaine de Russie est beaucoup plus vaste que la Grande-Bretagne.*

D. Tous les cours d'eau de la Russie ont-ils leur source dans des montagnes? — R. *Non ; il y en a qui prennent leur source dans les monts Ourals et dans les Karpathes, mais les plus importants viennent de collines situées dans la plaine.*

Pour amener les élèves à faire cette réponse, le maître leur montrera que presque toute la Russie, et particulièrement la région où naissent les grands fleuves, est dans la partie basse de l'Europe, c'est-à-dire la partie qui n'atteint pas 500 mètres d'altitude ; c'est à dessein que nous n'avons pas nommé sur la carte les *Hauteurs de Valdaï*, leur élévation étant trop peu considérable.

14e leçon. — D. Enumérez les Etats de l'Europe occidentale. — R. *Le Royaume-Uni de Grande-Bretagne et d'Irlande, les Pays-Bas et le Luxembourg, la Belgique, la France et Monaco.*

D. Montrez sur la carte la Suisse, la Serbie. — R...

D. Quelle est la capitale de l'Empire allemand? — R. *Berlin.*

D. Sur quel fleuve est située la capitale du Portugal? — R. *Sur le Tage.*

D. Quels sont les cours d'eau qui arrosent l'Empire allemand? — R. *Le Rhin, l'Elbe, l'Oder, la Vistule, le Niémen, le Danube.*

D. Dans quels Etats ou sur les limites de quels Etats sont les Karpathes? — R. *L'Autriche-Hongrie et la Roumanie.*

D. Quels sont les Etats qu'arrose le Danube? — R. *L'Empire allemand, l'Autriche-Hongrie, la Serbie, la Roumanie, la Bulgarie.*

D. Où est située la Suède? — R. *Dans la péninsule Scandinave.*

D. Nommez les Etats arrosés par la mer Baltique. — R. *La Suède, la Russie, l'Empire allemand, le Danemark.*

D. A quel Etat appartiennent la Sicile et la Sardaigne? — R. *A l'Italie.*

D. Par quels États passe-t-on et quels fleuves traverse-t-on pour aller en ligne droite d'Amsterdam à Constantinople? — R. *Les Pays-Bas, l'Empire allemand, deux fois le Danube, l'Autriche-Hongrie la Roumanie, la Bulgarie, encore le Danube et la Turquie.*

Devoirs. — Écrire sur une carte muette les noms des océans, mers, golfes et détroits de l'Europe.

Écrire sur une carte muette portant les cours d'eau, les noms des cours d'eau de l'Europe tributaires de la Méditerranée et de la Caspienne.

Faire, sur une carte muette d'Europe sans montagnes, le dessin des chaînes de montagnes, en écrire les noms sur la même carte, placer ensuite les noms des États et leur capitale.

INTERROGATIONS SUR LA CARTE MUETTE DES ÉTATS D'EUROPE.

Méthode. — Quatre pages (p. 8, 9, 10, 11) sont consacrées à l'étude des États d'Europe. Les cartes qui servent à cette étude sont à l'échelle de 1/7,000,000ᵉ, soit 1 millimètre pour 7 kilomètres, pour les Iles Britanniques et l'Europe centrale, et à l'échelle de 1/14,000,000ᵉ, soit 1 millimètre pour 14 kilomètres, pour l'Europe méridionale et pour l'Europe orientale et séptentrionale. L'échelle est donc moitié plus petite en longueur pour les deux dernières cartes que pour les deux premières. Les deux premières sont elles-mêmes un peu plus petites que les cartes de France, puisqu'un millimètre y représente 7 kilomètres, tandis qu'il n'en représente que 5 sur les cartes de France.

Pour l'interrogation nous avons rassemblé sur une carte générale de l'Europe toutes les indications, cours d'eau, positions de villes, limites d'États, etc., qui se trouvent sur les quatre cartes des États d'Europe et qui sont nécessaires à l'élève pour répondre aux questions. La place aurait manqué pour donner une carte muette plus grande, et d'ailleurs il est bon que les élèves s'habituent à voir sur une carte d'ensemble la position des lieux qu'ils ont étudiés sur des cartes de détail. Cette carte d'ensemble est à l'échelle de 1/30,000,000ᵉ, soit 1 millimètre pour 30 kilomètres. C'est la même échelle que celle des cartes d'Europe qui se trouvent déjà aux pages 10, 11 et 12.

EUROPE OCCIDENTALE.

Questionnaire. — 15ᵉ et 16ᵉ **leçons.** — D. Quels sont les États de l'Europe occidentale? — R. *L'Angleterre, les Pays-Bas, le Grand-Duché de Luxembourg, la Belgique, la France.*

D. De quoi est formé le royaume de Grande-Bretagne? — R. *Des anciens royaumes d'Angleterre et d'Écosse.*

D. Quelles sont les principales îles qui dépendent de la Grande-Bretagne? — R. *L'île de Wight, les îles Anglo-Normandes qui sont près de la côte de France; l'île de Man dans la mer d'Irlande; les Hébrides, les Orcades et les Shetland, au nord de la Grande-Bretagne.*

D. Qu'est-ce que la Tamise? — R. *C'est un des principaux cours d'eau de l'Angleterre; la Tamise baigne Londres.*

D. Quel est le caractère général du pays de Galles? — R. *C'est un pays montagneux.*

D. Quel est le principal cours d'eau de l'Irlande. — R. *Le Shannon.*

D. Quelle est la population du Royaume-Uni. — R. 35 *millions d'habitants.*

D. Nommez et montrez sur la carte les villes principales de l'Angleterre. — R. *Londres, capitale; Liverpool, Manchester, Birmingham, Stafford, Stoke, Merthyr-Tydfil, Swansea, Sheffield, Leeds, Bristol, Southampton, Hull, Newcasle, Oxford, Canterburg, York.*

D. Quelle est l'ancienne capitale de l'Irlande? — R. *Dublin.*

D. L'agriculture est-elle florissante dans le Royaume-Uni? — R. *Oui.*

D. Quelles sont les principales industries de la Grande-Bretagne? — R. *La Grande-Bretagne produit plus de houille et de fer qu'aucune autre contrée d'Europe.*

D. Où ces industries sont-elles surtout pratiquées? — R. *Dans le pays de Galles, dans les régions de Newcastle, de Stafford, de Glasgow.*

D. Quelles sont les autres grandes industries caractéristiques de l'Angleterre? — R. *Les industries du coton, de la laine, du lin, la fabrication des machines et la construction des navires.*

17ᵉ **leçon.** — D. Pourquoi les Pays-Bas sont-ils ainsi nommés? — R. *Parce qu'ils sont situés dans une plaine basse.*

D. Quelle est la population du royaume des Pays-Bas? — R. *Elle est de plus de 4 millions d'habitants.*

D. Quelle est la capitale de la Belgique? — R. *Bruxelles.*

D. Montrez sur la carte et nommez le fleuve sur lequel est situé Liège. — R. *La Meuse.*

D. La Belgique est-elle un pays riche? — R. *Oui, l'industrie y est très développée, surtout l'industrie des machines, celle des armes, celle des tissus.*

D. De qui dépend le Grand-Duché de Luxembourg? — R. *Du roi des Pays-Bas.*

EUROPE CENTRALE.

Questionnaire. — 18ᵉ et 19ᵉ **leçons.** — D. Quand a été formé l'Empire allemand? — R. *En 1871, à la suite des victoires remportées sur la France.*

D. Quelles sont les limites de l'Empire allemand au sud? — R. *La Suisse et l'Empire d'Autriche dont il est séparé par les Alpes et par les trois chaînes de Bohême, Sudètes et monts des Géants, monts Métalliques, monts de Bohême.*

D. Où est située la Taunus? — R. *Dans l'Allemagne occidentale, près du Rhin.*

D. Où est située la Basse-Allemagne? — R. *Au nord des montagnes qui forment le système Hercynien.*

D. Nommez et montrez les cours d'eau qui arrosent l'Empire allemand et qui sont tributaires de la mer du Nord. — R. *Le Rhin avec ses affluents, Moselle, Neckar, Main, Ruhr, l'Ems, le Weser, l'Elbe avec ses affluents, Saale, Havel, grossie elle-même de la Sprée.*

D. Qu'est-ce que le royaume de Prusse? — R. *C'est le plus important des États allemands; le roi de Prusse est empereur d'Allemagne.*

D. Qu'est ce que Dresde? — R. *C'est une belle ville sur l'Elbe, la capitale du royaume de Saxe.*

D. Quelle est la capitale du Wurtemberg? — R. *Stuttgart.*

D. Depuis quand l'Alsace-Lorraine a-t-elle été séparée de la France? — R. *Depuis* 1870.

D. Quelles sont les trois villes libres de l'Allemagne? — R. *Lubeck, Hambourg, Brême.*

D. Quelles sont les grandes villes de l'Allemagne qu'arrose l'Elbe? — R. *Dresde, Magdebourg, Hambourg.*

D. Quelles sont les principales villes de l'Alsace-Lorraine? — R. *Strasbourg et Metz.*

D. Quelles sont les principales industries de l'Empire allemand? — R. *La houille et les industries métallurgiques dans le bassin de la Ruhr, la Haute-Silésie, la Saxe; les tissus en Alsace, en Saxe, en Silésie.*

20ᵉ et 21ᵉ **leçons.** — D. Nommez et montrez sur la carte les principaux cours d'eau qui ont leur source en Suisse. — R. *Le Rhône, le Tessin, affluent du Pô; l'Inn, affluent du Danube; le Rhône et l'Aare, son affluent.*

D. Montrez sur la carte et nommez le cours d'eau qui arrose Berne. — R. *L'Aare.*

D. De quels États se compose l'Autriche-Hongrie? — R. *De l'Empire d'Autriche, capitale Vienne, et de la monarchie Hongroise, capitale Budapest.*

D. Qu'est-ce que le Tyrol? — R. *Une des provinces de l'Empire d'Autriche.*

D. Où est située Trieste? — R. *Sur la côte de l'Adriatique.*

D. Qu'est-ce que la Drave? — R. *Un affluent du Danube qui arrose l'Autriche-Hongrie.*

D. Quelles sont dans l'Autriche-Hongrie les principales villes arrosées par le Danube? — R. *Linz, Vienne, Presbourg, Budapest.*

D. Qu'est-ce que la Transylvanie? — R. *C'est une des grandes régions de la monarchie Hongroise.*

D. Qu'est-ce que la Bosnie? — R. *C'est une province qui appartient nominalement à l'Empire ottoman, mais qui est administrée par l'Autriche.*

EUROPE MÉRIDIONALE.

Questionnaire. — 22ᵉ **leçon.** — D. Combien y a-t-il d'États dans la peninsule Ibérique? — R. *Trois : l'Espagne, le Portugal et la petite République d'Andorre.*

D. Quelle est la capitale du Portugal? — R. *Lisbonne.*

D. Où est elle située? — R. *A l'embouchure du Tage, qui se jette dans l'océan Atlantique.*

D. Quels sont les Etats que le Tage arrose? — R. *L'Espagne et le Portugal.*

D. Qu'est-ce que le plateau des Castilles? — R. *C'est un plateau, haut et vaste, qui occupe le centre de l'Espagne et qui est bordé, au nord par la partie occidentale des Pyrénées, à l'est par les monts Ibériques, au sud par la sierra Morena.*

D. Qu'est-ce que le Mulahacen? — R. *C'est le plus haut sommet de la sierra Nevada.*

D. Qu'est-ce que les îles Baléares? — R. *C'est un archipel de la Méditerranée qui appartient à l'Espagne.*

D. Nommez et montrez sur la carte les fleuves de l'Espagne. — R. *Le Minho, le Douro, le Tage, la Guadiana, le Guadalquivir qui se jettent dans l'océan Atlantique, l'Ebre qui se jette dans la Méditerranée.*

D. Quelle est la population de l'Espagne? — R. 17 *millions d'habitants.*

D. Qu'est-ce que Gibraltar? — R. *C'est un rocher fortifié, situé à une des pointes méridionales de l'Espagne, qui appartient à l'Angleterre.*

23ᵉ **leçon.** — D. Par quoi est bornée l'Italie au nord? — R. *Par les Alpes.*

D. Que savez-vous de l'aspect général des Alpes? — *Les Alpes sont les plus hautes montagnes de l'Europe; elles se composent d'un grand nombre de chaînes séparées par des vallées profondes; on y trouve des forêts, des pâturages, des rochers abruptes, des neiges perpétuelles, des glaciers; c'est une des régions du monde les plus curieuses à visiter.*

D. Quelles sont les principales îles appartenant à l'Italie? — R. *La Sardaigne, l'île d'Elbe, la Sicile.*

D. N'y a-t-il pas des volcans en activité dans cette contrée? — R. *Oui, il y en a deux, le Vésuve près de Naples et l'Etna en Sicile.*

D. Quelle est la partie la plus élevée des Apennins? — R. *C'est le Gran Sasso d'Italie.*

D. Nommez et montrez les cours d'eau de l'Italie qui viennent des Alpes. — R. *Le Pô, qui reçoit le Tessin, apportant l'eau du lac Majeur; l'Adda, apportant l'eau du lac de Côme; le Mincio, apportant l'eau du lac de Garde; l'Adige, la Brenta.*

24ᵉ **leçon.** — D. Quelle est la capitale de la Grèce? — R. *Athènes, une des villes les plus florissantes du monde dans l'antiquité.*

D. Qu'est-ce que le Parnasse? — R. *C'est une montagne de la Grèce, célèbre dans l'antiquité.*

D. Montrez sur la carte muette et dites quelles sont les limites de le Turquie. — R. *Au nord, l'Autriche-Hongrie, la Serbie et la Bulgarie; à l'ouest, le Monténégro, la mer Adriatique et la mer Ionienne; au sud, la Grèce; à l'est, la mer Egée, le détroit des Dardanelles, la mer de Marmara, le Bosphore et la mer Noire.*

D. Où est située Constantinople? — R. *Constantinople, capitale de la Turquie, est située sur le Bosphore.*

D. Quelle est la capitale de la Serbie? — R. *Belgrade*

D. Quelles sont les bornes de la Roumanie? — R. *Au sud, le Danube, au-delà duquel s'étend cependant la frontière roumaine à l'embouchure du fleuve; au nord, les Karpathes; à l'est, le Prut.*

Voir p. 39 et 40, les questionnaires supplémentaires et les devoirs pour l'Europe occidentale, centrale et méridionale. — Voir p. 41 le questionnaire et les devoirs pour l'Europe orientale et séptentrionale,

EUROPE

Méthode Cartographique de E. Levasseur

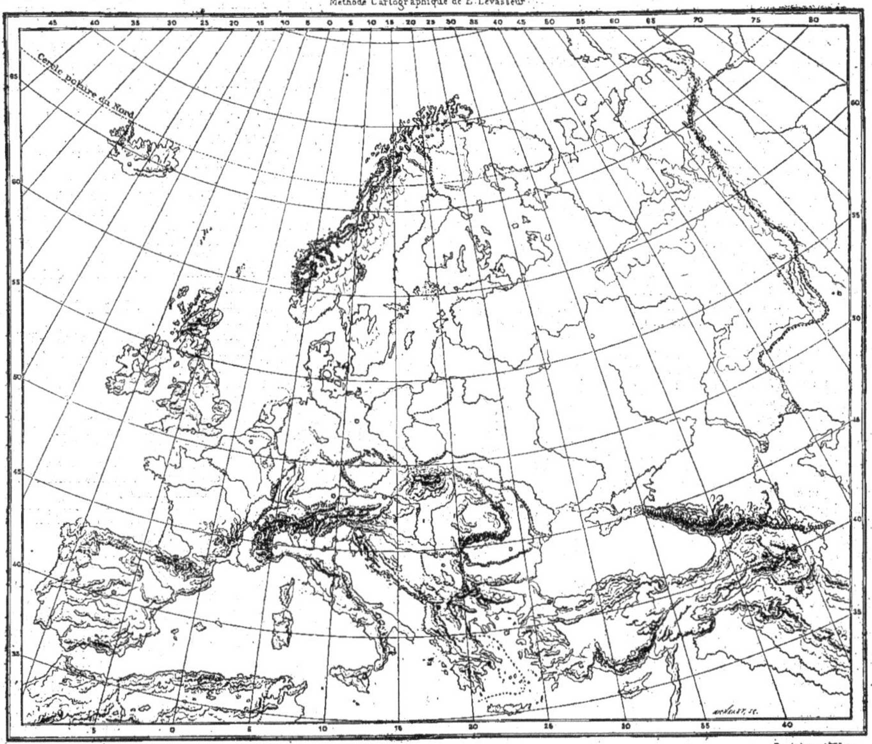

Carte muette pour l'étude des États d'Europe

EUROPE OCCIDENTALE.

QUESTIONNAIRE. — 15e et 16e **leçons.** — D. Quels sont les États de l'Europe occidentable? — De quoi est formé le royaume de Grande-Bretagne? — Quelles sont les principales îles qui dépendent de la Grande-Bretagne? — Qu'est-ce que la Tamise? — Quel est le caractère général du pays de Galles? — Quel est le principal cours d'eau de l'Irlande? — Quelle est la population du Royaume-Uni? — Nommez et montrez sur la carte les villes principales de l'Angleterre. — Quelle est l'ancienne capitale de l'Irlande? — L'agriculture est-elle florissante dans le Royaume-Uni? — Quelles sont les principales industries de la Grande-Bretagne? — Où ces industries sont-elles surtout pratiquées? — Quelles sont les autres grandes industries caractéristiques de l'Angleterre?

17e **leçon.** — Pourquoi les Pays-Bas sont-ils ainsi nommés? — Quelle est la population du royaume des Pays-Bas? — Quelle est la capitale de la Belgique? — Montrez sur la carte et nommez le fleuve sur lequel est situé Liège. — La Belgique est-elle un pays riche? — De qui dépend le grand-duché de Luxembourg?

EUROPE CENTRALE.

18e et 19e **leçons.** — Quand a été formé l'Empire allemand? — Quelles sont les limites de l'Empire allemand au Sud? — Où est situé le Taunus? — Où est située la Basse-Allemagne? — Nommez et montrez les cours d'eau qui arrosent l'Empire allemand et qui sont tributaires de la mer du Nord. — Qu'est-ce que le royaume de Prusse?

20e et 21e **leçons.** — Qu'est-ce que Dresde? — Quelle est la capitale du Wurttemberg? — Depuis quand l'Alsace-Lorraine a-t-elle été séparée de la France? — Quelles sont les trois villes libres de l'Allemagne? — Quelles sont les grandes villes de l'Allemagne qu'arrose l'Elbe? — Quelles sont les principales villes de l'Alsace-Lorraine? — Quelles sont les principales industries de l'Empire allemand? — Nommez et montrez sur la carte les principaux cours d'eau qui ont leur source en Suisse. — Montrez sur la carte et nommez le cours d'eau qui arrose Berne. — De quels États se compose l'Autriche-Hongrie? — Qu'est-ce que le Tirol? — Où est située Trieste? — Qu'est-ce que la Drave? — Quelles sont dans l'Autriche-Hongrie les principales villes arrosées par le Danube? — Qu'est-ce que la Transylvanie? Qu'est-ce que la Bosnie? —

EUROPE MERIDIONALE.

22e **leçon.** — Combien y a-t-il d'États dans la péninsule Ibérique? — Quelle est la capitale du Portugal? — Où est-elle située? — Quels sont les États que le Tage arrose? — Qu'est-ce que le plateau des Castilles? — Qu'est-ce que le Mulabacen? — Qu'est-ce que les îles Baléares? — Nommez et montrez sur la carte les fleuves de l'Espagne. — Quelle est la population de l'Espagne? — Qu'est-ce que Gibraltar?

23e **leçon.** — Par quoi est bornée l'Italie au nord? — Que savez-vous de l'aspect général des Alpes? — Quelles sont les principales îles appartenant à l'Italie? — N'y a-t-il pas des volcans en activité dans cette contrée? — Quelle est la partie la plus élevée des Apennins? — Nommez et montrez les cours d'eau de l'Italie qui viennent des Alpes.

24e **leçon.** — Quelle est la capitale de la Grèce? — Qu'est-ce que le Parnasse? — Montrez sur la carte muette et dites quelles sont les limites de la Turquie. — Où est située Constantinople? — Quelle est la capitale de la Serbie? — Quelles sont les bornes de la Roumanie?

EUROPE ORIENTALE ET SEPTENTRIONALE.

25e **leçon.** — Quel est l'aspect général de la Russie? — Où se jette le Don? — Quel est le plus grand fleuve de l'Europe? — Quelles sont les capitales de la Russie? — Quelles sont les principaux ports de la Russie?

26e **leçon.** — Quels sont les États scandinaves? — Quelles sont les principales villes de la Suède? — De quoi se compose le royaume de Danemark?

III. L'EUROPE OCCIDENTALE

L'*Europe occidentale* comprend cinq États : Angleterre, Pays-Bas, Grand-Duché de Luxembourg, Belgique et France.

(Voir la carte n° 5)

1° L'**Angleterre,** ou, plus exactement, le **Royaume-Uni de Grande-Bretagne et d'Irlande** est un des grands États de l'Europe occidentale. Il comprend les **Iles Britanniques.**

La Grande-Bretagne est baignée, à l'est, par la *mer du Nord;* au sud, par le *pas de Calais* et par la *Manche;* à l'ouest, par l'*océan Atlantique.*

Dans la Manche sont les *îles Scilly,* l'*île de Wight* et, près de la côte de France, les *îles Anglo-normandes* ou Iles du canal (*Jersey, Guernesey,* etc.), qui appartiennent à l'Angleterre; à l'ouest, dans la mer d'Irlande, sont l'île de *Man* et l'*île d'Anglesey;* au nord, dans l'Atlantique, sont les *îles Hébrides,* les *Orcades* et les *Shetland.*

L'île la plus importante est la **Grande-Bretagne.** Au sud et au sud-est, elle se compose de *plaines;* elle est montagneuse dans le *pays de Galles,* à l'ouest, dans les *monts Cheviot* et les **monts Grampian,** au nord. La *Tamise* et la *Severn* en sont les principaux cours d'eau. (Voir les autres cours d'eau sur la carte.) Les *canaux* sont nombreux.

La **mer d'Irlande** et les deux détroits par lesquels elle communique avec l'Océan, le *canal de Saint-Georges* et le *canal du Nord,* séparent la Grande-Bretagne de l'**Irlande.** Cette dernière île est une vaste *plaine* que bordent quelques massifs montagneux. Elle est arrosée par le *Shannon* et renferme beaucoup de *lacs.*

Le *Royaume-Uni* a *plus de 35 millions d'habitants.* Il est composé des trois anciens royaumes d'Angleterre, d'Ecosse et d'Irlande.

L'**Angleterre** occupe les deux tiers de la Grande-Bretagne. Capitale : **Londres,** port sur la Tamise, la ville la plus peuplée de l'Europe (près de 3 millions d'habitants) et une des plus commerçantes du monde. — Villes principales : **Liverpool,** port situé près de l'embouchure de la Mersey, faisant un commerce presque aussi considérable que Londres; **Manchester,** la plus grande ville manufacturière pour le coton : *Birmingham, Stafford, Merthyr-Tydfil, Swansea, Sheffield, Leeds,* villes d'industrie, les ports de *Bristol, Southampton, Hull, Newcastle, Oxford,* célèbre par son université, les archevêchés de *Canterbury* et d'*York.*

L'**Ecosse** occupe la partie septentrionale, qui est la plus montagneuse, de la Grande-Bretagne. L'ancienne capitale est **Édimbourg.** — Villes principales : *Glasgow,* très importante par son industrie et son commerce; *Dundee, Inverness, Aberdeen.*

L'**Irlande** a pour ancienne capitale **Dublin.** — Villes principales : *Belfast,* centre de l'industrie des toiles, *Cork, Limerick.*

N° 5. — Carte des Iles Britanniques.

La Grande-Bretagne et l'Irlande ont une agriculture très-productive; elles possèdent beaucoup de bétail. Cependant, leurs habitants consommant plus de blé et de viande qu'elles n'en fournissent, le commerce en fait venir chaque année une grande quantité des pays étrangers.

La Grande-Bretagne est la contrée d'Europe qui produit le plus de **houille** et le plus de **fer :** le *pays de Galles,* les régions de *Newcastle,* de *Stafford,* de *Glasgow* sont les principaux centres de cette production. Parmi les industries très-nombreuses et très-diverses des Iles Britanniques, les plus importantes sont : les *industries du* **coton,** *de la laine et du lin,* la fabrication des *machines,* la construction des *navires.*

Le commerce maritime de la Grande-Bretagne est plus considérable que celui d'aucun autre État de la Terre : il dépasse 16 *milliards de francs* par année.

(Voir la carte n° 45)

2° Les **Pays-Bas** sont ainsi nommés parce qu'ils sont situés dans une *plaine basse.* Le golfe dit *Zuiderzée* a été en partie formé par des inondations de la mer. Le **Rhin** et la **Meuse** ont leur embouchure dans les Pays-Bas.

Les Pays-Bas sont un *royaume* désigné quelquefois sous le nom de Hollande (la Hollande forme deux provinces des Pays-Bas). La population est de *plus de 4 millions d'habitants.*

Capitale : **Amsterdam,** port de mer et grande ville de commerce. — **La Haye** est la résidence du gouvernement. — Villes principales : *Rotterdam,* port sur la Meuse; *Maestricht,* place forte.

3° La **Belgique** est située au sud des Pays-Bas. Elle se divise en deux parties : à l'ouest, la *plaine;* à l'est, le *plateau de l'Ardenne.* Elle est arrosée par la **Meuse** et par l'**Escaut.**

La Belgique est un *royaume.* La population est de *près de 6 millions d'habitants.*

Capitale : **Bruxelles,** belle et grande ville. — Villes principales : **Anvers,** grand port sur l'Escaut; *Liége,* et *Gand, Bruges, Namur, Verviers,* cités industrielles.

L'industrie est très développée en Belgique, principalement l'extraction de la *houille,* la fabrication des *machines,* des *armes,* des *tissus,* coton, laine et lin, dentelles.

4° Au sud-est de la Belgique, est le *Grand-Duché de Luxembourg.* Le roi des Pays-Bas en est le souverain.

5° La **France.**

IV. EUROPE CENTRALE

(Voir la carte n° 6)

L'*Europe centrale* comprend quatre États : Empire allemand, Suisse, Liechtenstein, Autriche-Hongrie.

1° L'**Empire allemand,** constitué en 1871, à la suite des victoires remportées sur la France, s'étend des *Alpes* jusqu'à la *mer Baltique.*

Au sud, il est séparé de la Suisse et de l'Autriche-Hongrie par les Alpes et par les trois chaînes de la Bohême, à savoir : les *Sudètes* et les *monts des Géants* (Riesen Gebirge en allemand), les *monts Métalliques* (Erz Gebirge), les *monts de Bohême;* ces chaînes font partie du **système Hercynien,** lequel se continue, à travers l'Allemagne, jusqu'au Rhin, sous les noms de **forêt de Thuringe** et de **Taunus.** A l'ouest du Rhin, sont des plateaux montagneux, le *Hunsruck,* l'*Eifel.* Au sud du système Hercynien est la **Haute-Allemagne,** dans laquelle se trouvent deux chaînes, la **Forêt Noire** et le *Jura de Souabe.* A l'ouest du Rhin, sont la *plaine de l'Alsace* et les **Vosges.** Au nord du système Hercynien, est la *plaine de la* **Basse-Allemagne,** dans laquelle on remarque les *montagnes du Harz.*

Les fleuves sont tributaires de trois mers. La mer du Nord reçoit : le **Rhin,** grossi de la *Moselle,* du *Neckar,* du *Main* et de la *Ruhr;* l'*Ems;* la *Weser;* l'**Elbe,** grossi de la *Saale* et de la *Havel,* grossie elle-même de la *Sprée.* La

EUROPE OCCIDENTALE ET EUROPE CENTRALE.

Méthode et commentaire. — La carte des Iles Britanniques et la carte de l'Europe centrale sont l'une et l'autre à l'échelle du 7,000,000e, soit 1 millimètre pour 7 kilomètres. Chacune de ces deux cartes comprend une portion du territoire français qui permet à l'élève de se rendre compte du rapport de grandeur de la France (dont les cartes, dans les leçons précédentes, sont presque toutes à l'échelle du 5,000,000e) avec les pays voisins.

La carte de l'Europe centrale ne contient pas tout le territoire de l'Autriche-Hongrie; le complément se trouve à la page suivante (p. 40), sur la carte de l'Europe méridionale dressée à une échelle trois fois plus petite.

Lorsque le maître fera étudier à ses élèves les États de l'Europe (Europe occidentale et centrale, Europe méridionale, Europe orientale et septentrionale), il aura soin de reprendre avec un peu plus de détails l'étude de la géographie physique, mers, côtes, relief du sol et eaux, que les élèves ont déjà apprise sommairement dans les notions générales sur l'Europe, avant de commencer l'étude de la France.

Nous donnons, à la fin du livre du Maître (pag. 53 et suiv.), quelques renseignements sur la hauteur des montagnes, sur la longueur des cours d'eau. Le maître pourra faire son profit, soit pour lui-même, soit pour son enseignement; mais il se gardera bien de donner à ses élèves des séries de chiffres qui fatigueraient leur attention.

Lorsque les élèves seront interrogés sur cette partie comme sur les parties suivantes relatives aux États de l'Europe, ils répondront en ayant sous les yeux la carte muette de l'Europe qui est à la page 37 et qui contient toutes les indications nécessaires, c'est-à-dire toutes les localités et circonscriptions mentionnées dans le texte.

Lectures. — 8e LECTURE. — *Londres.* — « Londres est aujourd'hui la ville la plus peuplée du monde entier; elle renferme plus de trois millions et demi d'habitants, et elle couvre une étendue de terrain presque quatre fois grande comme Paris. Mais elle n'offre pas aux étrangers la même richesse de monuments et la variété de distractions qui caractérisent la capitale de la France. »

« Elle s'étend dans une plaine uniforme, sur les deux rives de la Tamise. L'ancienne ville, la Cité, dont la tour de Londres marque la limite orientale, est située sur la rive gauche. Elle est encore le centre de la vie municipale et le foyer le plus actif des affaires. Presque silencieuse le matin et le soir, quand les magasins sont fermés et que les négociants, qui habitent les campagnes voisines ou les quartiers éloignés, ne sont pas encore à leur bureau, elle s'anime vers neuf ou dix heures; le mouvement des passants qui suivent en files pressées les trottoirs des principales rues, en même temps que les voitures encombrent la chaussée, présente alors le spectacle d'une activité qu'aucune autre ville n'égale. C'est dans la Cité que se trouve la cathédrale de Saint-Paul, dont le dôme attire les yeux par son élévation plus encore que par son élégance, et l'Hôtel de ville dit Guildhall; c'est à l'extrémité occidentale de la Cité que sont les deux édifices les plus remarquables de Londres, l'abbaye de Westminster, qui renferme les tombeaux de la famille royale et de plusieurs grands hommes de l'Angleterre, et le palais de Westminster où siège le Parlement. Un large quai, construit aux dépens du fleuve, s'étend le long de la rive gauche. »

« Londres, au premier abord, est surtout remarquable par la grande activité qui y règne. Des bateaux à vapeur sillonnent le fleuve, que de nombreux ponts traversent; de toutes parts des voies ferrées convergent vers le centre; un chemin de fer souterrain sert, concurremment avec des milliers de voitures et d'omnibus, à la circulation intérieure. Dans le bas du fleuve, sur les deux rives, s'étendent, à perte de vue, les docks avec leurs immenses magasins remplis de marchandises, les navires qu'on charge et qu'on décharge, ceux qui sont en réparation dans les bassins ou en construction sur les chantiers; partout des mâts et des vergues ou les larges cheminées des steamers. C'est le côté de la grande navigation, parce que c'est le côté le plus voisin de l'embouchure du fleuve. »

9e LECTURE. — *Les houillères de la Grande-Bretagne.* — « Depuis que la vapeur est l'âme de l'industrie, la houille est devenue un aliment nécessaire pour la navigation, les chemins de fer, les usines et les manufactures; la possession de la houille est donc une condition indispensable de la vie économique des nations. A cet égard, l'Angleterre a sur les autres États de l'Europe un avantage qui a largement contribué au développement de sa grande industrie et de son commerce maritime. »

« La nature l'a dotée d'un grand nombre de bassins houillers qui ont une étendue et une puissance considérables et dont plusieurs, étant situés près de la côte, rendent faciles le transport par mer et l'exportation. La région houillère la plus importante est celle du comté d'York, dans lequel on compte plus de quatre cents puits produisant plus que tous les bassins réunis de la France. Cependant les bassins des comtés de Stafford et de Worcester, ceux d'Écosse, dont les principaux sont voisins de Glasgow; ceux du comté de Lancastre, ceux du Durham et du Northumberland, dans lesquels se trouvent Newcastle et Sunderland; ceux du pays de Galles, dont les houilles s'exportent par les ports de Swansea et de Cardiff, ne sont guère moins productifs. L'extraction a fait des progrès considérables, et en 1880, la Grande-Bretagne a extrait de ses mines environ 134 millions de tonnes de houille, pendant que la France n'en produisait guère que 17 millions. »

« Aussi la France est-elle obligée d'importer de la houille, tandis que l'Angleterre en exporte pour près de deux cent millions de francs. »

10e LECTURE. — *L'armée allemande.* — « L'organisation de l'armée prussienne date de 1814; elle s'est étendue à tout l'Empire allemand depuis 1871. »

« Tout Allemand doit le service militaire à partir de l'âge de vingt ans. Il sert trois ans dans l'armée active et quatre ans dans l'armée de réserve. Il passe ensuite dans la landwehr où, pendant cinq ans, il est soumis à certains exercices et peut être incorporé, en temps de guerre, dans l'armée régulière. Les jeunes gens de vingt ans qui font les frais de leur équipement et qui subissent un examen spécial ne restent qu'un an dans l'armée active. »

« Après le temps de la landwehr, tout Allemand appartient, de trente-deux jusqu'à cinquante ans, au landsturm, dans lequel sont compris tous les hommes capables de porter les armes qui, pour une raison quelconque, ne sont pas classés dans les trois premières catégories. Le landsturm doit être employé à la défense intérieure de l'Empire. Une partie seulement a été organisée jusqu'ici. »

« L'armée allemande comprend, sur le pied de paix, 18,000 officiers et 427,000 hommes, soit environ un pour cent de la population, 81,000 chevaux, 1,300 canons et, sur le pied de guerre, sans le landsturm, mais avec les troupes de dépôt et de garnison, 35,000 officiers et 1,456,000 hommes, 312,000 chevaux et 2,800 canons. »

« Elle est divisée en 18 corps, à savoir: le corps de la garde prussienne et 17 corps d'armée, correspondant à 17 régions territoriales de l'Empire et résidant, sauf quelques exceptions, chacun dans sa région. Les onze premiers corps d'armée sont formés par la Prusse et par les petites principautés; le douzième est formé par la Saxe royale, le treizième par le Wurttemberg, le quatorzième par le Grand-Duché de Bade sous l'autorité prussienne, le quinzième par l'Alsace-Lorraine, les deux derniers par la Bavière dont le roi s'est réservé quelques droits sur ses officiers. »

« L'armée tout entière est sous les ordres de l'Empereur qui seul la commande en temps de paix comme en temps de guerre, qui peut faire élever des forteresses dans toutes les parties de l'Empire, et même, en cas de troubles intérieurs, mettre une des parties de l'Empire en état de siège. »

« Chaque corps d'armée est tout organisé pour la guerre. Il comprend normalement deux divisions mixtes; quelques-unes cependant font exception, le corps de la garde ayant deux divisions d'infanterie et une de cavalerie, le onzième corps trois divisions d'infanterie, le douzième et le quinzième deux divisions d'infanterie et une de cavalerie. Il y a en tout 31 divisions mixtes, c'est-à-dire comprenant des troupes de toutes les armes, 6 divisions d'infanterie et 3 de cavalerie. Chaque division comprend elle-même deux à trois brigades avec de l'artillerie, de la cavalerie, du train et des pionniers, quelques-unes avec des troupes de chemin de fer. La brigade se compose de deux à quatre régiments. Le régiment a trois bataillons et le bataillon quatre compagnies. Un bataillon, en temps de paix, a ordinairement 544 hommes; il en a 1000 en temps de guerre, c'est-à-dire 250 hommes par compagnie. »

« Le nombre des hommes de chaque corps varie, sur le pied de paix, de 18,000, chiffre du treizième corps, à 31,000, chiffre du onzième corps qui seul, il est vrai, comprend trois divisions mixtes, parce que la vingt-cinquième division ou division hessoise y est réunie à deux divisions prussiennes. »

« L'organisation de l'armée allemande lui permet non seulement de disposer d'un nombre considérable d'hommes, mais de les mettre très rapidement en mouvement. La mobilisation s'est faite en moins de quatorze jours, en 1866, à l'époque de la guerre avec l'Autriche, et en dix jours, en 1870, au commencement de la guerre avec la France. »

« Quarante-cinq forteresses, dont dix-sept de premier ordre, servent à la défense du territoire et à la concentration des armées. Plusieurs d'entre elles, Ulm, Rastadt, Mayence, Coblenz, Cologne et deux villes naguère françaises, Strasbourg et Metz, menacent notre frontière. »

11e LECTURE. — *La descente du Danube de Vienne à Budapest.* — Le Danube et un chemin de fer unissent les deux capitales de l'Autriche-Hongrie. Le voyage est moins loin en chemin de fer, mais il est plus pittoresque par eau. Avant 1870, Vienne ne s'étendait pas jusqu'au Danube; des jardins, des prairies et des terrains vagues occupaient l'espace situé entre la promenade du Prater et le lit du fleuve capricieux. Les ingénieurs lui ont creusé un large lit factice et ont arrêté de ce côté ses débordements, et de nouveaux quartiers se sont bâtis jusque sur le quai. Plusieurs années auparavant, Vienne avait abattu ses anciennes fortifications et fait de son ring, ou enceinte, un beau boulevard bordé de somptueux bâtiments et animé par une active circulation. A une des extrémités est le Hof, c'est-à-dire, la cour ou Palais-Royal avec le jardin public. Le commerce de détail reste concentré dans les rues étroites de la vieille ville.

Quand on contemple la capitale de l'Autriche de la colline du Belvédère, elle présente un panorama remarquable avec l'entassement de ses maisons adossées à la dernière chaîne des Alpes, la flèche hardie de Saint-Étienne, sa cathédrale, au centre, au-devant la courbe élégante des maisons du ring, les grands arbres du Prater à l'arrière-plan qui masquent ou laissent à peine deviner le cours du Danube, et la belle ligne des crêtes du Wienerwald dont les croupes boisées et la sombre verdure limitent l'horizon au couchant.

Le Danube coule en plaine; mais s'il a dans cette partie des rives peu accidentées, il est majestueux par la seule masse de ses eaux, et d'ailleurs cette plaine, c'est d'abord le Marchfeld, célèbre par une grande bataille du moyen âge et par la victoire d'Austerlitz. Ensuite paraissent les collines du petit Karpathe, puis Presbourg et son pont de bateaux; beaucoup plus loin, sur la rive droite, Gran, dont la cathédrale massive se dresse d'une manière imposante au-dessus du fleuve, puis des collines, dernières ramifications des massifs qui font suite au Tatra, bordent et resserrent le lit du fleuve qui, devant cet obstacle, change brusquement de direction et prend son cours vers le sud à travers l'immense plaine de la Hongrie. Sur sa rive droite cependant sont quelques collines. C'est sur une de ces hauteurs qu'a été bâtie la forteresse de Bude, qui pendant longtemps a été un des boulevards de la chrétienté contre les Turcs; en face, sur la rive plate du fleuve, s'est élevée ensuite la ville de Pest. Le fleuve et l'île Marguerite, coquettement parée de verdure, séparaient les deux cités; un beau pont de pierre, et plus récemment un second pont pour le chemin de fer les relient, et la politique a réuni en une même cité, sous le nom de Budapest, la capitale de la Hongrie régénérée.

12e LECTURE. — *Les révolutions politiques de l'Europe.* — « Depuis le commencement des temps historiques, l'Europe a eu des destinées très diverses. Des peuples barbares, Ibères et Pélasges au sud, Celtes au centre et à l'ouest, Germains et Scandinaves au centre et au nord, ont été au nombre des premiers habitants dont l'histoire ait conservé les noms et constituent encore le fonds principal des populations modernes. Dans l'antiquité, les Grecs ont jeté un vif éclat par leur activité commerciale et leur culture intellectuelle, sans avoir régné sur de vastes territoires. Les Romains au contraire ont conquis successivement les trois péninsules du midi, la Gaule, la Grande-Bretagne; ils ont dominé sur tout le bassin de la Méditerranée et reculé les limites de leur empire et celles de la civilisation antique jusqu'au Rhin et au Danube. »

« Après plus de quatre siècles d'une domination qui a laissé jusqu'à nos jours une empreinte profonde dans les langues et dans les institutions de l'Europe méridionale et de la France, l'Empire romain fut détruit par les invasions des Barbares germains qu'il avait longtemps contenus au delà du Danube et du Rhin. Alors commença le moyen âge, pendant lequel, à la suite des longues souffrances causées par les invasions germaniques, hunniques, arabes et du démembrement de l'Empire franc fondé par Charlemagne, l'Europe, ou du moins la partie de l'Europe située à l'ouest de l'Oder, s'organisa et vécut durant plusieurs siècles sous le régime féodal.

Sous ce régime, chaque grand propriétaire était un seigneur qui gouvernait en maître les habitants de son domaine et qui était lui-même subordonné par les liens de la vassalité à de plus hauts seigneurs. L'Empire germanique, de la fin du dixième jusque vers le milieu du treizième siècle, puis la France jusqu'à guerre de Cent ans, furent les États les plus puissants de cette période. »

« Au commencement du seizième siècle, Charles-Quint, ayant placé sur sa tête la couronne d'Espagne et celle de l'Empire germanique, aspira à dominer sur toute l'Europe occidentale. La France résista et engagea contre lui et contre ses successeurs une longue lutte dont François Ier et Richelieu caractérisent les deux périodes et qui aboutit à l'équilibre européen constitué par les traités de Westphalie, en 1648. »

« Les conquêtes de Louis XIV déplacèrent cet équilibre au profit de la France; mais elles réunirent contre l'ambition du Grand Roi les forces coalisées de l'Angleterre, de l'Allemagne, de la Hollande et de l'Espagne. La France resta néanmoins la principale puissance continentale, pendant que l'Angleterre fortifiait son empire sur les mers. Cependant, au dix-huitième siècle, deux nouvelles puissances se formèrent, la Prusse, fondée par les victoires de Frédéric le Grand, et la Russie que la politique de Pierre le Grand et de Catherine II, aboutissant au partage de la Pologne, fit entrer dans le concert européen. »

« Un nouvel équilibre se constituait. La Révolution française, inspirée par les idées de liberté et d'égalité que les écrivains du dix-huitième siècle avaient répandues dans le monde, éclata sur ces entrefaites. Les guerres de la République et de l'Empire rompirent l'équilibre et ne laissèrent pour ainsi dire subsister que deux puissances en Europe, la France avec ses vassaux d'un côté, et, de l'autre, les ennemis de la France ramenés tour à tour au combat par la haine irréconciliable de l'Angleterre. Napoléon, qui avait su vaincre, mais qui ne sut pas contenir son ambition, finit par succomber sous le nombre, et la France dut subir les dures conditions des traités de 1814 et de 1815. Il y eut alors cinq grandes puissances en Europe : l'Angleterre, la Prusse, l'Autriche, la Russie, la France. Cette dernière avait cessé d'être l'État prépondérant, sans cesser d'être respectée. »

« C'était un équilibre nouveau : il dura environ quarante ans. Le second Empire conçut le dessein de le changer au profit de la France et au détriment de la Russie et de l'Autriche; cette politique nous a été funeste. Une nouvelle puissance, l'Italie, s'est constituée, il est vrai, avec l'appui des armées françaises. Mais la Prusse s'est élevée peu de temps après aux dépens de l'Autriche sur les ruines de la Confédération germanique; puis, après nous avoir vaincus dans la funeste guerre de 1870-1871 et nous avoir pris l'Alsace et une partie de la Lorraine, elle a reconstitué sous son autorité l'Empire allemand, menaçant notre frontière démantelée. »

« La Russie a poussé de nouveau ses armées vers Constantinople, et la Turquie a payé d'une partie de son territoire les accords secrets des maîtres de la politique : la Grèce, l'Autriche, la Roumanie et les trois petits États se sont partagés quelques lambeaux de son territoire. »

« Il y a aujourd'hui six grandes puissances : la Russie qui aspire à la possession de Constantinople pendant qu'elle se fortifie en Asie; l'Autriche-Hongrie qu'une politique, peut-être imprudente, porte à s'étendre dans la péninsule Pélasgique; l'Empire allemand ou, pour mieux dire, la Prusse qui, forte de ses triomphes, joue, depuis 1871, un rôle prépondérant dans les conseils de l'Europe; l'Italie qui regarde autour d'elle de quel côté ses rêves d'agrandissement pourraient trouver satisfaction; la France qui a besoin de se recueillir après ses désastres sans rester jamais indifférente en présence des grands événements où son honneur et ses intérêts seraient engagés; enfin l'Angleterre qui, particulièrement préoccupée de son commerce et de sa puissance en Asie, a profité des complications de la politique orientale pour étendre la main sur Chypre et sur l'Égypte. »

Questionnaire supplémentaire. — D. Pourquoi dit-on Royaume-Uni de Grande-Bretagne et d'Irlande? — R. *Parce que c'est un royaume formé de la réunion des anciens royaumes de Grande-Bretagne et d'Irlande.*

D. Pourquoi les Anglais font-ils venir beaucoup de blé et de viande de l'étranger? — R. *Parce qu'étant très nombreux, ils en consomment plus encore que leur pays n'en produit, et que leur industrie les rend assez riches pour en acheter au dehors.*

D. Qu'est-ce que la Haye? — *C'est la ville où réside le gouvernement des Pays-Bas.*

D. Est-ce la capitale? — R. *Non, la capitale est Amsterdam.*

Devoirs. — Faire, sur une carte muette, la carte physique, politique, économique des Iles Britanniques.

Faire la carte physique de l'Europe centrale, en dessinant, sur la carte muette politique, les montagnes, les cours d'eau et en marquant les noms des mers, golfes, montagnes et cours d'eau.

Faire, sur la carte muette politique, la carte physique et politique de la Prusse.

Faire la carte muette physique et politique, la carte générale de l'Europe centrale, Empire allemand, Suisse, Lichtenstein et Autriche-Hongrie (pour la partie comprise sur la carte muette).

mer Baltique reçoit l'**Oder**, grossi de la *Warthe* et la **Vistule**. La mer Noire reçoit le **Danube**, qui arrose la Haute-Allemagne en coulant vers l'est et qui reçoit le *Lech* et l'*Inn*. L'Empire allemand a une population de *plus de 45 millions d'habitants*.

Le **royaume de Prusse**, agrandi en 1866 par des conquêtes faites sur les Allemands, est l'État prépondérant; le roi de Prusse est en même temps empereur d'Allemagne. **Berlin** (1 million d'hab.), sur la Sprée, est la capitale de la Prusse et de l'Empire; ancienne capitale de la province de *Brandebourg*, mise par un canal en communication avec l'Elbe et l'Oder.

Parmi les autres États de l'Empire allemand, les principaux sont : le **royaume de Saxe**, capitale **Dresde**, belle ville sur l'Elbe; le royaume de **Bavière**, capitale **Munich**, riche en musées; le royaume de **Wurtemberg**, capitale *Stuttgart*; le Grand-Duché de **Bade**, capitale *Karlsruhe*; le Grand-Duché de *Hesse-Darmstadt*; les deux Grands-Duchés de *Mecklembourg*; le Grand-Duché d'*Oldenbourg*; les *duchés de Saxe* (*Gotha*, *Weimar*, *Cobourg*, etc.); les trois villes libres de *Lubeck*, **Hambourg**, sur l'Elbe, le principal port de l'Allemagne, *Brême*, port sur la Weser. L'**Alsace-Lorraine**, conquise sur la France pendant la funeste guerre de 1870, est une possession de l'Empire.

Autres villes : *Kœnigsberg*, ancienne capitale du duché de Prusse; *Dantzig*, port à l'embouchure de la Vistule; *Breslau*, capitale de la Silésie; *Posen*, ville polonaise; *Leipzig* en Saxe, grande ville de commerce et d'études; *Magdebourg*, sur l'Elbe; *Francfort*, sur le Main; *Mayence* et *Cologne*, sur le Rhin; *Strasbourg* et *Metz*, deux villes de l'Alsace-Lorraine.

L'Allemagne a une agriculture florissante, surtout en Saxe et en Bavière; elle possède, sur les bords de la *Ruhr*, dans la *Haute-Silésie* et en *Saxe*, de riches *bassins houillers* et, par suite, d'importantes *usines métallurgiques*; l'*Alsace*, la *Saxe*, la *Silésie* sont renommées pour leurs *tissus*.

ÉCHELLE = 1 : 7,000,000, soit 1 millimètre pour 7 kilomètres.

N° 6. — Carte de l'Europe centrale.

2° La **Suisse** est une contrée très montagneuse, renommée pour la beauté de ses paysages. Les **Alpes centrales** en occupent la plus grande partie. Elles comprennent au sud les *Alpes Pennines* avec le *Grand Saint-Bernard*, le *mont Rose*, le *Simplon*, les *Alpes Lépontiennes* avec le *Saint-Gothard*, les *Alpes Rhétiques*; au nord, les *Alpes Bernoises*, les *Alpes Helvétiques*, les *Alpes des Grisons*.

Au nord-ouest des Alpes et séparée d'elles par une plaine, est la chaîne du **Jura**.

La Suisse possède une portion du bassin des quatre grands fleuves qui sortent des Alpes : au sud-ouest, le **Rhône** qui forme le **lac de Genève**; au sud, le *Tessin* qui va grossir le Pô; au nord, le **Rhin** qui forme le **lac de Constance**, et qui reçoit l'*Aare* et l'eau des *lacs* de la Suisse; à l'est, l'*Inn*, affluent du Danube.

La Suisse est une *république*. Elle est composée de 22 *cantons* ayant chacun leur gouvernement particulier. La population est de *près de 3 millions d'habitants*. Capitale fédérale : **Berne**. — Villes principales : *Bâle*, *Zurich*, *Genève*.

3° La *principauté de Liechtenstein* est un très petit État, situé entre la Suisse et l'Autriche.

4° L'**Autriche-Hongrie** occupe le sud-est de l'Europe centrale. Les **Alpes orientales**, *Alpes Noriques*, *Alpes Carniques*, en couvrent toute la partie sud-ouest de leurs nombreuses chaînes. Les trois chaînes des *monts de Bohême* la séparent de l'Empire allemand. A l'est, la grande chaîne des **Karpathes** renferme le *Beskid*, le *mont Tatra* et se termine par les *Alpes de Transylvanie*.

L'*Elbe*, l'*Oder*, la *Vistule*, prennent leur source dans l'Empire austro-hongrois. Le **Danube**, qui le traverse de l'ouest à l'est, reçoit l'*Inn* sur la frontière, la *Drave*, la *Save*, la *Tisza*. En Hongrie est le *lac Balaton*.

La population est de *plus de 39 millions d'habitants*. L'Empire se compose de deux États que gouverne le même souverain : l'*Empire d'Autriche* et le *Royaume de Hongrie*.

L'Empire d'Autriche a pour principales provinces l'*archiduché d'Autriche*, la *Bohême*, la *Moravie*, la *Galicie*, la *Styrie*, le *Tyrol*. Cap. : **Vienne**, sur le Danube. — Villes principales : *Prague* en Bohême, *Linz* sur le Danube, *Grætz*, *Brunn*, *Lemberg*, *Trieste*, port sur l'Adriatique.

Le **Royaume de Hongrie** (voir les cartes n°s 45 et 46) avec la *Transylvanie*. Cap. : **Budapest**, sur le Danube. — Villes princ. : *Presbourg*, *Szeged*.

De l'Empire d'Autriche dépend la province turque de *Bosnie* avec l'Herzégovine.

La Hongrie est surtout un pays agricole; l'Autriche, qui possède beaucoup de forêts, a une industrie développée, surtout en *Bohême*, dans les environs de *Vienne* et de *Grætz*.

III. EUROPE MÉRIDIONALE

(Voir la carte n° 7)

Il y a 11 États dans l'*Europe méridionale*. Trois dans la *péninsule Ibérique* : Portugal, Espagne, république d'Andorre ; deux dans la *péninsule Italique* : Italie, république de Saint-Marin ; cinq dans la *péninsule Pélasgique* : Grèce, Turquie, Bulgarie, Monténégro, Serbie ; la Roumanie est presque tout entière au nord du Danube.

PÉNINSULE IBÉRIQUE.

1° Le **Portugal** occupe presque tout l'occident de la péninsule Ibérique. La *serra da Estrella* en est la principale chaîne de montagnes. Le **Douro**, le **Tage** y ont leur embouchure ; le *Guadiana* le sépare, au sud-est, de l'Espagne.

N° 7. — Carte de l'Europe méridionale.

ÉCHELLE = 1 : 21,000,000, *soit 1 millimètre pour 21 kilomètres*

Le **Portugal** est un *royaume*. La population est de *4 millions 1/2 d'habitants*.

Capitale : **Lisbonne**, à l'embouchure du Tage. — Ville princ. : *Oporto*, port sur le Douro.

2° L'Espagne est bornée au nord-est par les *Pyrénées*, à l'ouest par le *Portugal*, des autres côtés par l'*océan Atlantique* et la *Méditerranée*. Le *détroit de Gibraltar* la sépare de l'Afrique.

Au centre de l'**Espagne** est le vaste et haut **plateau des Castilles**. Au nord, la partie occidentale de la chaîne des **Pyrénées ;** à l'est, les *Monts Ibériques ;* au sud, la *sierra Morena* bordent ce plateau ; la *sierra de Gredos* le partage en deux parties. A l'est de ce plateau est le plateau d'*Aragon*, séparé de la France par la partie orientale des Pyrénées ; au sud, sont la plaine de l'*Andalousie* et la **sierra Nevada** dont le *Mulahacen* est le plus haut sommet.

Les **îles Baléares** dépendent de l'Espagne.

Les cours d'eau sont : le *Minho*, le **Douro**, le **Tage**, la *Guadiana*, qui terminent leur cours en Portugal ou sur sa frontière ; le **Guadalquivir** en Andalousie ; l'**Ebre** en Aragon.

L'**Espagne** est un *royaume*. La population est d'environ *près de 17 millions d'habitants*.

Capitale : **Madrid**, située au centre du plateau de Castille. — Villes princ. : *Burgos*, *Barcelone*, port sur la Méditerranée ; *Valence ; Cordoue*, *Séville ; Cadix*, port sur l'océan Atlantique.

3° Au nord, dans une vallée des Pyrénées, est la petite **république d'Andorre.**

Au sud, le rocher fortifié de *Gibraltar* appartient à l'Angleterre.

PÉNINSULE ITALIQUE.

1° **L'Italie** est bornée au nord par les **Alpes.** Les **Alpes occidentales** séparent l'Italie de la France ; on y trouve le *mont Viso*, le *grand Paradis*, le *mont Blanc*. Les **Alpes centrales** séparent l'Italie de la Suisse ; le *mont Rose*, le *Bernina*, l'*Ortler* sont au nombre des plus hautes montagnes de cette frontière. Les *Alpes Carniques*, qui font partie des **Alpes orientales**, séparent l'Italie de l'Autriche.

Les autres côtés de l'Italie sont baignés par la mer : à l'ouest, *golfe de Gênes* et **mer Tyrrhénienne ;** au sud, **mer Ionienne**, avec le *golfe de Tarente ;* à l'est, **mer Adriatique** et le *canal d'Otrante*.

L'Italie possède la **Sardaigne**, séparée de la Corse par les *bouches de Bonifacio*, l'*île d'Elbe*, la **Sicile**, séparée du continent par le *phare* ou détroit de *Messine*.

Un grand volcan, l'**Etna**, s'élève au-dessus de toutes les autres montagnes de la Sicile. En Italie, un autre volcan, le *Vésuve*, près de Naples, a, comme l'Etna, de fréquentes éruptions.

La chaîne des **Apennins**, qui se relie aux Alpes et dont le *Gran Sasso* est le plus haut massif, s'étend du nord au sud de l'Italie.

Le principal cours d'eau de l'Italie est le **Pô**. Les Alpes lui envoient de nombreux affluents : *Tessin*, *Adda*, *Mincio* qui apportent l'eau du *lac Majeur*, du *lac de Côme*, du *lac de Garde*. Les autres fleuves sont : l'*Adige*, la *Brenta*, tributaires de la mer Adriatique ; l'*Arno*, le **Tibre**, tributaires de la mer Tyrrhénienne.

L'Italie est un *royaume*. Sa population est d'environ *29 millions d'habitants*.

Capitale : **Rome**, sur le Tibre. Cette ville, maîtresse de tous les pays baignés par la Méditerranée dans l'antiquité, est aujourd'hui le siège du gouvernement italien et la résidence du pape. — Villes principales : au nord, *Turin*, ancienne capitale des États Sardes ; **Gênes**, grand port de commerce ; **Milan**, *Venise* sur l'Adriatique ; au centre, *Bologne*, *Florence*, ancienne capitale de la Toscane, les ports d'*Ancône* et de *Livourne ;* au sud, **Naples**, ancienne capitale du royaume des Deux-Siciles, le port de *Brindisi ;* en Sicile, *Palerme*, *Catane*, *Syracuse*.

L'agriculture et l'industrie, particulièrement l'industrie de la *soie*, sont florissantes, surtout dans le *bassin du Pô*.

2° Dans l'Italie centrale se trouve la petite **république de Saint-Marin.**

Au nord-ouest de l'Italie, sur la côte française, est la **principauté de Monaco.**

Au sud de la Sicile l'*île de Malte*, appartient à l'Angleterre.

PÉNINSULE PÉLASGIQUE.

1° La **Grèce** occupe la partie méridionale de la péninsule Pélasgique. Elle est bornée par la *mer Ionienne*, la *mer Égée* et la *Turquie*. Elle est en grande partie couverte de montagnes ; les plus célèbres dans l'antiquité sont le *Parnasse* et le *Taygète*. Le principal cours d'eau, la *Salembria*, autrefois nommé Pénée, coule en Thessalie.

La presqu'île du **Péloponnèse** est reliée à la terre ferme par l'*isthme de Corinthe*. Les *îles Ioniennes*, dont *Corcyre* (ou Corfou) est la principale, les *Cyclades* et l'île d'*Eubée* dépendent de la Grèce. La Grèce est un *royaume*. La population est de *près de 2 millions d'hab.* Cap. : **Athènes**, une des cités les plus florissantes de l'antiquité.

2° La **Turquie** est bornée au nord par l'*Autriche-Hongrie*, par la *Serbie* et la *Bulgarie ;* à l'ouest, par le *Monténégro*, la *mer Adriatique* et la *mer Ionienne ;* au sud, par la *Grèce ;* à l'est, par la *mer Égée*, le *détroit des Dardanelles*, la *mer de Marmara*, le *Bosphore* et la *mer Noire*. L'île de *Crète* en dépend.

C'est une contrée montagneuse, dont le *Tchar-dagh*, la chaîne du *Pinde* et le *Balkan* sont les chaînes les plus importantes. La *Maritza*, le *Strouma* et le *Vardar* en sont les fleuves principaux.

La Turquie d'Europe, gouvernée par le Sultan, fait partie de l'*Empire ottoman* qui s'étend aussi sur l'Asie et l'Afrique. La population, en Europe, est d'*environ 6 millions d'habitants*.

La *Roumélie orientale* est une province turque qui a une administration particulière. — La *Bosnie*, qui dépend nominalement de la Turquie, est administrée par l'Autriche.

Capitale : **Constantinople**, sur le Bosphore. — Villes principales : *Andrinople*, *Salonique*.

3° La **Bulgarie** est une principauté tributaire de la Turquie, créée en 1878. — Cap. : *Sofia*.

4° Le **Monténégro** est à l'ouest de la Turquie. Capitale : *Cétigné*.

5° La **Serbie** est située au sud du Danube. Capitale : *Belgrade*. — Ville princ. : *Kragoujevatz*.

La **Roumanie** est un *royaume* situé au nord du *Danube*, excepté vers l'embouchure, entre le fleuve, le *Prut* et les *Karpathes*. La population est de *5 millions d'habitants*.

Capitale : **Bucarest**. Ville principale : *Yassi*.

EUROPE MÉRIDIONALE.

Méthode et commentaire. — La carte de l'Europe méridionale est à l'échelle du 21,000,000e, soit 1 millimètre pour 21 kilomètres.

L'emplacement ne permettait pas de donner ici la carte de l'Europe méridionale, non plus que celle de l'Europe orientale et septentrionale à la même échelle que la carte de l'Europe centrale et de l'Angleterre; ces deux cartes ont été dressées à la même échelle du 21,000,000e. La partie de la France qui figure sur la carte de l'Europe méridionale aidera l'élève à se rendre compte du rapport de grandeur de la France avec les pays représentés sur ces deux cartes.

Le maître pourra faire remarquer que cette échelle est le tiers de celle des cartes d'Angleterre et de l'Europe centrale. En effet, dans ces dernières, 1 millimètre représente 7 kilomètres; il en représente 21 (7×3) sur la carte de l'Europe méridionale. Le maître pourra rendre cette remarque sensible en prenant sur la carte de l'Europe méridionale la distance entre 2 degrés de latitude (entre le 35e et le 40e par exemple) et montrer qu'elle est trois fois moindre que la distance entre le 48e et le 53e degré sur la carte de l'Europe centrale (le 53e n'est pas indiqué, mais il est à moitié de la distance entre le 52e et le 54e).

Les élèves pourront faire leurs devoirs sur des cartes muettes dressées à la même échelle que la carte de l'Europe méridionale de l'Atlas-scolaire. Toutefois, comme la petitesse de l'échelle pourrait rendre à quelques-uns le travail difficile, nous avons dressé les cartes-devoirs dont il est parlé plus loin (p. xv), pour la péninsule Ibérique, pour l'Italie et pour la péninsule Pélasgique, à la même échelle que la carte de l'Europe centrale, c'est-à-dire au 7,000,000e. Le maître pourra leur recommander de les employer de préférence.

Pour cette partie, comme pour les deux précédentes, les élèves interrogés répondront en ayant sous les yeux la carte muette d'Europe de la page 37.

Nous donnons à la fin du livre du Maître (p. 53 et suiv.) pour cette partie, comme pour les autres États d'Europe, quelques renseignements complémentaires à l'usage du maître, sur la hauteur des montagnes, la longueur des cours d'eau, la superficie et la population des États.

Lectures. — 13e Lecture. — *Venise.* — « Venise est peut-être la ville du monde qui fait sur le voyageur l'impression la plus saisissante. Elle est isolée au milieu de la lagune; on n'y avait autrefois accès que par eau. Aujourd'hui un viaduc de trois kilomètres et demi, construit pour le chemin de fer, la relie à la terre ferme; mais le débarcadère aboutit à un canal et les marches descendent dans l'eau. »

« Dans cette ville peuplée de plus de cent vingt mille âmes, il n'y a pas une grande rue, pas une voiture; un seul boulevard et un jardin de création récente, relégués dans une sorte de faubourg peu fréquenté par la société vénitienne, du côté de l'Arsenal; mais il y a des centaines de canaux, très étroits en général, bordés de hautes maisons dont la muraille plonge dans l'eau, sans trottoir pour les piétons. D'ordinaire cependant ces maisons ont par derrière une porte donnant sur des ruelles dallées qui permettent de communiquer à pied d'un pont à un autre et qui forment un dédale de chemins plus étroits encore que les canaux; de distance en distance, de petites places sur lesquelles se trouve presque toujours une église. »

« La grande circulation se fait par les canaux, avec des gondoles qui, peintes en noir et ornées d'une haute proue en fer, conservent le caractère traditionnel des siècles passés. On s'y meut sans bruit. Sous ce ciel souvent pur, devant ces rangées de palais dont beaucoup portent les marques de la vétusté, mais dont l'ensemble évoque tant de grands souvenirs, une promenade en gondole a quelque chose de mystérieux et de poétique qu'on ne rencontre nulle part ailleurs. »

« Le Grand canal, qui a la forme d'un S renversé, coupe la ville en deux parties et constitue la principale artère. A une de ses extrémités est le quai des Esclavons, qui fait face au Lido, situé de l'autre côté de la lagune, et qui sert de port maritime de Venise. C'est sur ce quai que débouche la Piazzetta, c'est-à-dire la petite place, signalée de loin par deux hautes colonnes et bordée, d'un côté, par l'antique Palais des Doges, de l'autre, par le palais Royal. La Piazzetta communique avec la place Saint-Marc, vaste rectangle de 175 mètres de long, pavé de larges dalles, bordé de trois côtés d'édifices d'une architecture élégante et uniforme, supportés par des arcades; sur le quatrième côté est l'église de Saint-Marc, la cathédrale de Venise, le plus curieux monument de l'art byzantin, sinon le plus régulier, et le plus imposant, tout revêtu de riches mosaïques sur les trois porches de la façade et dans l'intérieur. La place Saint-Marc est la promenade vers laquelle on afflue de tous les points de la ville, et c'est sous ses arcades que sont les boutiques les plus achalandées. »

« On ne connaît encore que l'extérieur de Venise quand on a parcouru ses canaux, ses ruelles et ses places. Il faut entrer dans le Palais des Doges, visiter les églises, l'académie des beaux-arts, voir quelques-uns de ses palais pour contempler les innombrables chefs-d'œuvre de la peinture et de la sculpture que cette glorieuse cité renferme, admirer l'*Assomption* du Titien, jouir des œuvres de Véronèse, du Tintoret, de Rubens, pour se pénétrer des beautés de cette ville qui laisse à ceux qui l'ont vue un souvenir ineffaçable. »

14e Lecture. — *Rome.* — « Rome évoque plus de souvenirs encore que Venise. Aucune ville du monde ne peut lui être comparée à cet égard, parce qu'aucune n'a eu une aussi longue histoire, avec une si grande puissance, et n'a accumulé dans ses ruines, dans ses monuments, dans ses musées tant de souvenirs des grandes époques du passé, ceux de la République romaine, ceux des premiers temps du christianisme, ceux de la Renaissance. »

« Le Tibre aux eaux jaunes, comme le qualifiaient les Romains, coupe la ville en deux parties très inégales. A droite, sur la rive même, est l'ancien mausolée d'Adrien, qui est devenu au moyen âge le château Saint-Ange; à quelque distance, la vaste place elliptique de Saint-Pierre, qu'encadre la colonnade construite par Bernini. Elle met en perspective la basilique de Saint-Pierre, conçue dans des proportions colossales et surmontée d'un dôme commencé par Michel-Ange et élevé après lui à la hauteur de 138 mètres. Saint-Pierre est contigu au Vatican, résidence du pape; les sculptures antiques et les tableaux du musée, la chapelle Sixtine décorée des fresques de Michel-Ange, les loges et les chambres de Raphael font du Vatican un des trésors inestimables de l'art et suffiraient pour y attirer en foule les artistes et les admirateurs du beau. »

« Sur la rive gauche du Tibre est la ville, d'abord la ville moderne traversée par la grande rue du Corso, depuis la porte du Peuple jusqu'à l'église de Santa-Maria *in ara cœli*, bâtie sur l'emplacement du Capitole; puis, au sud et à l'est, la ville antique dont on foule presque à chaque pas les ruines au milieu des places, des jardins et des champs. Le Panthéon et la colonne Trajane, dont les bas-reliefs rappellent les victoires de l'empereur romain sur les Daces, sont dans la partie moderne où abondent les églises du XVIe et du XVIIe siècle. »

« Le Forum est un amas de ruines, colonnes, substructions, entassées les unes à côté des autres, dont l'érudition n'est pas encore parvenue à reconstruire entièrement le plan; l'arc de Septime-Sévère, celui de Titus, plus petit, mais plus élégant, celui de Constantin, d'une architecture moins pure, le Colisée, majestueux amphithéâtre qui contenait cent mille spectateurs et dont une moitié reste encore debout, presque intacte, confinent au Forum. »

« Plus loin, au delà du mont Velio, les ruines des Thermes de Caracalla présentent un spectacle presque aussi imposant que le Colisée. Cette ville antique, qu'il faudrait des volumes pour décrire et des mois pour visiter, possède aussi de grands souvenirs de l'époque chrétienne; c'est à une de ses extrémités que sont situés la basilique et le musée de Saint-Jean de Latran. »

Questionnaire supplémentaire. — D. Rappelez-vous ce que vous avez appris jusqu'ici des Alpes, et dites quelles en sont les principales divisions et montagnes. — R. *On divise les Alpes en Alpes occidentales, Alpes centrales, Alpes orientales. Dans les Alpes occidentales sont le mont Viso, le tunnel du Fréjus par lequel passe le chemin de fer de France en Italie, le mont Cenis, le grand Paradis, le mont Blanc, la plus haute montagne de l'Europe (après le Caucase); elle a 4,810 mètres. Dans les Alpes centrales, sont le mont Rose, le Saint-Gothard, le Bernina, l'Ortler, le col du Brenner; dans les Alpes orientales, les Alpes Carniques et les Alpes Noriques.*

D. Que savez-vous de la capitale de l'Italie? — R. *La capitale de l'Italie est Rome. Cette ville, bâtie sur les bords du Tibre, a été dans l'antiquité, pendant plus de 600 ans, maîtresse du monde, qu'on appelait alors le monde romain, c'est-à-dire de toutes les contrées voisines de la mer Méditerranée. Rome est aujourd'hui le siège du gouvernement italien; c'est aussi la résidence du pape qui, avant 1870, était souverain de la ville.*

D. Quelle est la situation politique de la Roumélie orientale et de la Bosnie? — R. *La Roumélie orientale est une province turque qui, d'après les traités, a une administration particulière; la Bosnie est une province qui fait partie nominalement de l'empire Ottoman, mais qui est administrée par l'Autriche.*

Devoirs. — Faire sur une carte muette politique, la carte physique de la péninsule Ibérique.

Faire, sur une carte muette physique de la péninsule Ibérique, la carte politique du Portugal et de l'Espagne.

Faire, sur une carte muette physique et politique, la carte physique et politique de la péninsule Pélasgique avec la Roumanie.

Faire, sur une carte muette politique d'Italie, la carte physique et politique de l'Italie.

Faire, sur la carte muette physique et politique de l'Europe méridionale, la carte physique des trois péninsules de l'Europe méridionale.

EUROPE ORIENTALE ET SEPTENTRIONALE

Méthode et commentaire. — La carte de l'Europe orientale et septentrionale est, comme la précédente, à l'échelle du 21,000,000e, soit 1 millimètre pour 21 kilomètres.

Pour cette partie, comme pour les trois précédentes, les élèves interrogés répondront avec la carte muette d'Europe de la page 37.

Nous donnons (pag. 53 et suiv.) quelques renseignements complémentaires, à l'usage du maître, sur la hauteur des montagnes, la longueur des cours d'eau, la superficie et la population des États.

Lectures. — 15e LECTURE. — *Saint-Pétersbourg et Moscou.* — « La vue de Moscou et de Saint-Pétersbourg explique l'origine et la destinée différentes de ces deux capitales de l'Empire russe. L'une rappelle l'Orient, l'autre est une ville européenne. »

« Moscou est bâti sur les rives de la Moskva, petit affluent de l'Oka, qui est elle-même un affluent du Volga. Sur une petite éminence, au bord de la rivière, s'est élevé le Kremlin, c'est-à-dire la citadelle, qui domine la plaine et d'où la vue s'étend au loin jusqu'à la colline des Oiseaux. A l'abri de ses remparts la ville a grandi. Résidence des grands ducs et des czars pendant plusieurs siècles, elle est encore le séjour préféré de l'aristocratie, la cité sainte où a lieu le couronnement des empereurs et le foyer le plus ardent de l'esprit moscovite. »

« La ville couvre un vaste espace. Au-dessus de la masse confuse de ses toits et de ses murailles on voit de loin se dresser de toutes parts les coupoles de ses nombreuses églises ; elles ont presque toutes un style uniforme qui rappelle à la fois le style des Grecs de Byzance et celui des Musulmans de l'Asie et qui caractérise l'architecture religieuse des Russes. C'est surtout dans le Kremlin, qui, à côté du palais impérial, ne renferme guère que des églises, que ce caractère oriental frappe le plus les regards par l'accumulation même des édifices, comme par l'originalité des formes et la richesse des ornements. »

« C'est cependant hors de l'enceinte, sur une place contiguë au Kremlin, qu'est le monument le plus curieux de Moscou : la cathédrale. Ivan le Terrible la fit construire au xve siècle par un architecte italien auquel, suivant une tradition douteuse, il aurait fait crever ensuite les yeux afin que l'artiste ne pût créer un autre chef-d'œuvre semblable. C'est moins un chef-d'œuvre qu'une œuvre bizarre qui, à l'intérieur, ne présente que des chapelles exiguës et qui, à l'extérieur, excite la surprise plus que l'admiration par la multiplicité de ses flèches et de ses coupoles couvertes de torsades ou de facettes de pierre et peintes en couleurs vives. »

« Saint-Pétersbourg est une création de Pierre le Grand qui, au commencement du xviiie siècle, jeta les fondements de sa nouvelle capitale, près de l'embouchure de la Néva dans le golfe de Finlande, sur un terrain marécageux qui appartenait encore à cette époque à la Suède. L'organisateur de la Russie, qui ne possédait que le port d'Arkhangel, obstrué par les glaces pendant neuf mois de l'année, voulait s'ouvrir par la Baltique un débouché vers les mers d'Europe. Il y réussit. Saint-Pétersbourg, protégé par les canons de l'île de Cronstad, devint un arsenal maritime et une grande ville. »

Saint-Pétersbourg. (Place de Pierre-le-Grand et cathédrale, en hiver.)

« Cette ville, toute moderne, a un aspect grandiose ; le quai de la rive gauche de la Néva, les ponts, la Perspective Newsky, qui est la grande rue de la cité et le rendez-vous du monde élégant, les somptueux palais, surtout le Palais d'hiver, résidence de l'empereur, et l'Ermitage qui renferme une riche collection de tableaux, la cathédrale, la grande place au milieu de laquelle s'élève la statue équestre de Pierre le Grand, et qui s'étend de la cathédrale jusqu'au fleuve, donnent à Saint-Pétersbourg un cachet de grandeur qui fait son originalité. Sur la rive droite de la Néva, sont les maisons de campagne des riches habitants de la ville. Mais l'été, l'aristocratie russe vit dans ses terres ou voyage à l'étranger : c'est l'hiver qu'il faut voir Saint-Pétersbourg et ses salons pour en connaître les splendeurs. »

16e LECTURE. — *La foire de Nijni-Novgorod.* — « Les grandes foires, dans lesquelles on met en vente des marchandises de toute provenance, étaient plus nombreuses et plus importantes autrefois qu'aujourd'hui. Depuis que les moyens de communication se sont multipliés et améliorés, les négociants en gros s'approvisionnent directement aux lieux de production ; les grandes villes, avec leurs magasins richement assortis, sont devenues en quelque sorte, pour le commerce de détail, des foires permanentes où les acheteurs viennent faire leurs achats de loin, quand ils le veulent. Les foires agricoles ont seules conservé leur ancien renom. »

« Autrefois, lorsque les routes n'étaient ni commodes, ni sûres, marchands et acheteurs étaient souvent obligés de voyager par caravanes. Aussi y avait-il des lieux et des époques fixes où ils avaient l'habitude de se rencontrer ; chacun pouvait traiter là en quelques jours, sous la protection spéciale du souverain ou du seigneur, une grande partie de ses affaires de l'année. C'est ainsi qu'en France il y a eu, au moyen âge, des foires florissantes dans la plaine Saint-Denis, dans quelques villes de Champagne, à Lyon, à Beaucaire. »

« Le lieu du rendez-vous n'était pas pris au hasard. C'était sur une grande route de commerce, près de la frontière de deux États ou de deux contrées, ou sur les rives d'un fleuve navigable, que la foire se fixait. Celle de Leipzig en Allemagne et celle de Nijni-Novgorod, en Russie, placées sur la route de l'Asie, formaient en quelque sorte le trait d'union entre l'Europe et l'Orient. La première, qui était restée jusqu'à nos jours un des plus grands marchés de l'Europe, commence à décroître ; celle de Nijni-Novgorod a conservé sa splendeur. »

« Il y a plusieurs siècles qu'une foire importante se tient dans cette région, non loin du confluent de l'Oka et de la Kama, près des bords du Volga, qui peut être considéré, aussi bien que l'Oural, comme la limite du monde oriental et du monde occidental. C'est seulement au commencement du dix-neuvième siècle qu'elle s'est fixée à Nijni-Novgorod, au confluent même de l'Oka par lequel la navigation remonte jusqu'à Moscou pendant que la navigation du Volga conduit à Tver et à Saint-Pétersbourg. »

« La foire commence le 25 juillet, et, pendant un mois, Nijni-Novgorod qui en temps ordinaire n'a que 50,000 habitants, en compte à cette époque plus de 200,000. Ce sont des marchands venus de toutes les parties de la Russie, des Grands russes qui étalent des tissus de laine et de coton, ou de la chaudronnerie, des Sibériens qui apportent les thés de la Chine et les fourrures du nord, des Turcomans, des Persans qui vendent du bétail, de la soie, des tapis. La diversité des types et des costumes n'est pas moins curieuse que la variété des produits et l'activité des échanges ; le total des ventes faites en foire, qui n'était guère que de 60 millions de francs en 1817, dépasse aujourd'hui 500 millions. »

Questionnaire supplémentaire. — D. Quelle est l'étendue de la Russie d'Europe? — R. *La Russie occupe un peu plus de la moitié de la superficie de l'Europe.*

D. Que savez-vous de la mer Blanche ? — R. *La mer Blanche est formée par l'océan Glacial ; elle est située au nord de la Russie ; la Dvina septentrionale s'y jette ; le port d'Arkhangel est à l'embouchure de ce fleuve.*

D. Quel est l'aspect général de la Russie ? — R. *C'est une immense plaine ; on y rencontre seulement quelques collines peu élevées, les hauteurs de Valdaï, les collines du Volga. Sur les limites de l'est et du sud-est sont deux chaînes de montagnes, l'Oural et le Caucase dont plusieurs sommets, entre autres l'Elbrouz et le Kasbek, sont plus hauts que le mont Blanc.*

D. Quels sont les fleuves de la Russie qui se jettent dans la mer Baltique ? — R. *La Tornéa sur la frontière de la Suède ; la Néva qui sert de débouché aux lacs Onéga et Ladoga et qui arrose Saint-Pétersbourg, la Dvina occidentale qui arrose le port de Riga, le Niémen, la Vistule qui baigne Varsovie.*

D. Où se jette le Don? — R. *Dans la mer d'Azof.*

D. Quel est le fleuve qui arrose Kief. — R. *Le Dniéper.*

D. Quel est le plus grand fleuve de l'Europe ? où prend-il sa source et où se jette-t-il? — R. *C'est le Volga ; il prend sa source dans les hauteurs de Valdaï et il se jette dans la mer Caspienne, après avoir arrosé Astrakhan.*

D. L'Empire russe ne s'étend-il pas hors d'Europe ? — R. *Oui ; il s'étend en Asie bien au delà de l'Oural à l'est par la Sibérie et au delà du Caucase au sud.*

D. Quelle sont les capitales de la Russie? — R. *Saint-Pétersbourg, qui est la capitale de l'Empire ; Moscou, qui a été autrefois la capitale ; Varsovie, ancienne capitale de la Pologne.*

D. Quels sont les principaux ports de la Russie ? — R. *Arkhangel sur la mer Blanche, Helsingfors, Saint-Pétersbourg, Riga sur la Baltique ; Odessa sur la mer Noire ; Astrakhan sur la mer Caspienne.*

D. Quelle est l'importance de Nijni-Novgorod ? — R. *Nijni-Novgorod est important par la foire qui s'y tient chaque année.*

D. Quels sont les Etats que l'on désigne sons le nom d'États scandinaves? — R. *La Suède, la Norvège et le Danemark.*

D. Quelles sont les principales richesses de la Suède? — R. *Les forêts et les mines de fer.*

D. Quelles en sont les principales villes ? — R. *Stockholm, capitale de la Suède, bâtie en partie sur des îles du lac Mœlar, Uppsala et Gœteborg.*

D. Où se trouve le cap Nord ? — R. *Dans une île de la Norvège, au nord de la péninsule Scandinave.*

D. Quels sont les principaux archipels de la Norvège ? — R. *Les îles Lofoten et l'archipel de Bergen.*

D. Combien la Norvège a-t-elle d'habitants ? — R. *Environ 2 millions.*

D. De quoi se compose le royaume de Danemark ? — R. *Il se compose du Jutland, des îles Danoises dont la principale est Sélande, et de l'île de Bornholm ; il possède en outre, en Europe, les îles Færœ et l'Islande.*

Devoirs. — Faire, sur la carte muette politique, la carte physique de la Russie. — Faire sur la carte muette, physique et politique, la carte physique et politique de la Russie et des États Scandinaves.

VI. L'EUROPE ORIENTALE ET SEPTENTRIONALE

RUSSIE (Voir la carte n° 8)

La **Russie** occupe toute l'Europe orientale : c'est *plus de la moitié de la superficie totale de l'Europe.*

Elle est bornée, au nord, par l'*océan Glacial* qui forme la *mer Blanche* et où se trouve l'île nommée *Novaia Zemlia* ; elle s'étend en Asie, à l'est, bien au delà de l'Oural par la Sibérie et au sud-est par delà le Caucase ; au sud, elle est bornée par la *mer Noire* qui forme la *mer d'Azof*; à l'ouest, par le *Prut* qui la sépare de la *Roumanie*, par l'*Empire d'Autriche-Hongrie* et la *Prusse*, par la *mer Baltique* qui forme les *golfes de Riga, de Finlande* et de *Bottnie*, par la *Tornéa* qui la sépare de la péninsule Scandinave.

La Russie d'Europe est bornée, à l'est, par les chaînes de l'**Oural**, et, au sud-est, par le **Caucase** dont les principaux sommets (*Elbrouz, Kasbek*, etc.) dépassent en hauteur le mont Blanc ; tout le reste est une *plaine immense* sur laquelle s'élèvent quelques rangées de collines (*collines du Volga*) et des plateaux peu élevés (*Hauteurs de Valdaï*).

De grands fleuves arrosent la Russie : la *Petchora*, la *Dvina septentrionale*, tributaires de l'océan Glacial et de la mer Blanche ; la *Néva* débouche des lacs *Onéga* et **Ladoga** ; la **Dvina occidentale**, le **Niémen**, la **Vistule**, tributaires de la mer Baltique ; le *Dniester*, le **Dniéper**, le **Don**, tributaires de la mer Noire et de la mer d'Azof ; le **Volga**, le plus grand fleuve de l'Europe, et l'**Oural**, tributaires de la Caspienne. La *Finlande* est couverte de *lacs*.

La **Russie**, comprenant en Europe le **Grand-duché de Finlande** (capitale *Helsingfors*) et les *provinces polonaises*, est un *empire* gouverné par l'empereur ou « czar ». La population, en Europe, est d'*environ* 80 *millions d'habitants*.

Capitale : **Saint-Pétersbourg**, grande et belle ville, près de l'embouchure de la Néva.

Villes principales : **Moscou**, ancienne capitale, située au centre de la Russie ; **Varsovie**, sur la Vistule, ancienne capitale de la Pologne ; *Odessa*, le principal port de la Russie sur la mer Noire ; *Astrakhan*, sur le Volga, port de la mer Caspienne ; *Nijni-Novgorod*, célèbre par sa foire, *Kazan, Perm*, chef-lieu d'un gouvernement riche en mines ; *Arkhangel*, port sur la mer Blanche ; *Riga*, port sur la mer Baltique ; *Smolensk* et *Kief*, sur le Dniéper.

La partie septentrionale de la Russie est couverte de *forêts*, excepté dans le voisinage de l'océan Glacial ; la partie occidentale produit beaucoup de *lin* ; la partie du sud-ouest est fertile en *céréales* ; le sud-est se compose surtout de *steppes*. Les grandes industries sont groupées principalement dans les environs de *Moscou*, en *Pologne* et dans le district minier de l'*Oural*.

N° 8. — Carte de la Russie et de la Scandinavie.

ÉTATS SCANDINAVES

On désigne la Suède, la Norvège et le Danemark sous le nom d'*États Scandinaves*, parce qu'ils sont habités par la race scandinave.

1° La **Suède** occupe toute la partie orientale de la péninsule Scandinave. Elle est bornée, à l'est, par la *mer Baltique* et le *golfe de Bottnie* ; à l'ouest, par les *Alpes Scandinaves*.

La Suède est peu cultivable et peu peuplée dans le nord, à cause du froid ; elle a des plaines fertiles dans le sud et possède beaucoup de *forêts* et de mines de *fer*.

Les cours d'eau n'y sont pas propres à la navigation, à l'exception du *Gœta*. Les lacs sont en très grand nombre : les plus grands sont le **lac Wenern** et le *lac Wettern*.

La Suède est un *royaume*. La population atteint presque 5 *millions* d'hab.

Capitale : **Stockholm**, belle ville, bâtie en partie sur des îles au débouché du *lac Mælar*. Villes princ. : *Uppsala* et *Gœteborg*.

2° La **Norvège** occupe la partie occidentale de la péninsule. Elle est baignée par l'*océan Glacial*, l'*océan Atlantique* et la *mer du Nord*. Elle est terminée, au nord, par le **cap Nord**, situé dans une île ; au sud, par le cap *Lindesnæs*. Les côtes sont très profondément découpées par des baies étroites, dites *fiords*, et sont semées d'archipels : les principaux sont ceux des **îles Lofoten** et de *Bergen*.

Les **Alpes Scandinaves** couvrent presque entièrement la Norvège de leurs plateaux stériles et de leurs glaciers.

La Norvège est un *royaume* distinct de la Suède, mais ayant le même roi qu'elle. La population est de 2 *millions* d'habitants. Cap. : **Kristiania**. — Ville princ. : *Bergen*.

La *pêche*, les *forêts* et les *mines* sont les principales ressources de cette contrée.

3° Le **Danemark**, amoindri par les conquêtes de la Prusse, comprend la presqu'île du *Jutland*, que les détroits du *Skager rak* et du *Kattégat* séparent de la péninsule scandinave, les *îles Danoises*, dont la principale est *Sélande* et l'île de *Bornholm*. — Le Danemark est un *royaume*. La population est de 2 *millions* d'hab.

Capitale : **Copenhague**, port de commerce sur le détroit nommé *Sund*, dans l'île de Sélande.

L'**Islande**, qui renferme le volcan Hekla, et les *îles Færœé* dépendent du Danemark.

ECHELLE = 1 : 50,000,000 soi 1 millimètre pour 50 kilomètres.

N° 9. — Carte de l'Asie.

VII. L'ASIE

(Voir la carte n° 9)

CONTOURS, CÔTES ET FRONTIÈRES.

L'**Asie** fait partie de l'*ancien continent*. Elle a *plus de quatre fois la superficie de l'Europe*. Elle est *la plus peuplée des cinq parties du monde*; car elle compte plus de 750 *millions d'habitants*.

1° Les deux *côtés orientaux* s'étendent du **cap Oriental,** qui s'avance dans le **détroit de Béring,** au *cap Dai-ho*, et, de là, au **cap Romania**. Ils sont baignés par le **Grand océan** ou **océan Pacifique**.

Les principales *mers secondaires* sont : la **mer d'Okhotsk**, la **mer du Japon**, la **mer Orientale**, la **mer de la Chine**.

On y trouve deux grandes *presqu'îles* : le *Kamtchatka* et la *Corée*. Les principales îles sont : l'archipel des *Kouriles*, l'île *Sakhalin*, l'archipel des **îles Japonaises**, l'île *Formose*, *Haï-nan*.

2° Le *côté méridional* s'étend du cap Romania et du **détroit de Malacca** au détroit dit **Bab-el-Mandeb**. Il est baigné par l'**océan Indien**.

Cet océan forme le **golfe du Bengale** et la **mer d'Oman**, avec le *golfe Persique*.

Trois grandes péninsules constituent l'Asie méridionale : l'**Indo-Chine**, terminée par le *cap Romania*; l'**Inde**, terminée par le *cap Comorin* et par l'île de *Ceylan*; l'**Arabie**, couverte en grande partie de déserts.

Animaux et plantes de l'Asie.

3° Les deux *côtés occidentaux* s'étendent du Bab-el-Mandeb à l'île de *Samos* et, de là, à l'embouchure du fleuve *Kara*. Ils sont baignés : 1° par la **mer Rouge**, très fréquentée depuis que le **canal de Suez** unit la Méditerranée à la mer Rouge; 2° par la **mer Méditerranée** et la **mer Noire**. Ces deux mers, qui communiquent, sont séparées par la péninsule dite **Asie Mineure**; 3° par les monts **Caucase**, la **mer Caspienne**, le *fleuve Oural*, les **monts Ourals**, limite de l'Asie et de l'Europe.

5° Sur le *côté septentrional*, désert à cause du froid, sont le *cap Tchéliouskin* et l'*archipel de la Nouvelle-Sibérie*; il est baigné par l'**océan**

ASIE

Méthode. — La carte générale de l'Asie est à l'échelle du 60,000,000e, c'est-à-dire de 1 millimètre pour 60 kilomètres. Comme l'Asie a une très grande surface et s'étend du nord au sud depuis le voisinage du pôle (le degré de latitude qui est au haut de la carte est le 80e degré) jusqu'à l'équateur, et de l'ouest à l'est, sur près de 180 degrés, — ce qui fait la moitié d'un cercle terrestre — elle présente une très forte connexité sur le globe et la projection qu'on en fait sur une carte est nécessairement plus déformée que celle d'une contrée peu étendue.

Deux des parties les plus importantes de l'Asie, la Chine proprement dite et le Japon, sont représentées (page 43) sur des cartes à plus grande échelle. Cette échelle est le 15,000,000e, c'est-à-dire une échelle de 1 millimètre pour 15 kilomètres, et par conséquent quatre fois plus grande que l'échelle de la carte générale d'Asie.

L'étude de l'Asie, de l'Afrique, de l'Océanie et de l'Amérique ne comporte pas dans l'enseignement primaire un développement égal à celui de l'Europe et surtout de la France. Cette étude est réservée tout entière pour le cours supérieur, tandis que la géographie de l'Europe et celle de la France figurent dans les trois cours.

Dans le cours supérieur nous avons donné 16 leçons pour la France, 14 leçons pour l'Europe (2 pour l'Europe en général et 12 pour les Etats d'Europe). Nous donnons seulement 12 leçons pour les quatre parties du monde (2 pour l'Afrique, 3 pour l'Asie, 2 pour l'Océanie, 3 pour l'Amérique du nord, 2 pour l'Amérique du sud), indépendamment des 2 leçons consacrées à l'étude générale de la Terre au commencement du cours.

L'Asie, quoiqu'elle soit quatre fois grande comme l'Europe et qu'elle compte une population plus que double de celle de l'Europe, ne figure que pour 3 leçons. C'est qu'à mesure que les contrées sont plus éloignées de nous, les intérêts qui nous y attachent sont en général moindres. Or, le développement de l'étude doit être proportionné, surtout dans l'enseignement primaire, où il importe de bien ménager le temps des élèves, à l'intérêt qu'ont pour nous les pays plus qu'à leur étendue. C'est pourquoi la plus grande partie du temps est consacrée à l'étude de la patrie. Chaque peuple doit agir ainsi. Les colonies sont une extension de la patrie : c'est pourquoi nous en faisons une étude spéciale, plus détaillée proportionnellement que celle des autres contrées de la partie du monde où elles se trouvent. La France est en Europe; c'est avec les États d'Europe qu'elle a ses relations les plus importantes par la politique et par le commerce; il convient d'ajouter que l'Europe est la partie du monde la plus considérable, sinon par l'étendue, du moins par l'activité de sa population, par sa richesse et par sa civilisation; il convient donc d'insister sur l'Europe plus que sur les autres parties du monde.

Hors d'Europe, il y a un grand Etat, d'origine européenne, qui par sa population et sa richesse est l'émule des grands États d'Europe : les Etats-Unis ; il y a aussi un grand État asiatique qui compte à lui seul plus d'habitants que toute l'Europe : la Chine. C'est pourquoi nous consacrons des cartes particulières aux États-Unis, à la Chine, ainsi qu'au Japon, récemment transformé par la civilisation européenne.

Commentaire. — I. *Géographie physique.* — Le relief de l'Asie est un des faits les plus remarquables de la structure du globe ; il n'y a nulle part ailleurs une masse aussi considérable de terres très élevées au-dessus du niveau de la mer. Le maître le fera remarquer.

La carte de l'Atlas-scolaire est coloriée conformément aux divisions politiques. Nous donnons ici une petite carte hypsométrique, c'est-à-dire coloriée conformément à l'altitude du sol. Elle a trois teintes : celle des parties basses, ou terrains dont l'altitude est inférieure à 500 mètres ; celle des parties de hauteur moyenne, entre 500 et 2,000 mètres ; celle des parties très élevées, dont l'altitude est supérieure à 2,000 mètres. Elle peut être rapprochée de la carte de l'Europe physique de l'Atlas-scolaire (page 10) ; mais la carte de l'Atlas-scolaire, destinée aux élèves, est plus simple et ne porte que deux couleurs, celle des parties basses au-dessous de 500 mètres, et celle des parties hautes au-dessus de 500 mètres. Si les hauteurs au-dessus de 2,000 mètres étaient figurées, la teinte ne porterait que sur les crêtes des Alpes, du Caucase, quelques parties des sommets des trois péninsules du sud de l'Europe et un petit nombre de points des Alpes scandinaves ; aucun plateau de grande étendue n'y serait compris. Dans l'Asie au contraire, indépendamment des chaînes qui en plus grand nombre atteignent l'altitude de 2,000 mètres, la majeure partie du Grand massif central, avec les chaînes qui le traversent et celles qui lui servent de talus et de contreforts, s'élève au-dessus de 2,000 mètres. Dans le Tibet et sur le plateau de Pamir l'altitude du sol dépasse en hauteur la plupart des montagnes de l'Europe ; elle est de 4,000 mètres et plus. Le Grand massif central de l'Asie a une superficie plus grande que la moitié de l'Europe.

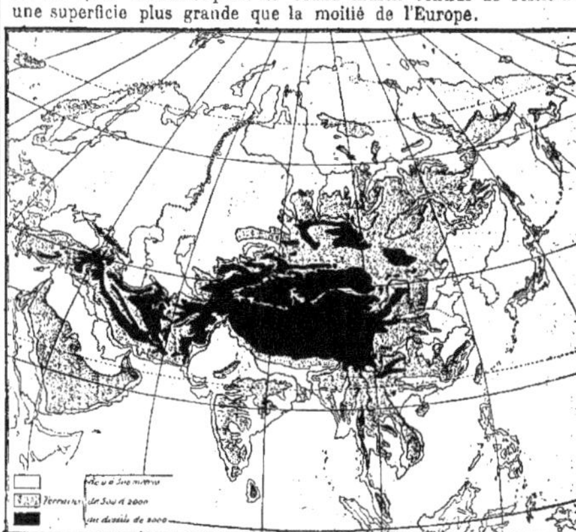

Carte hypsométrique de l'Asie.

A l'aide de la petite carte hypsométrique ci-jointe, le maître peut facilement marquer l'étendue de ce massif duquel découlent, dans toutes les directions, les plus grands fleuves de l'Asie. Il montrera ce massif soit sur la carte de l'Atlas-scolaire, soit sur une carte murale. (Nos cartes murales : Terre, Asie, Afrique avec Australie, Amériques, portent soit le coloris hypsométrique, soit le coloris politique.)

Comme l'Himalaya, qui sert de support à la partie méridionale de ce massif, est la plus haute chaîne du globe, il faut que le maître cherche à laisser dans l'esprit de ses élèves l'impression de cette grandeur. Déjà, dans l'étude générale de la Terre, il a dû, par une lecture, leur faire connaître le Gaurisankar pris comme type des hautes montagnes. Il peut reprendre cette lecture et de plus tracer sommairement au tableau noir une figure à peu près semblable à celle-ci, qui donne, non pas la forme, mais la hauteur relative de la plus haute montagne de chaque partie du monde.

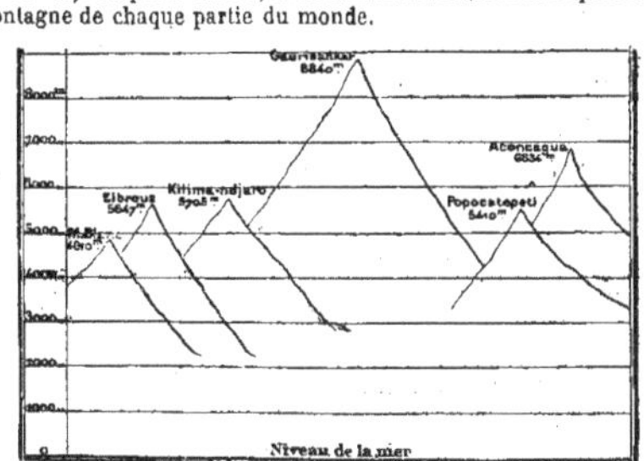

Altitude des principales montagnes comparées à celles du Gaurisankar.

II. En parlant des cours d'eau, le maître fera remarquer que la très grande étendue de la plaine de Sibérie permet la formation de cours d'eau considérables ; l'Ob (ou Obi), l'Iénisséi, la Léna sont au nombre des plus grands fleuves du monde. Mais, comme ils coulent dans une région où les hivers sont extrêmement rigoureux et qui est presque désert dans sa partie septentrionale, ils ont moins d'importance que des fleuves qui sont moins longs, comme le Gange, mais qui coulent dans des contrées plus favorisées.

III. *Animaux et plantes.* Pour chacune des quatre parties du monde, le livre de l'élève contient une figure dans laquelle sont groupés les principaux animaux et végétaux caractéristiques de cette partie du monde.

L'image attirera probablement d'elle-même les yeux des élèves ; mais il faut qu'ils sachent bien ce qu'elle représente, et, puisque cette notion est un accessoire de la géographie, nous réservons au maître

SUPERFICIE, POPULATION ET DENSITE DES ÉTATS.

Tableau général des océans et des cinq parties du monde (voir page 3).

Tableau des États d'Europe (voir p. 5).

SUPERFICIE, POPULATION ET DENSITÉ. (*Voir pour plus de détails l'Annuaire du Bureau des longitudes.*)

PRINCIPAUX ÉTATS.	SUPERFICIE exprimée en millions de kil. carrés.	POPULATION exprimée en millions d'habitants.
Empire britannique	22,3	303
— russe	21,8	98
— chinois	11,5	372
États-Unis	9,5	51
Brésil	8,3	11
Empire ottoman	6,2 ?	42 ?
France (avec ses possessions coloniales)	1,3	47
Empire allemand	0,5	45

PARTIES DU MONDE, ÉTATS ET RÉGIONS.	SUPERFICIE exprimée en milliers de kil. carré.	POPULATION exprimée en milliers d'hab.	DENSITÉ par kilomètre carré.
1° AFRIQUE (*données en grande partie hypothétiques*).			
Égypte (env. 1 million k. c., et 1 million 1/2 d'h., pour Égypte proprement dite)	2901	16450	6
Tripoli (Empire ottoman)	1033	1000	1
Tunisie (protectorat français)	118	2100	18
Maroc (avec le Toual)	812	6200 ?	8
Possessions françaises	452	3258	7
— portugaises (avec Açores et Madère)	1808 ?	10512 ?	6
— espagnoles (avec Canaries)	10	311	31
— britanniques	725 ?	2660	3,7
Sahara indépendant	6200 ?	2500 ?	0,4
Abyssinie	333 ?	3000 ?	9
Terr^res entre Nil et océan Indien (pays des Galla, Somali, etc.)	2300 ?	20000 ?	9
Soudan (sans Dar For)	1715 ?	32000 ?	19
Sénégambie, etc. (sans possessions européennes)	1200 ?	15000 ?	13
Libéria	37 ?	1100	30
Guinée sept. (sans Libéria et possess. europ.)	664 ?	24000 ?	36
Afrique équatoriale	4000 ?	45000 ?	11
État libre d'Orange	110 ?	133	1,2
Transvaal (protectorat anglais)	285	815	3,2
Afrique mérid. (sans possess. et États européens)	4700	16000 ?	3,4
Ile de Zanzibar	1,6	200 ?	125
Madagascar	592 ?	3500 ?	5,9
Autres îles (sans les colonies européennes)	11 ?	56 ?	5
Afrique entière	30008	205765	7
2° ASIE (*données en partie incertaines*).			
Empire ottoman (partie asiatique)	1891 ?	16237 ?	9
Chypre	10	186	19
Oman (sultanie d')	210 ?	1600 ?	8
Autres parties de l'Arabie (Nedjed, etc.)	2300 ?	2000 ?	0,0
Provinces caucasiennes russes (partie asiatique)	206	2937	14
Perse	1650 ?	7000 ?	4,2
Afghanistan	720 ?	4000 ?	6
Kafiristan	51 ?	500 ?	10
Beloutchistan	276 ?	350 ?	1
Turkestan indépendant (Khiva, Boukhara, pays des Turcomans, etc.)	500 ?	3300 ?	7
Asie occidentale	7814	38112	4,9
Empire des Indes et autres possessions britanniques	3862 ?	255365 ?	66
Nepâl et Bhotan et pays au sud de l'Assam	234 ?	3300 ?	14
Possessions portugaises	4	521	130
Birmanie	460 ?	4000 ?	9
Siam	730 ?	5800 ?	8
Annam	440 ?	21000 ?	48
Cambodge	80	1000 ?	13
Possessions françaises	60	1868	31
Presqu'île de Malacca (partie indépendante)	80 ?	300 ?	4
Asie méridionale	5950	293154	49
Empire chinois (1)	11542	371780 ?	32
Corée (avec le territoire neutre)	250	8500 ?	34
Japon, avec les îles Yéso, Kouriles (ou Lou-Tchou), Bonin (*recens. de* 1880)	382	35925	94
Asie orientale	12174	416205	34
Sibérie et Asie centrale russe	17166	10729	0,6
Asie entière	43104	758200	18
3° OCÉANIE (*données en partie incertaines*).			
Possessions espagnoles	295	7450	25
— néerlandaises	1606	24464	15
— portugaises	16	300	19
Bornéo indépendant	232	545	2
Malaisie (sans les îles Bonin)	2149	32489	15
Possessions britanniques (2)	7988	3065	0,4
Nouvelle-Guinée (avec la partie néderlandaise)	785	1000 ?	1,3
Iles de l'Amirauté, etc.	4	1 ?	0,2
Nouvelle-Irlande, etc.	13		
Nouvelle-Bretagne	30	300 ?	4,1
Iles Salomon	44		
Iles Sainte-Croix, etc.	1	5	5
Nouvelles-Hébrides, etc.	15	70	5
Nouvelle-Calédonie, etc. (à la France)	20	67	3,4
Autres îles	5	1	0,2
Australasie	8905	4569	0,5
Possessions françaises	9	26	2,9
— espagnoles	3	36	12
Iles Gilbert	0,4	36	90
Iles Marshall	0,4	10	25
Iles Samoa	3	36	12
Iles Tonga	1	25	25
Archipel de Cook	0,4	7	18
Hawaii (1878)	17	57	3
Autres îles	2,3	50	22
Polynésie	37	283	8
Océanie entière	11091	37611	3,4
4° AMÉRIQUE DU NORD (*données en partie incertaines*).			
Groënland	2200 ?	10	0,005
Autres terres polaires	1300 ?		
Territoire d'Alaska	1495	70	0,05
Possessions britanniques du nord (1)	9099	4499	0,8
Saint-Pierre et Miquelon (France)	0,2	5	25
Cinq grands lacs	239		
Partie septentrionale	14333	4584	0,3
États-Unis (sans Alaska et sans les grands lacs) (*rec. de* 1880) (2)	7836	50450	6,3
Mexico (Mexique) (*év. de* 1874)	1921	9577	5
Honduras britannique	20	24	1,2
Guatemala (*év. de* 1880)	121	1225	10
Honduras	120	350	2,9
Salvador (*év. de* 1878)	19	554	29
Nicaragua (*év. de* 1877)	134	300	2,2
osta-Rica	52	190	3,7
Partie méridionale	2387	12220	5,1
Haïti	24	550	23
San Domingo (Saint-Domingue)	53	250	4,7
Possessions espagnoles (Cuba, etc.)	128	2060	16
Indes occidentales britanniques	34	1118	33
Possessions néderlandaises et danoises	0,4	46	105
— françaises	2,7	348	129
Antilles, etc.	242	4374	18
Amérique du nord	24798	71628	3
5° AMÉRIQUE DU SUD (*données en partie incertaines*).			
Venezuela (*év. de* 1881)	1138	2075	1,8
Guyane britannique	221	248	1,1
Possessions néerlandaises	120	108	0,6
Guyane française	77	27	0,4
Région du Nord-est	1556	2458	1,6
Brésil (*rec. de* 1872) **région de l'Est et du Centre.**	8337	11109	1,3
Paraguay (*év. de* 1876)	238	294	1,2
Uruguay (*év. de* 1882)	170	438	2,3
Republica Argentina (République Argentine,) (*év. de* 1879)	2835	2200	0,8
Iles Falkland (à l'Angleterre)	17	1	0,06
Région du Sud-est	3260	2933	0,9
Chile (Chili) (*év. de* 1878)	631 ?	2265	3
Bolivia (Bolivie) (*év. de* 1861)	1310 ?	1960	1
Perú (Pérou) (*rec. de* 1876)	1178 ?	2700	3
Ecuador (Equateur) (*év. de* 1878)	405 ?	1066	2,6
Estados Unidos de Colombia (Colombie) (*rec. de* 1870)	1032 ?	3051	3
Région du Pacifique	4602	11682	2,4
Amérique du sud	17755	27587	1,6

(1)			
Chine proprement dite	4024	350000	87
Turkestan chinois	1120	580	0,5
Dzoungarie	383	600	1,6
Tibet	1688	6000	4
Mongolie	3377	2000	0,6
Mandchourie	950	12000	13

(2)			
Queensland	1730	213	0,1
Nouvelle-Galles du sud	800	751	0,9
Victoria	229	858	2,7
Australie méridionale	2340	280	0,1
Australie occidentale	2527	31	0,01
Tasmanie	68	116	1,5
Nouvelle-Zélande	272	534	2

(1)			
Ontario (Haut-Canada)	279	1923	6,9
Québec (Bas-Canada)	501	1339	2,1
Nouvelle-Écosse	56	441	1,8
Nouveau-Brunswick	70	321	4,6
Ile du Prince Édouard	6	109	19
Manitoba	36	66	1,8
Colombie britannique	922	50	0,05
Territoire nord-ouest	6431	56	0,009

(2) PRINCIPAUX ÉTATS ET RÉGIONS DES ÉTATS-UNIS.

Les 6 États de la Nouvelle-Angleterre (Massachussetts, densité : 89)	173	4011	23
New York	127	5083	40
Pennsylvania	117	4283	37
Virginie	110	1513	14
Les deux Carolines	214	2396	11
Louisiane	126	940	8
Kentucky	105	1619	16
Ohio	106	3198	30
Indiana	94	1978	21
Illinois	147	3078	21
Californie	410	865	2,1
Les territoires (sans Alaska)	2415	673	0,3

SUPERFICIE DES ILES.

LES 10 PLUS GRANDES ÎLES.	kil. carrés.	QUELQUES AUTRES ÎLES.	kil. carrés.
Nouvelle-Guinée (Océanie)	785,300	Terre-Neuve (Amérique)	110,670
Bornéo (Océanie)	730,900	Irlande (Europe)	83,751
Madagascar (Afrique)	591,500	Haïti (Amérique)	76,020
Sumatra (Océanie)	420,900	Tasmanie (Océanie)	64,644
Nippon (Asie)	223,550	Ceylan (Asie)	63,976
Grande-Bretagne (Europe)	217,720	Sicile (Europe)	25,537
Célèbes (Océanie)	178,800	Sardaigne (Europe)	23,555
Nouvelle-Zélande (Océanie)	144,690	Corse (Europe)	8,747
Java (Océanie)	125,900	Crète (Europe)	8,591
Cuba (Amérique)	112,190	Réunion (Afrique)	1,980

HAUTEURS DES MONTAGNES.

EUROPE.

ALPES (*en France et en Piémont*).	mètres.
Tende (Col de)	1,873
Larche (Col de)	1,995
Viso	3,845
Mont-Genèvre (col)	1,849
Thabor	3,205
Mont-Cenis (col)	2,082
Petit Saint-Bernard (col)	2,157
Mont Blanc	4,810
Balme (Col de)	2,203
Ventoux	1,912
Pelvoux	3,952
Barre des Écrins	4,103
Col du Lautaret	2,075
Col de la Vanoise	2,527
(*En Suisse et en Italie*).	
Grand Saint-Bernard (col)	2,472
Cervin	4,482
Mont Rose	4,638
Simplon	2,010
Tunnel du Saint-Gothard	1,154
Bernina	4,052
Brenner (col)	1,362
Jungfrau	4,167
Finsteraar-horn	4,275
Rigi	1,800
(*En Italie et en Autriche*).	
Ortler	3,905
Adamello	3,557
Gross Glockner	3,799
Semmering (col)	992
Col d'Adelsberg	611
JURA (*en France et en Suisse*).	
Grand Colombier	1,534
Reculet	1,720
Crêt de la Neige	1,723
Col de la Faucille	1,320
Dôle	1,678
Suchet	1,597
VOSGES.	
Ballon d'Alsace	1,250
Col de Bussang	734
Hohneck	1,366
Col du Bonhomme	946
Ballon de Guebwiller	1,426
Route de Saverne	331
CÉVENNES ET MASSIF CENTRAL.	
Sommet du Pilat	1,434
Mezenc	1,754
Garbier-de-Jonc	1,551
Plomb du Cantal	1,858
Puy-de-Dôme	1,465
PYRÉNÉES (*en France et en Espagne*).	
Perthus (col)	290
Col de la Perche	1,022
Canigou	2,785
Pic de Carlitte	2,920
Pic d'Aneto (Maladetta)	3,404
Posets	3,367
Mont-Perdu	3,352
Pic du Midi de Bigorre	2,877
Vignemale	3,298
Pic du Midi d'Ossau	2,885
(*Autres chaînes d'Espagne*).	
Pic d'Urbion	2,246
Pic de Moncayo	2,346
Mulahacen	3,554
(*Chaînes d'Allemagne et d'Autriche*).	
Grand Feldberg (Taunus)	856
Brocken (Harz)	1,141
Feldberg (Forêt-Noire)	1,495
Grand Arber (Forêt de Bohême)	1,487
Schneekopf (Riesengebirge)	1,601
Pic de Lomnitz (Tatra, Karpathes)	2,647
Défilé de la Tour-Rouge (Karpathes)	325

APENNINS (*et Italie*).	mètres
Penna	1,731
Corno (dans le Gran Sasso d'Italia)	1682,
Vésuve	1,909
Etna	2,313
(*Chaînes de la péninsule Pélasgique*).	
Lyoubatrin (dans le Tchar Dagh)	2,566
Olympe	1,953
Pélion	1,644
Maraljeduk (dans les Balkans)	2,330
Taygète (Péloponnèse)	2,567
(*En Grande-Bretagne*).	
Snowdon (Pays de Galles)	1,094
Ben Nevis (Grampian)	1,331
OURAL ET CAUCASE.	
Tel-Pos-Iz (Oural)	1,689
Route d'Ekaterinbourg	408
Elbrouz (Caucase)	5,644
Kasbek (Caucase)	5,043
Défilé de Dariel (Caucase)	2,390
ASIE.	
Djawalari (Himalaya)	7,297
Kitchin-djinga (Himalaya)	8,582
Gaorisankar (Himalaya)	8,840
Dhawalagiri (Himalaya)	8,176
Passe de Parangla (Himalaya)	5,557
Karakoroum (passe)	5,653
Dapsang (Tibet)	8,621
Taghermа (pl. de Pamir)	7,620
Bogdo-Oola (Thian-Chan)	6,326
Bielouka (Altaï)	3,352
Grand Ararat (Arménie)	5,157
Mont Argée (Asie Mineure)	3,841
Fousi-yama (Japon)	4,676
AFRIQUE.	
Miltsin (Atlas)	3,475
Cameroun (Guinée)	4,197
Kenia	5,500
Kilma-ndjaro	5,705
Rao-Dajan (Abyssinie)	4,620
Pic Chathkin (Drakenberg)	3,135
Pic de Teyde (Ténériffe)	3,716
Piton des Neiges (Réunion)	3,069
OCÉANIE.	
Ophir (Sumatra)	4,222
Semerou (Java)	3,729
Kosciusko (Australie)	2,187
Cook (Nouvelle-Zélande)	3,787
Mauna-kea (Hawaï)	4,197
AMÉRIQUE DU NORD.	
Saint-Élie	4,658
(*Dans la Cordillère*).	
Shasta	4,402
Whitney	4,541
Brown	4,876
Passe du sud (chemin de fer du Pacifique)	2,280
Pic de Lincoln	4,387
Pic Blanca	4,408
Popocatepetl	5,410
Pic d'Orizaba	5,400
(*Dans les Appalaches*).	
Mitchell	2,044
AMÉRIQUE DU SUD.	
Chemin de fer de Panama (som.)	80
Horqueta	5,320
Passe de Quindio	3,485
Chimborazo	6,530
Cotopaxi	5,943
Tunnel du chemin de fer de Lima à la Oroya	4,768
Illampou	6,560
Illemani	6,410
Aconcagua	6,834
La Cumbre (col)	3,900
Tapungato	6,178
(*Dans le massif Brésilien*).	
Pic d'Itatiaia	2,713

LONGUEUR APPROXIMATIVE DES FLEUVES.

LES 10 PLUS GRANDS FLEUVES.	kilom.
Mississipi (Amér.) depuis la source du Missouri	7,300
(dep. la source du Mississipi 5000).	
Amazone (Amér.) dep. la source du Madeira)	6,400
— (dep. la source de l'Amazone-Marañon, 5,000).	
Nil (Afrique)	6,400
Yang-tsé-kiang (Asie)	5,300
Iénisséi (Asie)	5,000
Amour (Asie)	4,700
Hoang-ho (Asie)	4,400
Ob (Asie)	4,300
Léna (Asie)	4,300
Cambodge (Asie)	4,200
QUELQUES AUTRES FLEUVES.	
Plata et Parana (Amérique)	4,000

	kilom.
Congo (Afrique)	4,000
Volga (Europe)	3,183
Niger (Afrique)	3,500
Saint-Laurent (depuis la rivière Saint-Louis, lac Supérieur)	3,350
Indus (Asie)	2,900
Danube (Europe)	2,800
Euphrate (Asie)	2,800
Gange (Asie)	2,500
Orange (Afrique)	2,000
Dvina septentrionale (Europe)	1,900
Dniéper (Europe)	1,712
Sénégal (Afrique)	1,600
Don (Europe)	1,578
Murray (Océanie) (2,300 depuis la source du Darwan).	1,400
Elbe (Europe)	1,154

	kilom.		kilom.
Dniester (Europe)	1,100	Èbre (Europe)	874
Vistule (Europe)	912	Pô (Europe)	650
Tage (Europe)	912	Tamise (Europe)	342

(Voir la page 15 du Maître pour les cours d'eau de France.)

LACS.

LES 10 PLUS GRANDS LACS.	kil. carrés.		kil. carrés.
		Tanganyika (Afrique australe)	29,000
		QUELQUES AUTRES LACS.	
Supérieur (Amérique du Nord)	83,630	Ladoga (Russie)	18,130
Victoria Nyanza (Afr. centrale)	75,200	Onéga (Russie)	9,752
Aral (d') (Turkestan)	67,000	Nicaragua (Amérique centrale)	9,500
Michigan (Amérique du Nord)	61,910	Titicaca (Amérique du Sud)	8,240
Huron (Amérique du Nord)	61,340	Venern (Suède)	5,570
Tchad (Soudan)	37,630	Mer Morte (Palestine)	915
Nyassa (Afrique australe)	36,830	Genève (de) (Suisse)	573
Baïkal (Sibérie)	34,930	Bourget (du) (France)	75
Grand lac des Esclaves (Am. nord)	31,000		

VILLES DE LA TERRE AYANT PLUS DE 500,000 HABITANTS.

Londres (Angleterre)	3,832,000	Fou-tcheou (Chine)	614,000
Paris (France)	2,239,000	Saint-Pétersbourg (Russie)	612,000
Pé-king (Chine)	1,600,000	Moscou (Russie)	612,000
Canton (Chine)	1,500,000	Constantinople (Turquie)	600,000
New York (États-Unis)	1,207,000	Han-keou (Chine)	600,000
Berlin (Allemagne)	1,123,000	Hang-tcheou (Chine)	600,000
Si-ang-tan (Chine)	1,000,000	Chao-ting (Chine)	600,000
Tchang-tcheou (Chine)	1,000,000	Tchoung-ting (Chine)	600,000
Si-ngan (Chine)	1,000,000	Tokio (Japon)	596,000
Tien-tsin (Chine)	950,000	Brooklyn (États-Unis)	567,000
Philadelphie (États-Unis)	847,000	Liverpool (Angleterre)	552,000
Tching-tou (Chine)	800,000	Glasgow (Angleterre)	511,000
Calcutta (Inde)	794,000	Chicago (États-Unis)	503,000
Vienne (Autriche)	726,000	Bang-kok (Siam)	500,000
Bombay (Inde)	644,000	Ouen-tchéou (Chine)	500,000

MESURES ITINÉRAIRES, MESURES DE SUPERFICIE ET MONNAIES.

1 *kilomètre* (mesure itinéraire des États qui emploient le système métrique) = 1,000 mètres.

1 *mille géographique* (de 15 au degré de l'équateur, employé en Allemagne).	=	7kil,422
1 *lieue* de 18 au degré du méridien		6 ,174
1 *lieue marine* ou géographique de 20 au degré du méridien		5 ,557
1 *lieue suisse*		4 ,800
1 *lieue commune* de 25 au degré du méridien (ancienne lieue française)		4 ,445
1 *mille marin* de 60 au degré (1/3 de lieue marine), employé par les marins		1 ,852
1 *mille anglais* (employé par les Anglais et les Américains du Nord)		1 ,609
1 *verste* (employé en Russie)		1 ,067

1 *kilom. carré* = 100 hectares =	1,000,000mc	*Brasse française* (ancienne).	1m,620mm
1 *mille géographique carré*	55,063kc	*Brasse anglaise*	1 ,830
1 *lieue marine carrée*	30,876	*Hectare* =	10,000mc
1 *lieue commune carrée*	19,822	*Arpent* 100 perches (la perche mesurant 18 pieds de longueur ou 34 m. c. de superficie)	0 hect. 34
1 *mille marin carré*	3,430		
1 *mille anglais carré*	2,590		
1 *verste carré*	1,137		
Mètre =	1,000mm	*Arpent* 100 perches (la perche mesurant 22 pieds de longueur ou 51 m. c. de superficie)	0 — 51
Pied français (ancien)	325		
Pied du Rhin	314		
Pied de Vienne	316		
Pied anglais	305	*Acre* (mesure anglaise)	0 — 40

Le **système métrique décimal** est légal et obligatoire dans les États suivants, dont la population totale est d'environ 250 millions d'individus :

EUROPE : *France, Belgique, Pays-Bas, Empire Allemand, Suisse, Autriche-Hongrie, Portugal, Espagne, Italie, Grèce, Roumanie, Suède, Norvège.*

AMÉRIQUE DU SUD : *Brésil, République Argentine, Colombie, Équateur, Pérou, Chili.*

AUTRES RÉGIONS : *Algérie et colonies de la France, colonies des Pays-Bas.*

Il est admis, soit à titre facultatif, soit partiellement pour certains usages dans les États suivants, dont la population totale est de plus de 420 millions d'individus ;

A titre facultatif : Iles Britanniques, Dominion du Canada, États-Unis.

Pour certains usages : Russie, Turquie, Empire des Indes, Vénézuéla, Uruguay

Le **système monétaire français** comprend : 1° la *monnaie d'or* frappée avec un métal ayant 900/1,000 de fin et 100/1,000 d'alliage : pièces de 5 fr., de 10 fr., de 20 fr., de 50 fr., de 100 fr.; ces deux dernières sont rares ; la pièce de 20 fr. pesant 6gr,45 ; 2° la *monnaie d'argent*, qui se compose de pièces de 5 fr., ayant comme la monnaie d'or 900/1,000 de fin et 100/1,000 d'alliage, pesant 25 gr., et ayant par conséquent 15 fois 1/2 le poids de la pièce de 5 fr. en or, et de pièces divisionnaires (20 cent., 50 cent., 1 fr., 2 fr.) qui, renfermant 835/1,000 de fin et 165/1,000 d'alliage, ont une valeur réelle inférieure à leur valeur nominale et sont considérées comme des monnaies d'appoint ; un débiteur ne peut obliger son créancier à en accepter en paiement que jusqu'à concurrence de 50 francs ; 3° la *monnaie de bronze* (1, 2, 5, 10 centimes) qui est une monnaie d'appoint d'une valeur réelle bien inférieure à la valeur nominale et qu'un débiteur ne peut imposer à son créancier que jusqu'à concurrence de 5 francs.

Par une convention monétaire qui remonte à l'année 1865, la *France*, la *Belgique*, la *Suisse*, l'*Italie*, puis la *Grèce* ont formé une union en adoptant le même système monétaire qui est le système français ; les monnaies de chaque État — sauf réserves pour le monnayage de l'argent et la circulation des pièces divisionnaires — ont cours dans les autres États de l'union.

Quatorze autres États ont frappé des monnaies semblables à celles de l'union et porté à 167 millions la population totale où les systèmes monétaires sont à peu près semblables.

EN EUROPE : *Autriche-Hongrie, Espagne, Serbie, Bulgarie, Roumanie, Finlande.*

HORS D'EUROPE : *Perse, Uruguay, République Argentine, Vénézuela, Colombie, Équateur, Pérou, Chili.*

L'EMPIRE ALLEMAND a adopté le système monétaire décimal. Son unité monétaire est le *marc d'empire* (reichs mark) en or, dont la valeur intrinsèque est de 1 fr. 23 cent. 1/2.

L'ANGLETERRE a pour unité monétaire la *livre sterling* qui vaut 25 fr. 22.

Deux grandes colonies anglaises ont un système monétaire différent de celui de la métropole. Le *dollar* des États-Unis est l'unité monétaire du CANADA. La *roupie*, qui vaut 2 fr. 38 et qui est une monnaie d'argent, est l'unité monétaire dans l'EMPIRE DES INDES.

Le PORTUGAL compte par *milréis*. Un milréis vaut 5 fr. 60. Le *milréis* du BRÉSIL ne vaut que 2 fr. 83.

Les ÉTATS SCANDINAVES (Suède, Norvège, Danemark) ont formé une union dont l'unité monétaire est la *couronne*, valant 1 fr. 39.

La RUSSIE (sans la Finlande) a pour unité monétaire le *rouble* d'argent, qui vaut 4 fr. et qui se divise en 100 kopeks. On frappe des pièces d'or et d'argent, mais la circulation se fait presque exclusivement avec du papier-monnaie.

Les ÉTATS-UNIS ont pour unité monétaire le *dollar*, dont la valeur réelle, en or, est de 5 fr. 18, et, en argent, de 5 fr. 34.

Le JAPON a pour unité monétaire le *yen* (5 fr. 16), qui est presque le dollar américain.

Dans la CHINE, on compte par *taëls* (1 taël = 7 fr. 56). Le taël se divise en 1,000 cashs ou sapèques. Il n'y a pas de monnaies à proprement parler ; on paye avec des lingots.

La *piastre*, monnaie réelle ou monnaie de compte, employée dans différents pays, a des valeurs très diverses : 1 piastre turque (monnaie de compte) = 0 fr. 23 ; 1 piastre tunisienne = 0 fr. 61 ; 1 piastre mexicaine ou peso = 5 fr. 43.

(Voir pour plus de détails, la brochure : *Monnaies, poids et mesures*, par M. A. de Malarce, et l'*Annuaire du Bureau des Longitudes*.)

le plaisir de la leur donner comme une sorte de distraction. Près de chaque animal ou plante est placé un petit numéro qui aidera le maître à les reconnaître :

1. *Tigre royal.* — Le tigre appartient à la race féline ; c'est un des animaux féroces les plus justement redoutés. Il y a beaucoup de tigres dans l'Inde et dans l'Indo-Chine.

2. *Ours blanc.* — Dans le nord de l'Asie, où règnent les froids polaires, il y a des ours blancs, comme dans la région polaire de l'Amérique.

3. *Cheval.* — Il y a eu, dès la plus haute antiquité, des chevaux en Asie comme en Europe. Le cheval arabe est un des types les plus beaux de l'espèce.

4. *Renne.* — Le renne ressemble un peu au cerf ; mais il s'en distingue à première vue par son bois dont les rameaux sont larges et plats. Il vit sous les climats très froids ; en Asie, il ne se trouve qu'au nord de la Sibérie. Les rennes domestiques servent d'animaux de trait ; les indigènes se nourrissent de leur lait et de leur chair et se vêtissent de leur peau.

5. *Yack.* — Le yack est un bœuf de petite espèce, à poils longs et laineux, que l'on trouve sur les plateaux du Grand massif central et en Chine.

6. *Chameau.* — Le chameau de Bactriane, qui a deux bosses, est plus grand que le dromadaire. Il est employé pour les transports sur les plateaux du Grand massif central et dans l'Asie occidentale ; c'est le principal bétail des tribus nomades dans les steppes et les déserts. C'est par des caravanes de chameaux qu'on transporte les marchandises à travers ces déserts.

7. *Eléphant.* — L'éléphant se trouve dans l'Inde et dans l'Indo-Chine. On apprivoise l'éléphant sauvage et on en fait un animal domestique qui est d'une grande utilité pour le transport des gros fardeaux ; on l'emploie même à la guerre.

8. *Paon.* — Le paon, qui est acclimaté aujourd'hui en Europe, est originaire de l'Inde et de l'Indo-Chine. Le mâle est remarquable par son beau plumage.

9. *Canard.* — Le canard est l'oiseau domestique qu'on élève le plus en Chine où l'eau, à cause des canaux et des rivières, est abondante en beaucoup de lieux.

10. *Cocotiers.* — Le cocotier est une belle espèce de palmier dont le fruit est la noix de coco, à peu près grosse comme la tête d'un enfant. On le trouve en abondance dans l'Inde, l'Indo-Chine et les îles.

11. *Bois de teck.* — Le bois de teck se trouve dans les forêts de l'Inde, de l'Indo-Chine et des îles du sud et sud-est. Il est recherché pour la construction des navires.

VI. *Géographie politique.* — Quoique le maître n'ait pas à donner en général la population des États hors d'Europe, il doit faire une exception pour la Chine et pour l'Inde en Asie, comme pour les États-Unis en Amérique, parce que ce sont les deux Etats ou la possession coloniale les plus peuplés du globe hors d'Europe.

La population de l'Empire chinois, qui appartient à la race jaune, est évaluée à plus de 370 millions d'habitants ; c'est à peu près autant que la population de l'Europe et de l'Amérique réunies, c'est-à-dire des deux parties du monde dans lesquelles est concentrée presque toute la race européenne. Mais cette population est très inégalement répartie.

Sur le Grand massif central où sont les Etats tributaires, elle est très clairsemée, parce que le climat du plateau est froid en hiver et le sol en grande partie ingrat : il n'y a guère que vingt et un millions d'habitants sur un territoire de sept millions et demi de kilomètres carrés. Dans les plaines et les vallées de la Chine au contraire, où le sol est fertile et cultivé avec beaucoup de soin, il y a environ quatre cent millions d'habitants sur quatre millions de kilomètres carrés. Le maître peut dire que dans la Chine proprement dite, la densité, c'est-à-dire le nombre d'habitants vivant sur un certain espace, est beaucoup plus grande qu'en France. Il y a dans la Chine proprement dite cent habitants par kilomètre carré, tandis qu'il n'y a en France que soixante-dix habitants par kilomètre carré.

L'Inde présente un état non moins remarquable. L'Empire des Indes avec ses dépendances renferme plus de deux cent cinquante millions d'habitants soumis à l'Angleterre, laquelle est peuplée seulement de trente cinq millions d'hommes, mais est beaucoup plus riche et plus avancée en civilisation.

Il n'y a que trois contrées d'une grande étendue sur la Terre dans lesquelles la densité moyenne de la population soit de plus de 100 habitants par kilomètre carré : 1° l'Europe occidentale, comprenant le nord de la France, la Prusse occidentale, la Belgique, les Pays-Bas et l'Angleterre ; 2° les plaines de la Chine ; 3° la plaine du Gange.

Lectures. — 17ᵉ LECTURE. — *Les Anglais et les Russes en Asie.* — « Deux États d'Europe ont de vastes possessions en Asie : l'Angleterre et la Russie. »

« La Russie a commencé à prendre possession de la Sibérie au seizième siècle. Vers la fin du dix-huitième siècle, ses conquêtes sur les Turcs portèrent sa domination jusqu'au pied du Caucase. Ses armées franchirent bientôt cette haute chaîne. Deux guerres heureuses contre la Perse, en 1813 et en 1828, étendirent ses possessions sur la Géorgie et l'Arménie jusqu'à l'Aras ; elles lui assurèrent la prépondérance maritime sur la Caspienne, et une grande influence à la cour de Téhéran ; la guerre de 1878 contre la Turquie lui a donné la province de Kars. »

« Pendant ce temps, par une suite d'entreprises continuées depuis 1836, elle s'avançait, conquérant et colonisant, dans le Turkestan jusque sur les pentes du Grand massif central où elle devenait voisine de l'Empire chinois et se rapprochait des possessions britanniques. En Sibérie, elle envoyait ses condamnés, exploitait les mines d'or, installait des services de bateaux à vapeur sur le fleuve Amour, obtenait des Chinois, en 1858, la cession d'un vaste territoire situé sur la rive gauche du fleuve, et des Japonais, en 1875, celle de l'île Sakhalin. La Russie possède en Asie seize millions de kilomètres carrés, c'est-à-dire une fois et demi la superficie de l'Europe ; mais la population totale de ce vaste territoire est de moins de dix millions d'habitants. »

« L'Angleterre est devenue puissante en Asie au dix-huitième siècle. Après la guerre de Sept ans qui ruina entièrement nos colonies, les Anglais, suivant l'exemple d'un Français de glorieuse mémoire, Dupleix, que le gouvernement français n'avait pas eu la perspicacité de soutenir, étendirent peu à peu leur domination sur l'Inde ; en 1815, ils possédaient déjà la plus grande partie de la vallée du Gange et de la côte occidentale du golfe de Bengale. La guerre contre les Mahrattes, la conquête du Sindh, la défaite des Sickhes, l'occupation du Pégou, la repression de la formidable insurrection des cipayes en 1858 ont été les principaux épisodes de leur conquête au dix-neuvième siècle. Leur domination s'étend aujourd'hui en Asie sur plus de deux cent cinquante millions de sujets. Calcutta, siége du gouvernement général de l'Inde, est une grande et florissante cité. »

« Deux guerres contre la Chine, terminées en 1842 et en 1860, la seconde de concert avec la France, ont ouvert à leurs bâtiments et au commerce des autres Etats d'Europe les principaux ports du Céleste Empire. Une série de postes, depuis l'île de Périm, dans le Bab-el-Mandeb, jusqu'à Hong-Kong, sur la côte de Chine, facilite leur navigation dans l'Océan Indien et le Pacifique »

« Les Russes dominent au nord ; les Anglais dominent au midi. Les uns et les autres cherchent à attirer de leur côté le commerce de l'Orient et à faire prévaloir leur influence dans les cours de Téhéran, de Caboul, de Pé-King et sur les populations asiatiques. Cette situation en a fait des rivaux. »

18ᵉ LECTURE. — *La race jaune.* « L'Asie centrale et orientale est le domaine de la race jaune. Cette race, désignée sous le nom de race mongolique, ne compte pas moins de cinq cent quatre-vingt millions d'individus. Elle se compose d'un grand nombre de peuples et de tribus qui diffèrent entre eux par les mœurs et par le degré de civilisation comme par les caractères physiques, mais qui ont tous quelques traits communs de parenté, la barbe rare et noire, les yeux petits, enfoncés et obliques, le nez plat, les pommettes des joues saillantes. »

« D'après leur conformation physique ou d'après la langue qu'ils parlent, on les divise en plusieurs groupes. »

« Le groupe mongol ou tatar, qui est regardé comme le type le plus pur de la race jaune, vit surtout à l'état nomade sur les plateaux du Grand massif central ; les Mongols proprement dits, les Kalmoucks, les Mandchoux font partie de ce groupe. »

« Le groupe turc, auquel appartiennent les Turcs ottomans et les Kirghiz, habitent le Turkestan et les régions à l'ouest du Grand massif. Le groupe ouralo-finnois ou groupe du nord s'étend dans les vastes plaines de la Sibérie jusqu'au bord de l'océan Glacial. »

« Beaucoup plus important est le groupe de l'est, qui comprend les Etats les plus civilisés et les populations les plus denses de la race jaune : les Tibétains habitant un des plus hauts plateaux du monde, les Chinois qui sont au nombre de près de quatre cent millions, les Coréens, les Japonais qui passent à juste titre pour un des peuples les plus intelligents de la race et qui ont adopté une partie des institutions de la race européenne, les Annamites et les Siamois qui habitent l'Indo-Chine. »

« Le bouddhisme est la religion la plus répandue parmi les peuples de la race jaune. Leur première civilisation dans les plaines de la Chine remonte à une époque où l'Europe était encore entièrement barbare, et leur principal Etat, l'Empire chinois, qui, à diverses époques, a réuni sous son autorité la plupart des peuples de cette race, a joui d'une grande prospérité au moyen âge et a une plus longue histoire qu'aucun des autres Etats de la Terre. »

Glacial. Nordenskiœld est le seul navigateur qui ait parcouru toute cette côte.

RELIEF DU SOL.

1° Au centre, le **Grand massif central de l'Asie** constitue la plus grande étendue de hautes terres qui existent sur le globe terrestre. Il comprend de vastes plateaux : au sud, le **Tibet**, contrée froide et sauvage; au centre, le *Turkestan oriental;* au nord-est, la *Mongolie*. Ces plateaux sont séparés par des chaînes de montagnes.

Le Grand massif et le Tibet sont bornés, au sud, par les monts **Himalaya** qui renferment **les plus hautes montagnes du globe**; la plus élevée est le *Gaurisankar* (8,840 mètres).

Gaurisankar.

Le Grand massif est borné, à l'ouest, par le **plateau de Pamir**, au nord par les **Thian-Chan**, c'est-à-dire les monts Célestes, par l'*Altaï* et les *monts Yablonoï*.

2° A l'est du Grand massif, les *plaines de la Chine* sont traversées, de l'ouest à l'est, par des chaînes de montagnes; celle des *Pé-ling*, ou montagnes du nord, est la plus importante.

3° Au sud, la presqu'île de l'Indo-Chine est sillonnée, du nord au sud, par de longues chaînes. La presqu'île de l'Inde comprend la *plaine de l'Hindoustan* et le plateau du *Dekhan*. La presqu'île de l'*Arabie* est un vaste plateau.

4° A l'ouest, sont deux grands plateaux, moins élevés que le Grand massif central : le *plateau* de l'**Iran** et le plateau de l'**Asie Mineure** avec la chaîne du *Taurus*. Ils sont bordés de montagnes et réunis par les **monts d'Arménie** qui renferment le *mont Ararat*.

Au sud de l'Asie Mineure est la chaîne du *Liban*.

Au nord des monts d'Arménie, la haute chaîne du **Caucase** est située sur la limite de l'Asie et de l'Europe.

5° Au nord-ouest et au nord, s'étendent les *immenses plaines* du *Bas-Turkestan et de la* **Sibérie**.

COURS D'EAU ET LACS.

1° L'*océan Glacial* reçoit les fleuves qui, descendant des chaînes septentrionales du Grand massif, arrosent la froide plaine de la Sibérie : l'*Ob*, l'**Iénisséi**, par lequel s'écoule l'eau du *lac Baïkal*, la *Léna*.

2° Le *Grand océan* reçoit les fleuves du versant oriental du Grand massif : l'*Amour*, qui coule sur le territoire russe; le *Hoang-ho*, c'est-à-dire fleuve Jaune, et le **Yang-tsé-kiang**, *le plus grand fleuve de l'Asie*, qui arrosent l'Empire chinois; le *Cambodge*, qui arrose l'Indo-Chine.

3° L'*océan Indien* reçoit trois grands fleuves qui, sortis de l'*Himalaya*, arrosent l'Inde : le *Brahmapoutra*, le **Gange**, fleuve sacré des Hindous, l'*Indus*; il reçoit aussi l'*Euphrate* et le *Tigre*, descendus des monts d'Arménie.

4° Outre la mer Caspienne, l'Asie renferme beaucoup de lacs et de rivières dont les eaux ne vont pas à l'Océan : le fleuve *Tarim;* le *lac Balkach;* le **lac d'Aral**, qui reçoit l'*Amou-daria;* le *Jourdain*, tributaire de la *mer Morte*.

ÉTATS, COLONIES ET VILLES.

1° Dans l'*Asie occidentale*, sont :

L'Empire ottoman dont une partie est située en Europe, l'autre partie en Asie, à savoir, l'*Asie Mineure*, la *Syrie*, une portion de l'*Arabie*). Villes principales : **Smyrne**, le premier port de commerce de l'Asie Mineure; *Jérusalem; Damas; la Mecque*, la ville sainte des musulmans; *Bagdad*. Le reste de l'Arabie se compose de déserts et de petits États indépendants, comme l'État de *Mascate*.

La **Perse**, capitale **Téhéran**; villes principales : *Tebriz, Ispahan*.

L'Afghanistan, capitale *Caboul;* ville principale : *Hérat*.

Le *Beloutchistan*, contrée barbare.

2° Dans l'*Asie méridionale* (sans l'Arabie) :

L'Empire des Indes qui appartient à l'Angleterre. Villes principales : **Calcutta**, résidence du gouverneur des Indes; *Madras*, **Bombay**, le port le plus commerçant de l'Asie. *Chypre*, dans la Méditerranée; *Aden*, port de

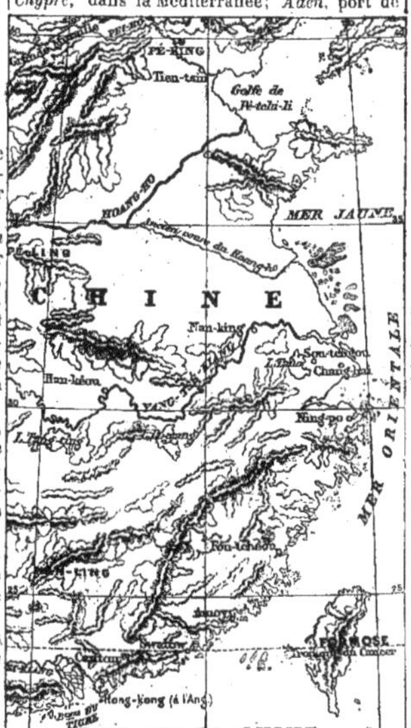

ÉCHELLE = 1 : 15,000,000, soit 1 millimètre pour 15 kilomètres.

N° 10. — Carte de la Chine.

l'Arabie; *Singapore*, au sud de l'Indo-Chine; *Hong-kong*, en Chine, appartiennent à l'Angleterre.

L'Inde a plus de 250 millions d'habitants. Elle produit le *riz*, l'*opium*, l'*indigo*, le *café*, le *coton*, les épices.

La France possède dans l'Inde **Pondichéry**, *Mahé, Karikal, Yanaon, Chandernagor*.

Les 4 États et la colonie situés dans l'*Indo-Chine* sont : **Birmanie**, capitale *Mendalé;* **Royaume de Siam**, capitale **Bang-kok**; **l'Annam**, capit. **Hué**; et le *Cambodge*, capit. *Pnom-penh*, placés sous le protectorat de la France; **Cochinchine française**, chef-lieu **Saïgon**.

3° Dans l'*Asie orientale et centrale* :

L'Empire chinois, habité par des hommes de la race jaune. La population, qui approche de 400 millions d'habitants, est plus considérable que celle de l'Europe entière.

Chinois.

La **Chine** proprement dite est la seule partie très peuplée et très cultivée. Elle produit le *riz*, le *thé*; on y élève les *vers à soie*. Les grandes villes y sont nombreuses. — Cap. : **Pé-king**. Villes principales : *Tien-tsin, Sou-tcheou;* **Chang-haï**, la principale place de commerce fréquentée par les Européens en Chine; *Nan-king, Han-keou, Ning-po, Fou-tcheou;* **Canton**.

De l'Empire chinois dépendent plusieurs États

Pé-king.

ou territoires tributaires : la **Mandchourie** et la **Mongolie**, régions de steppes et de déserts; le **Tibet**, situé sur le plus haut plateau de l'Asie; le **Turkestan oriental**; jadis la **Corée**.

Le **Japon**, composé d'îles dont les princi-

ÉCHELLE = 1 : 15,000,000, soit 1 millimètre pour 15 kilomètres.

N° 11. — Carte du Japon.

pales sont : **Nippon**, *Sikok* et *Kiou-siou*. — Capitale : **Tokio**, ou Yédo. — Villes principales : *Kioto*, métropole religieuse; *Yokohama*, port fréquenté par les commerçants d'Europe et d'Amérique.

4° Dans l'*Asie septentrionale :*

La **Sibérie**, qui fait partie de l'Empire russe. Villes principales : *Tomsk* et *Tobolsk*.

L'Empire russe comprend aussi le *Bas-Turkestan* et les *Provinces caucasiennes*.

ASIE

Méthode Cartographique de E. Levasseur

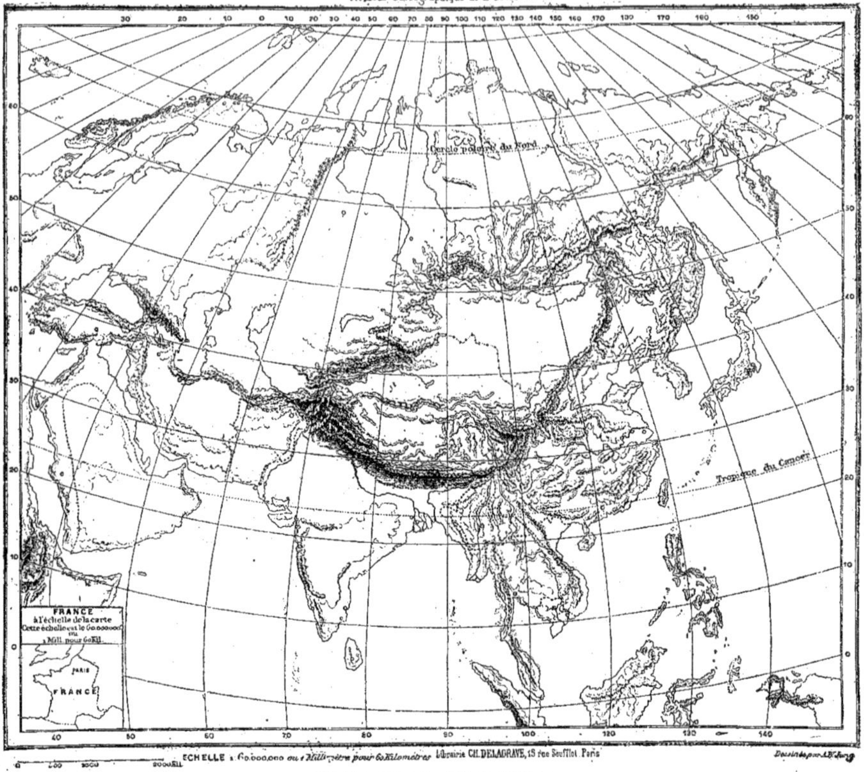

Carte muette pour l'étude de l'Asie.

QUESTIONNAIRE.

27e et 28e **leçons**. — Qu'est-ce que l'Asie? — Jusqu'où s'étend-elle au nord et au sud? — Est-elle grande et peuplée? — A-t-elle une population plus considérable que celle de l'Europe? — Que savez-vous de la côte septentrionale? — Où est le cap Oriental? — Quelles sont les mers formées par le Grand Océan sur la côte orientale? — Quelles sont les principales îles? — Quels sont les principaux détroits de l'Asie? — N'y a-t-il pas entre l'Europe et l'Asie d'autres détroits que vous avez appris en étudiant l'Europe? — Par quoi sont formées les limites continentales de l'Europe et de l'Asie? — Où est située l'île de Ceylan? — Qu'est-ce qu'a de plus remarquable le relief de l'Asie? — Quel est le plus élevé des grands plateaux du Grand massif central? — N'y a-t-il pas encore un autre grand plateau très élevé? — Où sont les Thian-chan? — Quelle est la plus haute montagne de l'Asie? — Pourquoi le Gaurisankar est-il représenté couvert de neige, quoiqu'il soit dans une région voisine du tropique? — Quels grands plateaux trouve-t-on à l'ouest du Grand massif central? — N'y a-t-il pas entre ces deux plateaux un massif montagneux qui semble les unir? — Quelle est la plus haute montagne? — Où sont les plus grandes plaines de l'Asie? — Quel est le principal affluent de l'Ob? — Par où s'écoule le trop-plein du lac Baïkal? — Pourquoi les fleuves tributaires de l'océan Glacial n'ont-ils pas une importance commerciale proportionnelle à leur étendue? — En est-il de même des fleuves de la Chine? — Quel est le plus important? — Quels sont les fleuves de l'Asie tributaires de l'océan Indien? — Quels sont les principaux cours d'eau de l'Asie qui ne se jettent pas dans l'Océan?

29 **leçon**. — Quelles sont les contrées de l'Asie qui dépendent de l'Empire ottoman? — De quoi se compose le reste de l'Arabie? — Qu'est-ce que Smyrne? — Qu'est-ce que la Mecque? — Quels sont les États ou contrées situés sur le plateau de l'Iran? — Quelle est la capitale de la Perse? — A qui appartient l'Empire des Indes? — Par qui est administrée l'Inde? — Où est le siége du gouvernement spécial des Indes? — Nommez et montrez sur la carte les grandes villes de l'Inde appartenant à l'Angleterre. — Quel est le chef-lieu des cinq établissements français dans l'Inde? — La France n'a-t-elle pas en Asie d'autres possessions que celles de l'Inde? — Qu'est-ce que Hong-kong? — Nommez et montrez les tributaires de l'Empire chinois. — Ces pays tributaires sont-ils aussi peuplés que la Chine proprement dite? — Quelle est la capitale de la Chine? — Qu'est-ce que Chang-haï? — Nommez et montrez les autres ports principaux de la Chine. — Qu'est-ce que Han-kéou? — Quelles sont les principales îles du Japon? — Quelle est la capitale du Japon? — Qu'est-ce que Yokohama? — Qu'est-ce que la Sibérie? — Quelles en sont les villes principales? — La Russie n'a-t-elle pas d'autres possessions en Asie?

Devoirs. — Faire, sur la carte muette physique et politique, la carte physique de l'Asie.

Faire, sur la carte muette politique, la carte du relief du sol de l'Asie.

Faire, sur la carte muette politique de la Chine, la carte physique et politique de l'Empire Chinois.

Faire, sur la carte muette physique et politique, la carte politique de l'Asie.

Exemple d'un devoir récapitulatif sous forme de voyage, à rédiger par l'élève. — *Voyage de Marseille à Saïgon*. — On traverse toute la Méditerranée en naviguant vers le sud-est et en passant par les Bouches de Bonifacio, entre la Corse et la Sardaigne, la mer Tyrrhénienne, le phare de Messine, entre l'Italie et la Sicile, la mer Ionienne, la Méditerranée, au sud de l'île de Crète.

On traverse le canal de Suez, creusé par un Français pour établir une communication maritime entre la Méditerranée et les mers de l'Orient. Puis on longe, entre l'Arabie et l'Afrique, toute la mer Rouge dont on sort par le détroit dit Bab-el-Mandeb. On traverse la mer d'Oman, en naviguant dans l'océan Indien; on passe au sud du cap Comorin et de l'île de Ceylan qui, avec tout l'empire très peuplé des Indes, appartient à l'Angleterre. On franchit le détroit de Malacca entre l'Indo-Chine et Sumatra, île de l'Océanie, en doublant le cap R(?)mania, extrémité de l'Indo-Chine, et en s'arrêtant à Singapore, colonie anglaise.

On navigue ensuite vers le nord-est dans la mer de la Chine et on atteint les bouches du Cambodge qui font partie de la Cochinchine française. On remonte le Donnaï et la rivière de Saïgon, et on arrive à la ville de Saïgon, chef-lieu de la colonie française de la Cochinchine.

INTERROGATIONS SUR LA CARTE MUETTE D'ASIE.

Méthode. — La carte muette d'Asie est à la même échelle que la carte écrite de l'Asie, celle de 1/60,000,000ᵉ, soit 1 mill. pour 60 kil.

Les élèves doivent avoir déjà une certaine idée de la grandeur relative des parties du monde, puisqu'ils l'ont apprise en étudiant la Terre et que ce rapport leur est indiqué par une figure à la page 9. Néanmoins le maître fera bien d'insister encore, en commentant ces mots : *elle a plus de quatre fois la superficie de l'Europe.* Pour cela, il montrera sur la carte d'Asie la partie de l'Europe qui y est représentée, en rappelant que la projection déforme cette partie du monde. Il montrera aussi sur le globe le rapport de grandeur et de position de l'Asie avec l'Europe. Dans un coin de la carte se trouve une petite carte de France qui aidera le maître à faire comprendre et les élèves à saisir ce rapport de grandeur.

Le maître peut enseigner à ses élèves le moyen de dresser une carte d'Asie ou tout au moins de retenir dans leur mémoire la forme générale des contours de l'Asie à l'aide d'une construction géométrique. En traçant une ligne droite, presque horizontale, du fleuve Kara au cap Oriental, on a la direction générale de la côte septentrionale, telle qu'elle résulte de la projection adoptée pour dresser cette carte. La ligne des côtes se maintient presque partout au nord de cette droite, surtout dans la région du cap Tchéliouskin ; une ligne verticale, moitié moins longue que la précédente, du cap Oriental au cap Daï-ho, puis une autre ligne, à peu près longue comme la première et légèrement inclinée vers l'ouest, du cap Daï-ho au cap Romania, marquent la disposition générale des côtes orientales. Une ligne un peu plus longue, orientée vers l'ouest-nord-ouest, du cap Romania au Bab-el-Mandeb, indique la position des pointes des péninsules méridionales. A l'ouest deux lignes, l'une presque verticale, allant du Bab-el-Mandeb à Samos, l'autre inclinée vers le nord-est, allant de Samos au fleuve Kara, enveloppent à peu près les limites occidentales de l'Asie. En traçant d'abord un grand triangle dont le cap Oriental, le cap Romania et Samos marqueraient les sommets, on dessinerait plus facilement l'hexagone dont les côtés se rapportent deux à deux sur les côtés du triangle.

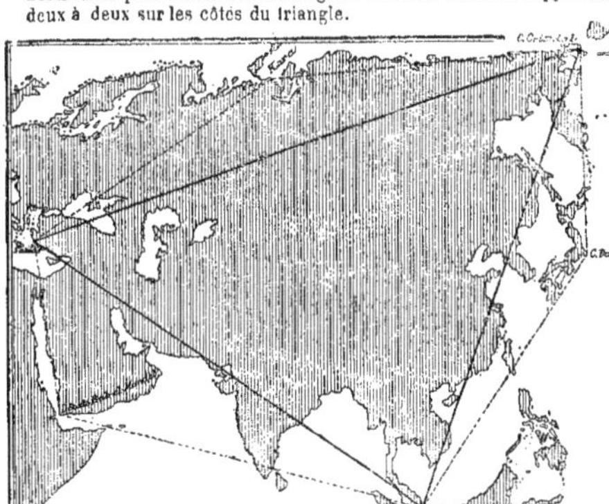

Tracé géométrique de la carte d'Asie.
(La partie ombrée représente les terres.)

Questionnaire. — 27ᵉ et 28ᵉ **leçons.** — D. Qu'est-ce que l'Asie? — R. *C'est une portion de l'ancien continent et une des cinq parties du monde.*

D. Jusqu'où s'étend-elle au nord et au sud? — R. *Au delà du cercle polaire au nord et presque jusqu'à l'équateur au sud.*

D. Est-elle grande et peuplée? — R. *Oui; elle est plus de quatre fois plus grande que l'Europe.*

D. A-t-elle une population plus considérable que celle de l'Europe? — R. *Oui; l'Asie a une population plus que double de celle de l'Europe, puisque l'Europe a environ 330 millions d'habitants.*

D. Que savez-vous de la côte septentrionale? — R. *La côte septentrionale est la côte de Sibérie. Elle est baignée par l'océan Glacial. Elle est presque entièrement déserte à cause de la rigueur du froid. On y trouve la presqu'île de Taimour, terminée par le cap Tchéliouskin et l'archipel de la Nouvelle-Sibérie.*

D. Où est le cap Oriental? — R. *A l'extrémité nord-est de l'Asie.*

D. Quelles sont les mers formées par le Grand Océan sur la côte d'Asie? — R. *La mer de Béring, la mer d'Okhotsk, la mer du Japon, la mer Orientale, la mer de la Chine.*

D. Quelles sont les principales îles? — R. *Les Kouriles, les îles Japonaises, Formose, Haï-nan.*

D. Quels sont les principaux détroits de l'Asie? — R. *Le détroit de Béring entre l'océan Glacial et le Grand Océan, le détroit de Malacca entre le Grand Océan et l'océan Indien, le détroit d'Ormuz par lequel on pénètre dans le golfe Persique, le détroit dit Bab-el-Mandeb à l'entrée de la mer Rouge.*

D. N'y a-t-il pas entre l'Europe et l'Asie d'autres détroits que vous avez appris en étudiant l'Europe? — R. *Oui, le détroit des Dardanelles.*

D. Par quoi sont formées les limites continentales de l'Europe et de l'Asie? — R. *Par la chaîne du Caucase, le fleuve Oural, les monts Ourals.*

D. Où est située l'île de Ceylan? — R. *Au sud de l'Inde.*

D. Qu'est-ce qu'a de plus remarquable le relief de l'Asie? — R. *C'est que toute la partie centrale est occupée par le Grand massif central qui est la plus vaste étendue de hautes terres du globe terrestre et qui est terminée au sud par l'Himalaya, la plus haute chaîne de montagnes du globe terrestre.*

D. Quel est le plus élevé des grands plateaux du Grand massif central? — R. *C'est le Tibet.*

D. N'y a-t-il pas encore un autre grand plateau très élevé? — R. *Oui, le plateau de Pamir que borne à l'ouest le Grand massif central.*

D. Où sont les Thian-chan? — R. *Sur la limite occidentale du Grand massif central.*

D. Quelle est la plus haute montagne de l'Asie? — R. *Le Gaurisankar.*

D. Pourquoi le Gaurisankar est-il représenté couvert de neige, quoiqu'il soit dans une région voisine du tropique? — R. *Parce qu'il est très élevé et que sous tous les climats il fait d'autant plus froid qu'on s'élève davantage.*

D. Quels grands plateaux trouve-t-on à l'ouest du Grand massif central? — R. *Le plateau de l'Iran et le plateau d'Asie Mineure.*

D. N'y a-t-il pas entre ces deux plateaux un massif montagneux qui semble les unir? — R. *Oui, il y a les monts d'Arménie.*

D. Quelle est la plus haute montagne? — R. *Le mont Ararat.*

D. Où sont les plus grandes plaines de l'Asie? — R. *Dans le Bas-Turkestan et dans la Sibérie occidentale.*

D. Quel est le principal affluent de l'Ob? — R. *L'Irtych.*

D. Par où s'écoule le trop-plein du lac Baïkal? — *Par la Tongouska supérieure, affluent de l'Iénisséi.*

D. Pourquoi les fleuves tributaires de l'océan Glacial n'ont-ils pas une importance commerciale proportionnelle à leur étendue? — R. *Parce qu'ils parcourent des régions froides, en grande partie désertes et qu'ils débouchent dans un océan où les glaces rendent la navigation très difficile.*

D. En est-il de même des fleuves de la Chine? — R. *Non; les fleuves de la Chine ont leur cours et leur embouchure dans la zone tempérée; ils arrosent des régions très cultivées et très peuplées.*

D. Quel est le plus important? — R. *C'est le Yang-tsé-kiang.*

D. Quels sont les fleuves de l'Asie tributaires de l'océan Indien? — R. *Le Salouen et l'Iraouady en Indo-Chine, le Brahmapoutra, le Gange, le Godavéry, la Nerbudda dans l'Inde, l'Euphrate et le Tigre dans l'Empire ottoman.*

D. Quels sont les principaux cours d'eau de l'Asie qui ne se jettent pas dans l'Océan? — R. *Le Tarim qui arrose le Turkestan oriental, l'Amou-Daria et le Sir-Daria qui se jettent dans le lac d'Aral, le Jourdain dans la mer Morte.*

29ᵉ leçon. — D. Quelles sont les contrées de l'Asie qui dépendent de l'Empire ottoman? — R. *L'Asie Mineure, la Syrie, des portions de l'Arabie.*

D. De quoi se compose le reste de l'Arabie? — R. *De déserts, de régions habitées par des nomades et de petits États, comme la sultanie de Mascate.*

D. Qu'est-ce que Smyrne? — R. *C'est le port de commerce le plus important de l'Asie Mineure.*

D. Qu'est-ce que la Mecque? — R. *C'est la ville sainte des musulmans : elle est située en Arabie.*

D. Quels sont les États ou contrées situés sur le plateau de l'Iran? — R. *La Perse, l'Afghanistan, le Béloutchistan.*

D. Quelle est la capitale de la Perse? — R. *Téhéran.*

D. A qui appartient l'Empire des Indes? — R. *A l'Angleterre.*

D. Par qui est administrée l'Inde? — R. *Par un gouverneur général.*

D. Où est le siège du gouvernement général des Indes? — R. *A Calcutta.*

D. Nommez et montrez sur la carte les autres grandes villes de l'Inde appartenant à l'Angleterre. — R. *Bombay, le port le plus commerçant, sur la côte occidentale, Madras sur la côte orientale, Delhi et Bénarès dans la vallée du Gange, Rangoun sur l'Iraouady, Pointe-de-Galle dans l'île de Ceylan.*

D. Quel est le chef-lieu des établissements français dans l'Inde? — R. *Pondichéry.*

D. La France n'a-t-elle pas en Asie d'autres possessions que celles de l'Inde? — R. *Oui; elle a la Cochinchine française, chef-lieu Saïgon.*

D. Qu'est-ce que Hong-kong? — R. *C'est une petite île située sur la côte de Chine, non loin de Canton; elle appartient à l'Angleterre.*

D. Nommez et montrez les tributaires de l'Empire chinois. — R. *La Mandchourie, la Mongolie, le Turkestan oriental, le Tibet.*

D. Ces pays tributaires sont-ils aussi peuplés que la Chine proprement dite? — R. *Non; la région du Grand massif central est très peu peuplée, et il y a beaucoup de déserts, tandis que la Chine proprement dite est très peuplée.*

D. Quelle est la capitale de la Chine? — *Pé-king.*

D. Qu'est-ce que Chang-haï? — R. *C'est le port où les Européens font le plus grand commerce avec la Chine.*

D. Nommez et montrez les autres ports principaux de la Chine. — R. *Tien-tsin, port sur le Pé-ho, Ning-po, Fou-tchéou, Amoy, Canton.*

D. Qu'est-ce que Han-kéou? — R. *C'est un grand entrepôt de commerce, situé dans l'intérieur des terres, sur le Yan-tsé-kiang.*

D. Quelles sont les principales îles du Japon? — R. *Nippon, Yéso, Sikok, Kiou-siou.*

D. Quelle est la capitale du Japon? — R. *To-kio, auparavant nommé Yé-do.*

D. Qu'est-ce que Yokohama? — R. *C'est le port du Japon le plus fréquenté par le commerce européen et américain.*

D. Qu'est-ce que la Sibérie? — R. *C'est une partie de l'Empire russe.*

D. Quelles en sont les villes principales? — R. *Tomsk, Tobolsk, Irkoutsk.*

D. La Russie n'a-t-elle pas d'autres possessions en Asie? — R. *Oui, elle possède le Bas-Turkestan et les provinces Caucasiennes.*

Devoirs. — Faire, sur la carte muette physique et politique, la carte physique de l'Asie.

Faire, sur la carte muette politique, la carte du relief du sol de l'Asie.

Faire, sur la carte muette politique de la Chine, la carte physique et politique de l'Empire chinois.

Faire, sur la carte muette physique et politique, la carte politique de l'Asie.

INTERROGATIONS SUR LA CARTE MUETTE D'AFRIQUE.

Méthode. — La carte muette d'Afrique est la reproduction, sans les noms, de la carte écrite; comme elle, elle est à l'échelle de 1/60,000,000ᵉ, soit 1 millimètre pour 60 kilomètres. Nous rappelons que cette échelle est la même pour les cinq cartes de parties du monde, Asie, Afrique, Océanie, Amérique du nord, Amérique du sud.

Le maître peut enseigner aux élèves à dresser une carte d'Afrique à l'aide d'un triangle dont le côté occidental, le plus grand, serait incliné du nord-ouest au sud-est, ayant pour sommets le détroit de Gibraltar, le cap des Aiguilles et le cap Guardafui. En élevant sur la moitié septentrionale du côté occidental un triangle presque équilatéral, on détermine par les sommets la position du détroit de Gibraltar, du cap Vert et du fond du golfe de Guinée. En élevant sur le côté nord-est un autre triangle, à peu près isocèle et très surbaissé, on a pour sommets le détroit de Gibraltar, l'ithme de Suez, le cap Guardafui. L'ensemble forme une figure irrégulière à six côtés, à l'aide de laquelle on peut dessiner le continent africain.

Trace géométrique de la carte d'Afrique.
(La partie ombrée représente les terres.)

Questionnaire. — **30ᵉ leçon.** — D. Combien de fois l'Afrique est-elle plus grande que l'Europe? — *Trois fois.*

D. Comment est-elle orientée relativement à l'Europe? — R. *Elle est au sud de l'Europe.*

D. Quelles sont les parties du monde qui font partie de l'ancien continent? — R. *l'Europe, l'Asie et l'Afrique.*

D. Par quoi l'Afrique est-elle séparée de l'Europe? — R. *Par la mer Méditerranée et le détroit de Gibraltar.*

D. Montrez sur la carte l'isthme de Suez. — R...

D. Quels sont les golfes de la Méditerranée sur la côte d'Afrique? — R. *Le golfe de Gabès et le golfe de la Sidre.*

D. Quels océans baignent l'Afrique? — R. *L'océan Atlantique et l'océan Indien.*

D. Quels caps faut-il doubler pour passer de l'océan Atlantique dans l'océan Indien en tournant l'Afrique par le sud? — R. *Le cap de Bonne-Espérance et le cap des Aiguilles.*

D. Où est situé le golfe de Guinée? — R. *A l'ouest de l'Afrique, dans l'océan Atlantique.*

D. Quels sont les principaux caps de la côte occidentale de l'Afrique? — R. *Le cap Blanc, le cap Vert, le cap des Palmes, le cap Frio, le cap de Bonne-Espérance, le cap des Aiguilles.*

D. Qu'est-ce qui a découvert le cap de Bonne-Espérance et à quelle époque? — R. *C'est le Portugais Barthélemy Diaz, en 1486.*

D. Quelle est la plus grande île de l'Afrique? — R. *Madagascar.*

D. Où est situé le cap Guardafui? — R. *A l'est de l'Afrique, dans l'océan Indien.*

D. Quels sont les mers et détroits qui baignent la côte orientale de l'Afrique? — R. *La mer Rouge, le détroit dit Bab-el-Mandeb, l'océan Indien, le canal de Mozambique.*

D. Où est située l'île de Sainte-Hélène? — R. *Dans l'océan Atlantique.*

D. Montrez sur la carte les Canaries. — R..

D. Qu'est-ce que le Grand plateau austral? — R. *C'est un plateau qui occupe la plus grande partie de l'Afrique méridionale.*

D. Quelle est la plus haute montagne de l'Afrique? — R. *C'est le Kilima-Ndjaro.*

D. Où est située la chaîne Arabique? — R. *Entre le Nil et la mer Rouge.*

D. Qu'est-ce que le Sahara? — R. *Un désert. Il est composé de plaines arides, sans eau, de plateaux montagneux, de dunes de sable. On y trouve des oasis.*

D. Montrez et et faites connaître l'Atlas. — R. *L'Atlas est au nord-ouest du Sahara; c'est un plateau bordé de montagnes; au nord est la région fertile du Tell.*

D. D'où sort le Nil? — R. *Du lac dit Victoria-Nyanza qui est situé sous l'équateur.*

D. Quelle est la direction générale du cours du Nil? — R. *Du sud au nord.*

D. Quel est le principal affluent du Nil? — R. *Le Nil bleu.*

D. A quoi l'Égypte doit-elle sa fertilité? — R. *Aux débordements annuels du Nil qui fertilisent sa vallée.*

D. Nommez et montrez sur la carte muette les fleuves d'Afrique tributaires de l'océan Atlantique. — *Le Sénégal, la Gambie, le Djoliba ou Niger, l'Ogôoué, le Congo, le fleuve Orange.*

D. Nommez et montrez sur la carte muette les lacs de l'Afrique. — R. *Le lac Tchad dans le Soudan, le Victoria-Nyanza et le Mvoutan aux sources du Nil, le lac Tanganyika, le lac Nyassa dans le bassin du Zambèze, le lac Ngami sur le Plateau austral.*

31ᵉ leçon. — D. Qu'est-ce que l'Égypte? — R. *C'est un État situé au nord-est de l'Afrique dont le souverain est sous le protectorat de l'Angleterre.*

D. Qu'est-ce que comprend l'Egypte? — R. *Elle comprend l'Égypte proprement dite, la Nubie et une partie des contrées du Haut-Nil.*

D. Quelles sont les villes les plus importantes de l'Egypte? — R. *Le Caire qui est la capitale, Alexandrie qui est le port le plus commerçant de l'Afrique, Khartoum sur le haut Nil.*

D. Montrez Tripoli sur la carte et dites sur quelle mer est située cette ville. — R. *Sur la Méditerranée.*

D. Quelle est la position de la Tunisie relativement à la province de Tripoli? — R. *Elle est au nord-ouest.*

D. Sous quel protectorat est la Tunisie? — R. *Sous le protectorat de la France.*

D. Où est situé le Maroc relativement à l'Algérie? — R. *A l'ouest.*

D. Par quoi la Tunisie, l'Algérie et le Maroc sont-ils bordés au sud? — R. *Par le Sahara.*

D. Par qui est habité le Soudan? — R. *Par des populations de nègres; ils sont groupés en États ou vivent en tribus isolées.*

D. Quel est le fleuve qui arrose le Soudan? — R. *Le Niger.*

D. Quelle région faut-il traverser pour aller de l'Algérie au Soudan? — R. *Il faut traverser le Sahara.*

D. Qu'est-ce que la république de Libéria? — R. *Un des principaux États indigènes de l'Afrique occidentale.*

D. Nommez et montrez sur la carte muette les principales possessions de la France en Afrique. — R. *L'Algérie sur la Méditerranée, le Sénégal dans l'océan Atlantique, la Réunion et Mayotte dans l'océan Indien.*

D. Y a-t-il d'autres établissements français moins importants que vous avez vus en apprenant les colonies françaises? — R. *Oui; il y a d'abord Gorée, Dakar et Rufisque qui sont au sud du Sénégal et qui en dépendent. Il y a ensuite Assinie, le grand Bassam sur la côte de Guinée, le Gabon plus au sud. Dans l'océan Indien, il y a Nossi-Bé près de Mayotte et l'île Sainte-Marie de Madagascar.*

D. Pouvez-vous montrer sur la carte muette où sont situées ces possessions? — R...

D. Montrez sur la carte muette les principales possessions du Portugal. — R...

D. Quelles sont les colonies de l'Angleterre en Afrique? — R. *Les établissements sur la côte de Gambie et de Guinée dont Bathurst et Sierra Leone sont les principaux, les îles de l'Ascension et de Sainte-Hélène, l'importante colonie du Cap, l'île Maurice.*

D. Où est situé l'Etat libre d'Orange? — R. *Au sud de l'Afrique et au nord des possessions anglaises du Cap.*

D. Quelle route suivra un bâtiment partant de Marseille pour se rendre à la Réunion par le détroit de Gibraltar? — R. *Il peut naviguer vers le sud-ouest dans la Méditerranée, traverser le détroit de Gibraltar, longer la côte nord-ouest de l'Afrique dans l'océan Atlantique, en passant à une certaine distance des Canaries, du cap Blanc, de la colonie française du Sénégal, du cap Vert et des îles du cap Vert, des établissements anglais de la Guinée, de la république de Libéria, traverser le golfe de Guinée, passer devant le cap Frio, et la colonie du Cap, doubler le cap de Bonne-Espérance et traverser l'océan Indien en passant au sud de Madagascar.*

D. Peut-il suivre une route plus courte et depuis quand peut-il la suivre? — R. *Il peut suivre une route plus courte depuis que le canal de Suez a été creusé. Il doit dans ce cas naviguer vers le sud-est dans la Méditerranée, passer le canal de Suez, franchir toute la mer Rouge, traverser le Bab-el-Mandeb, doubler le cap Guardafui, et se rendre directement par l'océan Indien à la Réunion en passant à l'est de Madagascar.*

Devoirs. — Faire la carte physique de l'Afrique à l'aide de la carte muette portant les divisions politiques.

Sur la même carte muette, écrire les noms de la géographie politique.

Tracer, sur la carte muette physique, les principales divisions politiques de l'Afrique et écrire les noms.

Faire, sans l'aide de carte muette, la carte physique et politique de la région arrosée par le Nil.

AFRIQUE

Méthode Cartographique de E. Levasseur.

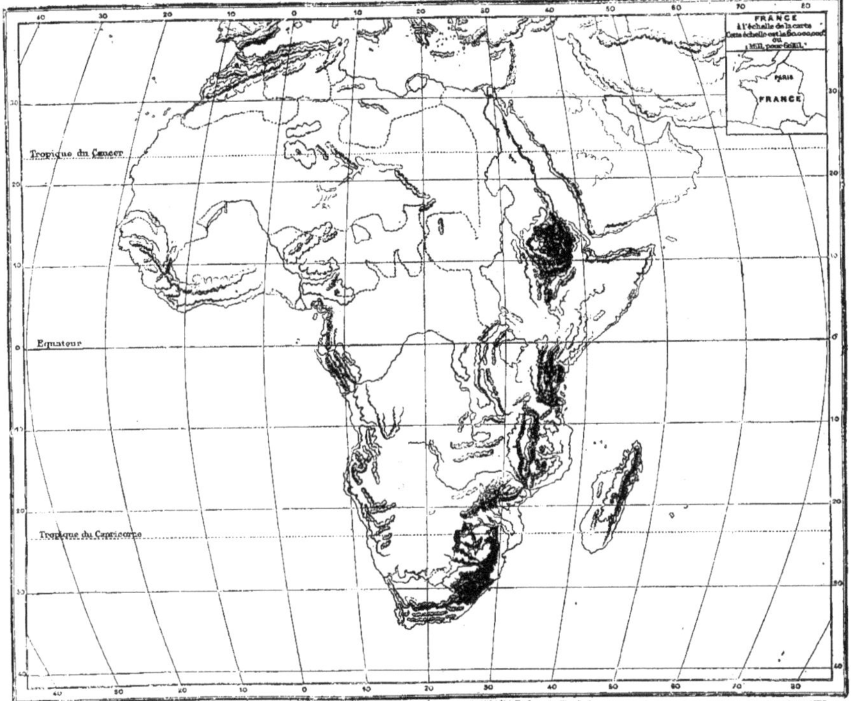

HÉLIOGRAVURE MICHELET, 76, rue de Rennes. ECHELLE 1 : 60000000 ou 1 Millimètre pour 60 Kilomètres. 0 500 1000 3000 Kil. Librairie CH. DELAGRAVE, 15 rue Soufflot, Paris

Carte muette pour l'étude de l'Afrique.

QUESTIONNAIRE.

30ᵉ **leçon.** — Combien de fois l'Afrique est-elle plus grande que l'Europe? — Comment est-elle orientée relativement à l'Europe? — Quelles sont les parties du monde qui font partie de l'ancien continent? — Par quoi l'Afrique est-elle séparée de l'Europe? — Montrez sur la carte l'isthme de Suez. — Quels sont les golfes de la Méditerranée sur la côte d'Afrique? — Quels océans baignent l'Afrique? — Quels caps faut-il doubler pour passer de l'océan Atlantique dans l'océan Indien en tournant l'Afrique par le sud? — Où est situé le golfe de Guinée? — Quels sont les principaux caps de la côte occidentale de l'Afrique? — Qu'est-ce qui a découvert le cap de Bonne-Espérance et à quelle époque? — Quelle est le plus grande île de l'Afrique? — Où est situé le cap Guardafui? — Quels sont les mers et détroits qui baignent la côte orientale de l'Afrique? — Où est située l'île de Sainte-Hélène? — Montrez sur la carte les Canaries. — Qu'est-ce que le Grand plateau austral? — Quelle est la plus haute montagne de l'Afrique? — Montrez le Kilima-Ndjaro sur la carte. — Où est située la chaîne Arabique? — Qu'est-ce que le Sahara? — Montrez et faites connaître l'Atlas. — D'où sort le Nil? — Quelle est la direction générale du cours du Nil? — Quel est le principal affluent du Nil? — A quoi l'Egypte doit-elle sa fertilité? — Nommez et montrez sur la carte muette les fleuves d'Afrique tributaires de l'océan Atlantique. — Nommez et montrez sur la carte muette les lacs de l'Afrique.

31ᵉ **leçon.** — Qu'est-ce que l'Egypte? — Qu'est-ce que comprend l'Egypte? — Quelles sont les villes les plus importantes de l'Egypte? — Montrez Tripoli sur la carte et dites sur quelle mer est située cette ville. — Quelle est la position de la Tunisie relativement à la province de Tripoli? — Où est situé le Maroc relativement à l'Algérie. — Par quoi la Tunisie, l'Algérie et le Maroc sont-ils bordés au sud? — Par qui est habité le Soudan? — Quel est le fleuve qui arrose le Soudan? — Quelle région faut-il traverser pour aller de l'Algérie au Soudan? — Qu'est-ce que la république de Libéria? — Nommez et montrez sur la carte muette les principales possessions de la France en Afrique. — Y a-t-il d'autres établissements français moins importants que vous avez vus en apprenant les colonies françaises? — Pouvez-vous montrer sur la carte muette où sont situées ces possessions? — Montrez sur la carte muette les principales possessions du Portugal. — Quelles sont les colonies de l'Angleterre en Afrique? — Où est situé l'Etat libre d'Orange? — Quelle route suivra un bâtiment partant de Marseille pour se rendre à la Réunion par le détroit de Gibraltar? — Peut-il suivre une route plus courte et depuis quand peut-il la suivre?

Devoirs. — Faire la carte physique de l'Afrique à l'aide de la carte muette portant les divisions politiques.

Sur la même carte muette, écrire les noms de la géographie politique.

Tracer, sur la carte muette physique, les principales divisions politiques et écrire les noms.

Faire, sans l'aide d'une carte muette, la carte physique et politique de la région arrosée par le Nil.

Devoirs supplémentaires et récapitulatifs, sous forme de voyage. — (Voir les deux exemples de voyages de ce genre, pages 14 et 10. — Nota. — Si l'élève a, par quelque lecture ou par la leçon de son maître, appris plus que ne contient le texte de l'Atlas-Scolaire, il devra s'efforcer de donner à sa rédaction plus de développements, de manière à bien montrer ce qu'il sait). — Voyage par mer, le long des côtes, de Saint-Pétersbourg à Lisbonne. — Faire, par mer et par terre, le tour du monde en partant du Havre, en traversant l'Amérique de New-York à San-Francisco et naviguant de là jusqu'à Marseille par le canal de Suez. — Aller par terre de Québec à Mexico. — Faire par terre et par le canal de Suez le tour de l'Afrique. — Traverser l'Afrique de Zanzibar à Saint-Louis du Sénégal. — Aller de Saint-Pétersbourg à Pé-king par terre. — Chaque élève rendra compte d'une des dernières promenades faites par lui à la campagne et dira quelles observations et réflexions géographiques elle lui a suggérées.

VIII. L'AFRIQUE

CONTOURS ET CÔTES.

(Voir la carte n° 12)

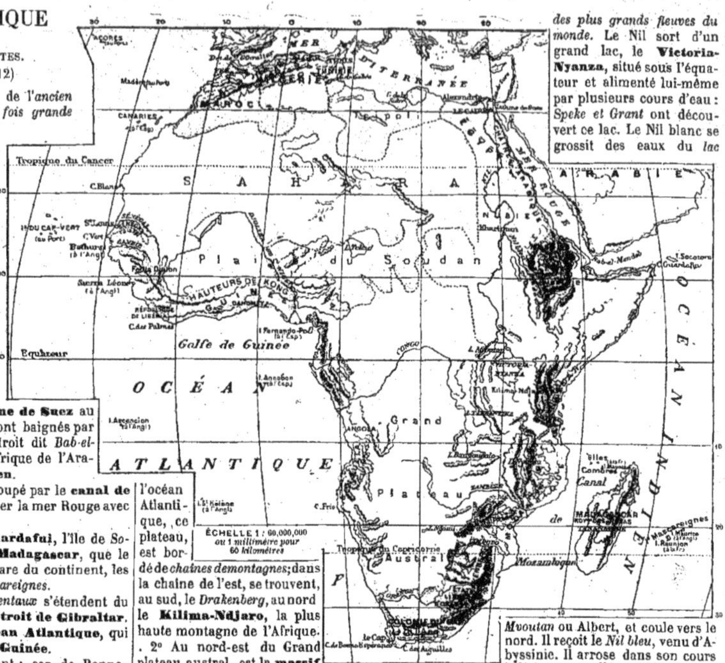

N° 12. — Carte d'Afrique.

L'Afrique fait partie de l'*ancien continent*. Elle est *trois fois grande comme l'Europe*.

1° Le *côté septentrional* de l'Afrique s'étend de l'**isthme de Suez**, qui rattache l'Afrique à l'Asie, jusqu'au **détroit de Gibraltar**, qui la sépare de l'Europe. Il est baigné par la **mer Méditerranée**, qui forme le *golfe de la Sidre* et le *golfe de Gabès*. Le *cap Bon* est le principal promontoire. A l'est du cap Bon la côte est généralement aride ; le pays est montagneux, mais plus fertile à l'ouest.

2° Les deux *côtés orientaux* s'étendent de l'**isthme de Suez** au **cap des Aiguilles**. Ils sont baignés par la **mer Rouge** et le détroit dit *Bab-el-Mandeb*, qui séparent l'Afrique de l'Arabie, et par l'**océan Indien**.

L'isthme de Suez est coupé par le **canal de Suez** qui fait communiquer la mer Rouge avec la Méditerranée.

On y trouve le **cap Guardafui**, l'île de *Socotora*, la grande île de **Madagascar**, que le *canal de Mozambique* sépare du continent, les *îles Comores*, les *îles Mascareignes*.

3° Les trois *côtés occidentaux* s'étendent du **cap des Aiguilles** au **détroit de Gibraltar**. Ils sont baignés par l'**océan Atlantique**, qui forme le grand **golfe de Guinée**.

Les principaux caps sont : cap de Bonne-Espérance, *cap Frio*, *cap des Palmes*, *cap Vert*, *cap Blanc*. Le **cap de Bonne-Espérance**, voisin du cap des Aiguilles, fut découvert vers la fin du quinzième siècle (en 1486) par *Barthélemy Diaz* et doublé par *Vasco de Gama*, qui découvrirent ainsi la route maritime des Indes.

Les îles principales sont : *Fernando-Po* et *Annobon*, dans le golfe de Guinée ; *Sainte-Hélène* et l'*Ascension*, les *îles du Cap-Vert*, les *Canaries*, *Madère*, les *Açores*, dans l'Atlantique.

RELIEF DU SOL.

1° Le sud de l'Afrique, depuis le cap de Bonne-Espérance jusque vers le 10e degré de latitude australe, est un vaste plateau de forme triangulaire. On le nomme **Grand plateau austral**. Ce plateau, où a voyagé *Livingstone*, est encore imparfaitement connu. La *plaine du Congo* et à l'est, sous l'équateur, le Victoria-Nyanza en marquent l'extrémité septentrionale. A l'est et à l'ouest, près de l'océan Indien et de l'océan Atlantique, ce plateau, est bordé de *chaînes de montagnes*; dans la chaîne de l'est, se trouvent, au sud, le *Drakenberg*, au nord le **Kilima-Ndjaro**, la plus haute montagne de l'Afrique.

2° Au nord-est du Grand plateau austral, est le **massif d'Abyssinie**. Il forme lui-même un plateau très élevé, surmonté de hautes montagnes. La *chaîne Arabique*, qui s'y rattache, s'étend entre le Nil et la mer Rouge.

3° Au nord-ouest du Grand plateau austral, sont les *hauteurs de Kong* et le massif de *Fouta-Djalon*.

4° Entre l'Abyssinie et le Fouta-Djalon, sont des déserts avec des oasis à l'est et la fertile **plaine du Soudan** au centre et à l'ouest.

5° Au nord du Soudan, est un désert presque aussi grand que l'Europe entière, le **Sahara**, composé de plaines arides, sans eau, de plateaux montagneux et en partie couvert de dunes de sable. On y trouve çà et là des oasis. On ne le traverse qu'en caravanes.

6° Au nord-ouest du Sahara est l'**Atlas** ; c'est un massif composé d'un haut plateau bordé de montagnes ; il se termine au nord par le *Tell*, région fertile.

COURS D'EAU ET LACS.

1° La *Méditerranée* reçoit les eaux du **Nil**, *un des plus grands fleuves du monde*. Le Nil sort d'un grand lac, le **Victoria-Nyanza**, situé sous l'équateur et alimenté lui-même par plusieurs cours d'eau : *Speke et Grant* ont découvert ce lac. Le Nil blanc se grossit des eaux du *lac Mvoutan* ou Albert, et coule vers le nord. Il reçoit le *Nil bleu*, venu d'Abyssinie. Il arrose dans son cours inférieur une vallée qu'il fertilise en l'inondant chaque année par ses débordements ; cette vallée est l'*Égypte*.

2° L'*océan Atlantique* reçoit de nombreux cours d'eau : *Sénégal*; *Gambie*; **Djoliba** ou *Niger*; *Ogôoué*; **Congo**, qui sert d'écoulement à une partie des lacs de l'Afrique australe, entre autres au *lac Bangouéolo*; *fleuve Orange*.

3° L'océan Indien reçoit le *Limpopo* et le **Zambèze**, grossi des eaux du *lac Nyassa*.

4° Parmi les autres lacs du Grand plateau austral, on remarque encore les lacs **Tanganyika** et *Ngami*.

5° Dans le Soudan, le **lac Tchad** est sans communication avec l'Océan.

ÉTATS, COLONIES ET VILLES.

1° L'Afrique septentrionale compte trois États, une province turque et une possession française (Algérie) :

L'**Égypte**, dont le souverain est sous la protection de l'Angleterre. Cet État comprend non-seulement l'*Égypte* proprement dite, mais la *Nubie* et une partie des contrées du *Haut Nil* jusque vers l'équateur.

Animaux et plantes de l'Afrique.

Sahara.

AFRIQUE.

Méthode et commentaire. — La carte d'Afrique est à l'échelle du 60,000,000°, soit 1 millimètre 60 kilomètres.

Géographie physique. — I. Le maître ne manquera pas de faire remarquer l'importance du canal de Suez qui a changé les routes commerciales de l'Orient. Il trouvera le commentaire de cette partie de sa leçon dans la 4° lecture : *Les canaux maritimes des deux isthmes* (page 8).

On dit souvent détroit de Bab-el-Mandeb ; il vaut mieux dire le Bab-el-Mandeb, Bab signifiant en arabe « porte » et par conséquent passage ou détroit ; Bab-el-Mandeb signifie Porte de la mort.

Le Sahara est un des aspects les plus caractéristiques de l'Afrique septentrionale. C'est un désert : c'est ainsi que le maître doit d'abord le définir. La cause est la sécheresse excessive du climat ; la pluie est partout rare dans le Sahara, extrêmement rare dans certaines parties, et la terre, manquant d'humidité, reste stérile. Le Sahara n'est cependant pas partout un désert sablonneux ; ceux qui ont prétendu que, même dans les régions sablonneuses, les caravanes étaient souvent englouties sous les tourbillons de sable soulevés par les vents, ont beaucoup exagéré.

De très vastes étendues en effet sont couvertes de dunes de sables, alignées à peu près toutes dans la même direction ; mais il y a aussi de très vastes étendues de terrains rocheux ou calcaires ; et on trouve, dans les fonds et dans les vallées de quelques régions élevées, des sources, des oasis, des cultures, des populations établies à poste fixe. Dans la saison la plus favorable de l'année, certaines parties de la plaine se couvrent d'herbe que pâturent les animaux.

Cependant la plus grande partie du Sahara est ou entièrement inhabitable ou propre seulement à la vie nomade qu'y mènent les Touaregs et les autres tribus de pasteurs qui vivent dans le désert. Ce qui est vrai, c'est qu'on est exposé à périr de faim et plus encore de soif quand on voyage dans ces vastes espaces sans habitants, sans rivières, sans sources. Aussi ne traverse-t-on le désert qu'en formant des caravanes et en prenant des guides indigènes connaissant les lieux où se trouvent des puits ; on fait quelquefois plusieurs journées de marche, même par les routes les plus suivies, sans rencontrer un de ces puits. Pour donner une idée des oasis du Sahara, le maître pourra recourir à la lecture : *L'oasis de Biskra* (page 34).

Le relief du sol de l'Afrique au sud de l'équateur est encore imparfaitement connu, malgré les nombreux et instructifs voyages qui ont été faits dans cette région depuis un demi-siècle. Le maître citera surtout les noms de Livingstone, de Cameron, de Stanley.

Le texte de l'Atlas-scolaire, *Algérie* (page 34), suffira pour les indications supplémentaires relatives à la chaîne de l'Atlas. Nous donnons pour l'Afrique une carte hypsométrique analogue à celle que nous avons donnée pour l'Asie. Il est bon cependant de faire observer que l'intérieur de l'Afrique étant encore peu connu, une notable partie des courbes qui déterminent l'hypsométrie est purement hypothétique ou n'est fondée que sur un très petit nombre d'observations.

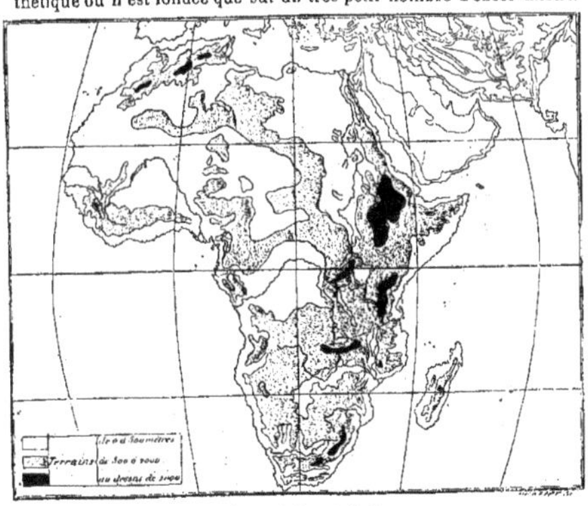

Carte hypsométrique de l'Afrique.

II. En parlant des fleuves de l'Afrique australe, le maître pourra dire que les deux principaux étaient inconnus ou n'étaient connus que d'après des traditions incertaines des Arabes et des Portugais jusqu'au milieu du dix-neuvième siècle. C'est l'Écossais Livingstone qui a reconnu, de 1852 à 1873, le cours du Zambèze sur le Plateau austral et découvert plusieurs lacs et une partie du cours du Congo ; c'est l'Américain Stanley qui a descendu, en 1877, le Congo depuis le point où s'était arrêté Livingstone jusqu'à son embouchure.

III. Voici la liste des animaux et des plantes de l'Afrique représentés sur la figure de l'Atlas-scolaire et sur lesquels le maître aura quelques explications à donner.

1. *Lion.* — Le lion, qui est le plus fort des animaux féroces de race féline ; il est long de près de 2 mètres et haut de 1m, 20. Il se trouve en Asie et en Afrique. En Afrique, on rencontre des lions de diverses espèces, mais en petit nombre depuis l'Atlas jusqu'à la Colonie du Cap.

2. *Hyène.* — La hyène est un animal carnassier. Elle ne sort que la nuit, vit principalement de charogne et n'attaque presque jamais l'homme et les gros animaux, à moins qu'elle ne soit blessée.

3. *Zèbre.* — Le zèbre est un animal qui a à peu près la forme et la grosseur du mulet, mais qui se distingue tout d'abord par son beau pelage rayé. On en fait très difficilement un animal domestique. Il se trouve surtout dans l'Afrique australe.

4. *Gazelles.* — Les gazelles, qui appartiennent au genre antilope et qui comprennent un grand nombre d'espèces, ressemblent au chevreuil. Ce sont des animaux herbivores, timides, très légers à la course, qui vivent en troupes dans presque toute l'Afrique, surtout dans le Sahara et sur le Grand plateau austral.

5. *Girafe.* — La girafe, munie de très hautes jambes, surtout par devant, et d'un très long cou, atteint 7 mètres et est le plus grand des animaux ; elle a un beau pelage moucheté de taches couleur café au lait. C'est un herbivore qui vit dans les plaines de l'Afrique équatoriale.

6. *Dromadaire.* — Le dromadaire est le chameau à une bosse. Il est un peu plus petit, mais il est plus léger que le chameau à deux bosses. C'est l'animal le plus employé comme bête de somme dans tout le nord de l'Afrique jusqu'au Soudan. C'est par des caravanes de dromadaires que se fait le commerce du Sahara.

7. *Eléphant.* — L'éléphant d'Afrique est plus petit dans le centre, plus grand dans le sud que l'éléphant d'Asie. On ne le trouve pas à l'état domestique. Il vit dans les grandes plaines herbeuses du haut Nil, du bassin du Congo et du Grand plateau austral.

8. *Rhinocéros.* — Le rhinocéros, dont le nom signifie en grec « corne sur le nez », est du genre des pachydermes, lesquels doivent ce nom à l'épaisseur de leur peau. Le rhinocéros d'Afrique a une double corne. Quoique plus petit que l'éléphant, il lutte le plus souvent avec avantage contre lui en lui enfonçant sa corne dans le ventre.

9. *Hippopotame.* — L'hippopotame est aussi un pachyderme ; son nom veut dire cheval des fleuves, quoiqu'il ne ressemble pas au cheval. On trouve un grand nombre d'hippopotames dans les cours d'eau et les marais de la région tropicale et de l'Afrique australe.

10. *Crocodile.* — Les crocodiles, qui sont les plus gros des sauriens, se trouvent également en très grand nombre dans presque tous les cours d'eau de la région tropicale. Comme ce sont des animaux carnivores, ils sont plus redoutables pour les hommes que les hippopotames.

11. *Naja-hagé.* — Le Naja-hagé ou aspic est un des serpents les plus venimeux ; il se distingue par le renflement du cou.

12. *Dattier.* — Le palmier-dattier est un palmier qui atteint 15 et même 20 mètres. Les dattes poussent en grosses grappes, dites régimes, vers le sommet de l'arbre qui est garni d'un panache de grandes feuilles. Les dattiers poussent surtout dans les oasis du Sahara (voir lecture p. 34).

13. *Bananier.* — Le bananier ou *musa paridisiaca*, dit aussi figuier d'Adam, est une plante herbacée qui est munie de très longues feuilles et qui porte tous les ans un régime de bananes. C'est une des cultures les faciles et les plus productives. Les bananes sont de qualités diverses ; les plus communes rappellent le goût d'une pomme de terre douce et constituent un des principaux aliments des nègres de la zone tropicale.

14. *Papyrus.* — Le papyrus est une plante herbacée, de 2 à 3 mètres, à tige triangulaire vers le sommet, terminée par un élégant panache de feuilles. Il pousse dans les endroits humides, surtout dans la région du Nil. Dans l'antiquité, les Egyptiens faisaient avec la moelle du papyrus des feuilles qui servaient au même usage que le papier, alors inconnu.

15. *Aloès.* — L'aloès est une plante grasse, dont les feuilles charnues, disposées à peu près comme les feuilles d'un chou, sont terminées par des piquants. Avec les fibres de l'aloès on fabrique des cordes et du papier.

16. *Figuier de Barbarie.* — Le figuier de Barbarie est un cactus composé de feuilles ovales, charnues, épineuses, qui atteint plusieurs mètres de hauteur et qui sert en Algérie à faire des haies. Ses fruits, dits figues de Barbarie, parce qu'il sont une certaine ressemblance comme goût avec les figues, sont très communs dans la région de l'Atlas.

Lectures. — 19° LECTURE. — *Le Nil.* — « Les sources du Nil sont restées un mystère jusqu'en 1858 et même 1861, époque où deux anglais, Speke et Grant, ont découvert, au sud de l'équateur, un grand lac, qu'ils ont nommé Victoria-Nyanza, c'est-à-dire lac Victoria, en l'honneur de la reine d'Angleterre. C'est de ce vaste réservoir, situé sur un plateau à un millier de mètres au-dessus du niveau de la mer et alimenté par de nombreux cours d'eau, que sort le fleuve. Le Nil descend du plateau vers le nord en formant une suite de cascades et en se grossissant de toutes les rivières par lesquelles s'écoulent les pluies abondantes de cette région tropicale. »

« Bien avant son entrée en Égypte, le Nil ne reçoit plus d'affluents; il coule à travers un désert où il ne pleut jamais, et, comme il fait des pertes continuelles par l'évaporation, il n'a plus que six cents mètres de largeur au Caire, tandis qu'à Syène, à son entrée en Égypte, il en a le double. »

« Les pluies abondantes qui tombent d'avril à octobre dans la région du haut Nil gonflent le fleuve. Vers le solstice d'été, la crue arrive à l'endroit où l'encaissement de la vallée s'élargit, c'est-à-dire à l'endroit où commence l'Égypte; les eaux s'épandent; elles montent jusqu'à l'équinoxe d'automne et présentent sur toute l'étendue de la vallée l'aspect d'une inondation d'eau rougie par les particules de sable et de granit qu'elles charrient. Après l'équinoxe, le fleuve décroît; il rentre dans son lit et, à la mi-mai, les eaux sont à leur niveau le plus bas. »

« C'est à cette inondation périodique, dont la hauteur moyenne est de sept mètres au Caire, que l'Egypte doit sa fertilité, on peut même dire son existence, puisque le sol cultivable de l'Egypte est uniquement composé du limon déposé par le Nil sur un fond de granit ou de calcaire; partout où l'eau ne parvient pas, il n'y a que le désert et, quand la crue du Nil est insuffisante, l'Egypte souffre de la disette. »

20e Lecture. — *Les découvertes des Portugais.* — « Dans l'antiquité et au moyen âge, les peuples européens n'ont connu que la partie septentrionale de l'Afrique : ils n'entretenaient de relations commerciales qu'avec l'Egypte, c'est-à-dire avec la vallée du Nil inférieur et avec la côte de la Méditerranée. Les Arabes eux-mêmes, qui avaient étendu les conquêtes de l'islamisme sur les États barbaresques et pénétré dans le Soudan par terre et jusqu'à Madagascar par mer, ne connaissaient pas la véritable forme de cette partie du monde. »

« C'est aux Portugais que revient l'honneur de l'avoir découverte. Après avoir chassé les Maures du Portugal, il les poursuivirent jusque sur la côte d'Afrique, et le goût des expéditions maritimes se développa chez eux. Il fut puissamment encouragé par l'infant don Henri. »

« Le commerce de l'Inde, dont on vantait beaucoup en Europe les richesses merveilleuses, était alors aux mains des Arabes qui en apportaient les produits par caravanes ou par la mer Rouge jusque dans les ports de la Méditerranée : là, des Vénitiens les achetaient pour les revendre en Italie et dans le reste de l'Europe. L'infant conçut l'espérance d'enrichir son pays des profits de ce commerce s'il parvenait à tourner l'Afrique par le sud et à ouvrir une route directe par mer vers l'Inde. »

« Il vécut assez longtemps pour jouir des premiers succès de ses compatriotes: la découverte de Madère en 1419, puis l'occupation des Açores et des Canaries que déjà des Dieppois et des Catalans avaient explorées, le passage du cap Bojador, longtemps regardé comme une limite infranchissable, enfin la découverte du golfe de Guinée dont le profond enfoncement faisait présager le succès définitif. »

« En 1486, l'infant Henri était mort et les navigateurs portugais étaient parvenus jusqu'au cap Frio, lorsque Barthélemy Diaz partit. Au delà du cap Frio, les vents et la tempête l'emportèrent au loin vers le sud. La tourmente passée, il fit voile vers le nord pour retrouver la terre; quand il l'eut touchée, il vit que la côte se dirigeait, non vers le sud-ouest comme dans l'océan Atlantique, mais vers le nord-est; il comprit qu'il avait doublé la pointe extrême du continent, et il voulut pousser plus avant vers l'orient. Son équipage, au bout de deux jours, refusa de le suivre. Diaz revint en longeant la côte, découvrit la pointe du continent et la nomma cap des Tourmentes. »

« Mais, à son retour, le roi de Portugal changea ce nom contre celui de cap de Bonne-Espérance, parce que cette découverte lui donnait l'espérance d'atteindre enfin le but que la persévérance des Portugais poursuivait depuis trois quarts de siècle. »

« Ce ne fut cependant que dix ans après, en 1497, qu'une flotte, commandée par Vasco de Gama et ayant à son bord le pilote de Barthélemy Diaz, doubla de nouveau ce cap et aborda l'année suivante aux Indes, dont les Portugais ne tardèrent pas à accaparer le commerce. »

INTERROGATIONS SUR LA CARTE MUETTE DE L'OCÉANIE.

Méthode. — La carte muette d'Océanie correspond à la carte écrite; elle est, comme elle, à l'échelle du 60,000,000e.

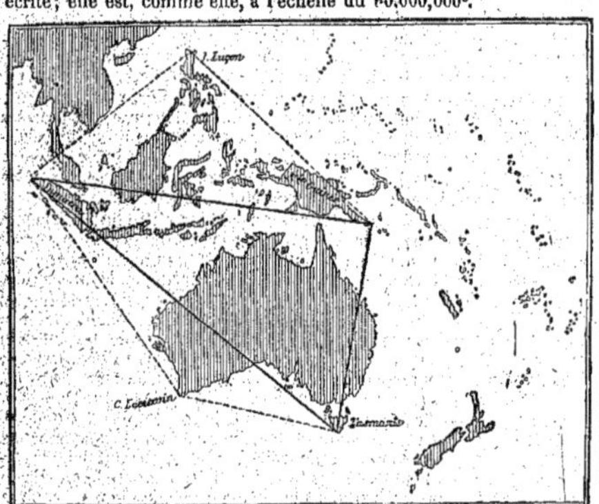

Tracé géométrique de la carte de l'Océanie occidentale.
(La partie ombrée représente les terres.)

Cette carte ne correspond qu'à la partie de l'Océanie représentée sur la carte écrite. Un triangle rectangle dont les extrémités seraient celles de Sumatra, de la Nouvelle-Guinée et de la Tasmanie, et sur lequel on éléverait deux autres triangles ayant pour sommets Luçon et le cap Leeuwin, peut aider à construire de mémoire une région dont le dessin est difficile à cause du grand nombre d'îles qui s'y trouvent.

Questionnaire. — **32e leçon.** — D. Pourquoi a-t-on donné à une partie du monde le nom d'Océanie? — R. *Parce qu'elle se compose de beaucoup d'îles disséminées dans l'Océan et d'un petit continent.*

D. En combien de parties la divise-t-on? — R. *En trois parties, Malaisie, Australasie, Polynésie.*

D. Quelles sont les principales mers qui baignent la Malaisie? — R. *La mer de la Chine; la mer de la Sonde, la mer des Moluques.*

D. A qui appartiennent les Philippines? — R. *Elles appartiennent en grande partie à l'Espagne.*

D. Quel en est le chef-lieu? — R. *Manille.*

D. Qu'est-ce que Bornéo? — R. *C'est une grande île de la Malaisie qui appartient en partie aux Pays-Bas.*

D. Quel est le rapport de grandeur de l'île de Bornéo et de la France? — R. *L'île de Bornéo est plus grande que la France.*

D. Quelles sont les principales îles de la Sonde? — R. *Java et Sumatra.*

D. Quelle est la capitale des colonies hollandaises de la Malaisie? — R. *Batavia.*

D. Quelles sont les principales productions de cette région? — R. *Le riz, le sucre, le café, le tabac, les épices, l'étain.*

D. Où est situé le détroit de Torrès? — R. *Entre la Nouvelle-Guinée et l'Australie.*

D. Où est située la Nouvelle-Calédonie? — R. *Dans la partie orientale de l'Australie.*

D. Qu'est-ce que la mer du Corail? — R. *C'est une mer formée par le Grand océan, et située au nord-est de l'Australie; elle est ainsi nommée à cause des nombreux récifs de coraux qu'on y rencontre.*

D. Quelle est l'île qui est au sud du détroit de Bass? — R. *La Tasmanie.*

33e **leçon.** — D. Comment nomme-t-on la partie qui termine l'Australie au nord-est? — R. *Le cap York.*

D. Qu'est-ce que la Cordillère Australienne? — *Une chaîne de montagnes qui longe la côte orientale de l'Australie.*

D. Ne pourrait-on pas dire que l'Australie est une île? — R. *Oui.*

D. Ne dit-on pas plus exactement qu'elle est un continent à cause de sa grande étendue et du caractère tout particulier des plantes et des animaux indigènes? — R. *Oui.*

D. Quelles sont les colonies anglaises de l'Australie? — R. *Queensland, la Nouvelle-Galles du sud, Victoria, l'Australie méridionale, l'Australie occidentale.*

D. Quelles sont les autres colonies anglaises de l'Australasie? — R. *La Tasmanie qui est au sud de l'Australie et la Nouvelle-Zélande qui est au sud-est.*

D. Quelles sont les principales richesses des colonies anglaises de l'Australasie? — R. *La laine et l'or.*

D. Quels sont les principaux groupes d'îles de la Polynésie? — R. *Les Carolines qui appartiennent à l'Espagne, les îles Hawaï qui forment un royaume indigène, capitale Honolulu, les îles Marquises, Tahiti, les îles Touamotou qui appartiennent à la France.*

D. Pourquoi ces dernières îles sont-elles dans des cadres séparés sur la carte? — R. *Parce qu'elles sont situées à l'est du cadre oriental de la carte et qu'elles n'auraient pas pu tenir dans ce cadre.*

D. A quoi reconnaissez-vous que l'île Tahiti est située à l'est de l'Australie? — R. *A ce que la côte orientale de l'Australie est à peu près par le 150e degré de longitude orientale, tandis que Tahiti est à peu près par le 150e degré de longitude occidentale.*

D. Jusqu'à quel nombre compte-t-on les degrés de longitude orientale et occidentale? — R. *Jusqu'au 180e degré.*

D. Comme au 20e degré de latitude, la distance d'un méridien à l'autre est de 100 kilomètres environ, et que du 150e degré de longitude orientale au 180e degré il y a 30 degrés, et 30 degrés du 180e au 150e de longitude occidentale, calculez la distance approximative qui sépare en ligne droite la côte de l'Australie de celle de Tahiti. — R. *Environ 6,000 kilomètres.*

Devoirs. — Faire, sur la carte physique et politique, la carte physique et politique de l'Australie.

Faire, sur la carte muette physique et politique, la carte de l'Océanie.

Capitale : **le Caire**, sur la rive droite du Nil. Villes principales : **Alexandrie**, le port le plus commerçant de l'Afrique, bombardé par les Anglais en 1882, *Khartoum* sur le Nil.

Tripoli est, avec les oasis qui en dépendent, une province de l'Empire ottoman.

La **Tunisie**, capitale *Tunis*, placée sous le protectorat de la France.

Le **Maroc**, capitale *Fez*.

2° Dans le reste de l'Afrique, les oasis du *Sahara* sont habitées par quelques tribus berbères et arabes ; le **Soudan** est habité par des populations de *nègres* groupés en États ou vivant en tribus isolées.

Le Caire.

Nègre.

La partie centrale et australe de l'Afrique est habitée aussi par des *nègres*.

La *Guinée* et la côte de l'océan Indien ont aussi plusieurs petits États. Les plus importants sont, à l'ouest, la *république de Libéria* et le *Dahomey* ; à l'ouest, la sultanie de *Zanzibar* ; dans l'île de Madagascar, le *royaume des Hovas*, capitale *Tananarive*.

3° Les colonies et possessions européennes sont :

Principales colonies françaises : **Algérie**, sur la Méditerranée, chef-lieu **Alger** ; *Sénégal*, sur l'océan Atlantique, chef-lieu *Saint-Louis* ; île de *la Réunion*, *île Mayotte*, dans l'océan Indien.

Colonies britanniques : *comptoirs* sur les côtes de la *Gambie* et de la *Guinée*, *Bathurst*, *Sierra-Leone*, etc. ; îles de l'*Ascension* et de *Sainte-Hélène* ; **colonie du Cap**, chef-lieu *le Cap*, avec ses dépendances ; île *Maurice*, ancienne possession française.

Possessions portugaises : île *Madère*, îles *Açores*, etc. ; côtes de l'*Angola* et du *Benguela*, sur l'océan Atlantique ; côtes de *Mozambique*, sur l'océan Indien.

Possessions espagnoles : îles *Canaries*, île *Fernando-Po*, etc.

Au nord de la colonie du Cap, sont deux États indépendants ou à peu près, fondés par des Européens : l'*État libre d'Orange* et la république du *Transvaal*.

Carte muette pour l'étude de l'Océanie.

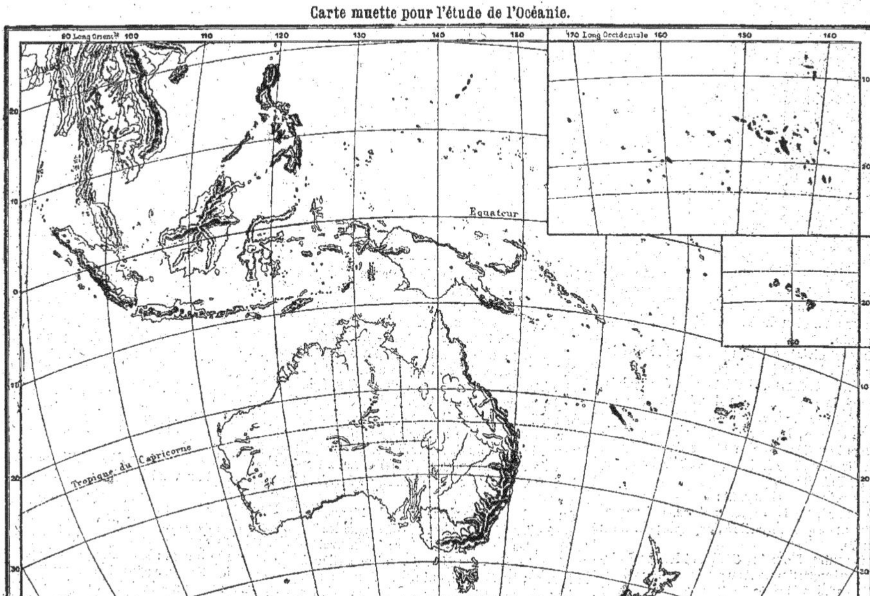

ÉCHELLE 1 : 60,000,000 *ou 1 millimètre pour 60 kilomètres.*

QUESTIONNAIRE.

32e leçon. — Pourquoi a-t-on donné à une partie du monde le nom d'Océanie ? — En combien de parties la divise-t-on ? — Quelles sont les principales mers qui baignent la Malaisie ? — A qui appartiennent les Philippines ? — Quel en est le chef-lieu ? — Qu'est-ce que Bornéo ? — Quel est le rapport de grandeur de l'île de Bornéo et de la France ? — Quelles sont les principales îles de la Sonde ? — Quelle est la capitale des colonies hollandaises de la Malaisie ? — Quelles sont les principales productions de cette région ? — Où est situé le détroit de Torrès ? — Où est située la Nouvelle-Calédonie ? — Qu'est-ce que la mer du Corail ? — Quelle est l'île qui est au sud du détroit de Bass ?

33e leçon. — Comment nomme-t on la partie qui termine l'Australie au nord-est ? — Qu'est-ce que la Cordillère Australienne ? — Ne pourrait-on pas dire que l'Australie est une île ? — Ne dit-on pas plus exactement qu'elle est un continent, à cause de sa grande étendue et du caractère tout particulier des plantes et des animaux indigènes ? — Quelles sont les colonies anglaises de l'Australie ? — Quelles sont les autres colonies anglaises de l'Australasie ? — Quelles sont les principales richesses des colonies anglaises de l'Australasie ? — Quel sont les principaux groupes d'îles de la Polynésie ? — Pourquoi ces dernières îles sont-elles dans des cadres séparés sur la carte ? — A quoi reconnaissez-vous que l'île Tahiti est située à l'est de l'Australie ? — Jusqu'à quel nombre compte-t-on les degrés de longitude orientale et occidentale ? — Comme, au 20e degré de latitude, la distance d'un méridien à l'autre est de 100 kilomètres environ et que, du 150e degré de longitude orientale au 180e degré, il y a 30 degrés, et 30 degrés du 180e au 150e de longitude occidentale, indiquez la distance approximative qui sépare en ligne droite la côte de l'Australie de celle de Tahiti.

Devoirs. — Faire, sur la carte physique et politique, la carte physique et politique de l'Australie.

Faire, sur la carte muette physique et politique, la carte de l'Océanie.

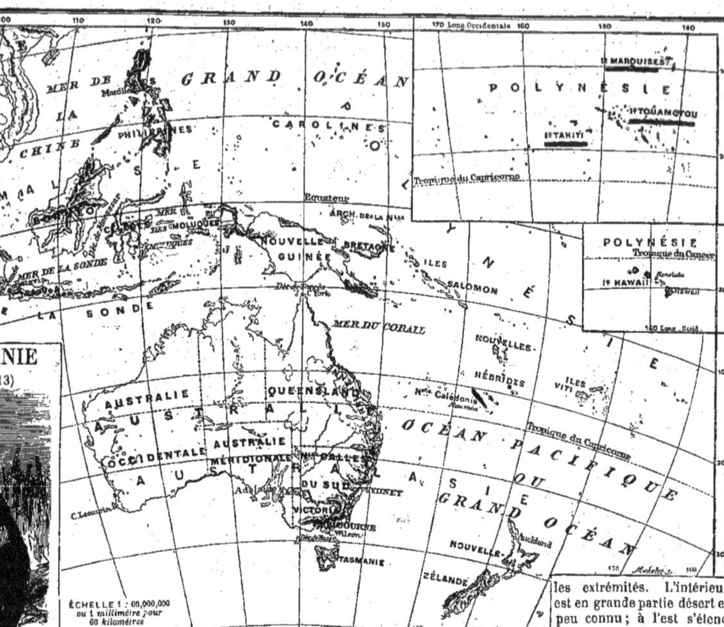

IX. L'OCÉANIE

(Voir la carte n° 13)

Malais.

L'**Océanie** est une partie du monde composée d'un continent, l'Australie, et d'îles semées au milieu du Grand océan : de là vient son nom.

Elle est divisée en trois parties : la Malaisie, l'Australasie et la Polynésie.

1° La **Malaisie**, habitée par des Malais, occupe le nord-ouest de l'Océanie. Elle est baignée par la **mer de la Chine**, la **mer de la Sonde**, la *mer des Moluques*, qui dépendent du *Grand océan* et par de nombreux détroits, *détroit de Malacca, détroit de Macassar, détroit de la Sonde.*

Les principales îles sont :

Au nord, les **îles Philippines**, qui appartiennent en grande partie à l'Espagne; ch.-lieu : *Manille.*

Au centre, **Bornéo**, *Célèbes* et les *îles Moluques*, qui appartiennent en partie aux Pays-Bas.

Au sud, les **îles de la Sonde**, allongées de

N° 13. — Carte de l'Océanie.

l'ouest à l'est et couvertes de hautes montagnes volcaniques; *Sumatra* et *Java* sont les plus importantes. Ces îles, peuplées d'environ 24 millions d'hab., appartiennent presque entièrement aux *Hollandais.* Cap. : **Batavia.** — La Malaisie produit en grande quantité le *riz*, le *sucre*, le *café*, le *tabac* et les *épices*. On y trouve de l'*étain.*

2° L'**Australasie**, nom qui signifie Asie autrale, est la partie sud-ouest de l'Océanie. Elle est baignée par l'**océan Indien**, par le **Grand océan** et par la *mer du Corail* qui en dépend. La mer du Corail est ainsi nommée à cause de ses nombreux récifs de coraux. Les principaux détroits sont le *détroit de Torrès* et le *détroit de Bass.*

Au nord et au nord-est sont : la **Nouvelle-Guinée**, l'*archipel de la Nouvelle-Bretagne*, les *îles Salomon*, les *Nouvelles-Hébrides*; la **Nouvelle-Calédonie**, chef-lieu *Nouméa*, qui appartient à la France; les *îles Viti*, qui sont à l'Angleterre.

Au sud-ouest est l'**Australie**, le plus petit des trois continents. Les *caps York* au nord, *Wilson* au sud-est, *Leeuwin* au sud-ouest, en marquent les extrémités. L'intérieur est en grande partie désert et peu connu; à l'est s'étend la longue chaîne de la **Cordillère Australienne.**

Les cours d'eau sont rares; le *Murray* est le principal.

L'Australie appartient à l'Angleterre qui y a fondé cinq colonies : *Queensland*, capitale *Brisbane* ; **Nouvelle-Galles-du-Sud**, capitale **Sydney** ; **Victoria**, capitale **Melbourne** ; *Australie méridionale*, capitale *Adélaïde* ; *Australie occidentale.*

Deux autres *colonies anglaises* occupent les îles de **Tasmanie** et de **Nouvelle-Zélande**, capitale *Auckland*, situées au sud et au sud-est de l'Australie.

L'exploitation des mines d'*or* et l'élevage des *moutons*, dont on vend la *laine*, sont les principales richesses de ces colonies.

3° La **Polynésie**, mot qui veut dire les nombreuses îles, ne comprend que de petites îles disséminées dans le Grand Océan. Les principaux groupes sont : les *Carolines*, qui appartiennent à l'Espagne; les **îles Hawaï**, qui forment un royaume indigène, capitale *Honolulu*; les *îles Marquises* ou Nouka-hiva, *Tahiti* et *Touamotou*, qui appartiennent à la France.

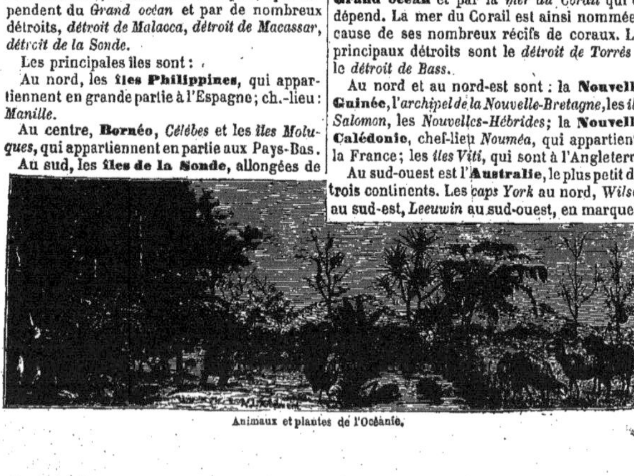

Animaux et plantes de l'Océanie.

Melbourne.

OCÉANIE.

Méthode et commentaire. — La carte d'Océanie est, comme les autres cartes des parties du monde, à l'échelle du 60,000,000ᵉ.

Mais, comme l'Océanie, qui s'étend depuis le 95ᵉ degré de longitude orientale (extrémité de Sumatra) jusqu'au 110ᵉ degré de longitude occidentale (longitude de l'île de Pâques, petite île située un peu au sud du tropique du Capricorne et isolée au milieu de l'Océan), mesure par conséquent de l'ouest à l'est, sous l'équateur, 155 degrés (95° à 180° = 85°; + 110° à 180° = 70°; 85 + 70 = 155), ce qui fait plus de 17,000 kilom. (155 × 111 = 17,205), tandis que l'Asie, dans sa plus grande largeur de l'ouest à l'est, ne mesure guère que 12,000 kilomètres. Comme cependant l'Asie remplit le cadre de la carte, il était impossible de représenter toute l'Océanie à la même échelle sur une carte de même dimension. Aussi la carte de l'Atlas-scolaire ne comprend-elle que l'espace entre 95° de longitude orientale et 170° de longitude occidentale, soit environ 10,500 kilomètres. Les parties importantes de l'Océanie qui se trouvent à l'est du 170ᵉ de longitude occidentale sont placées dans deux cartons. Le maître pourra faire observer que les îles Hawaï sont au nord de l'équateur et que Tahiti est au sud; l'espace libre sur la carte a fait placer les cartons dans l'ordre inverse.

I. L'étude de la géographie physique de l'Océanie diffère de celle des autres parties du monde. Elle consiste surtout à connaître la forme, l'aspect général et la position relative des îles. Comme il n'y a qu'une seule terre d'une très grande étendue, le continent austral, et que cette terre a un relief imparfaitement connu à l'intérieur et peu de cours d'eau à cause de la sécheresse du climat, l'étude des montagnes et celle des fleuves a, en Océanie, une importance moindre que dans les autres parties du monde. Nous donnons cependant une carte hypsométrique de l'Océanie occidentale, afin de permettre au maître de faire la comparaison du relief de ce continent avec les autres. Il n'y a que deux ou trois pics qui atteignent 2,000 mètres (le mont Koscuisko, au sud de la Cordillère australienne, à 2,187 mètres). Il y a des montagnes plus hautes dans plusieurs îles de l'Océanie et particulièrement dans la Malaisie.

Carte hypsométrique de l'Océanie occidentale.

II. Voici la liste des animaux et des plantes représentés sur la figure de l'Atlas-scolaire.

1. *Orang-outang.* — C'est « l'homme des bois », une des espèces les plus grandes du genre singe. Il vit dans les forêts de la Malaisie; c'est un animal très vigoureux qui atteint près de 2 mètres et qui peut marcher comme l'homme, sur ses deux jambes de derrière, mais avec une allure toute différente de celle de l'homme.

2. *Kangourous.* — Les kangourous appartiennent à un genre qu'on ne trouve que dans l'Australie. Animaux herbivores vivant en troupes, ils ont les pattes de devant beaucoup plus courtes que celles de derrière, ils marchent difficilement et par bonds en sautant à l'aide de leur queue et de leurs pattes de derrière. Les femelles ont une poche dans laquelle elles portent leurs petits quand elles les allaitent.

3. *Moutons.* — Le mouton n'est pas un animal indigène de l'Océanie; mais les moutons mérinos originaires d'Europe se sont multipliés dans la zone tempérée de l'Australie, dans la Tasmanie et la Nouvelle-Zélande et ils sont devenus la principale richesse de ces pays.

4. *Cacatoès.* — Les cacatoès sont des oiseaux du genre perroquet. Ils ont une huppe. Les perroquets sont très nombreux et d'espèces très variées dans la Malaisie.

5. *Lyre.* — C'est un oiseau de l'ordre des passereaux, un peu moins gros que le faisan, qu'on trouve en Australie et qui doit son nom à la disposition des plumes de sa queue.

6. *Cygne noir.* — Le cygne noir, oiseau de l'Australie, a le bec rouge.

7. *Casoar.* — Le casoar est un grand oiseau qui est de la même famille que l'autruche, mais qui est plus petit qu'elle. Une espèce se trouve en Malaisie, une autre en Australie. Les animaux et les plantes du continent austral diffèrent presque tous des animaux et des plantes des autres contrées du monde.

8. *Python.* — Le python est un des serpents les plus grands de la Malaisie : on dit qu'il peut atteindre jusqu'à huit mètres de longueur, cependant on n'en a pas vu qui dépassent 3ᵐ, 50. Il y a beaucoup de serpents dans cette partie de l'Océanie.

9. *Bois de fer.* — C'est un bois qui doit son nom à sa dureté. On le trouve dans la Malaisie.

10. *Fougère arborescente.* — Les fougères arborescentes sont très nombreuses et très variées en Australie et dans les îles voisines.

11. *Pandanus.* — Le pandanus, dont les branches produisent des racines descendant jusque dans le sol et dont les feuilles sont épineuses, est un des arbres de la Malaisie.

12. *Eucalyptus.* — L'eucalyptus, nommé aussi gommier, est un des arbres les plus communs en Australie. Il se distingue par ses feuilles pendantes, en forme de lame de couteau, quand la plante est adulte. Il y en a de plusieurs espèces, presque toutes sont de très grande taille. On l'a importé avec succès en Algérie et dans le sud de l'Europe.

III. Les Malais, qui ont donné leur nom à la Malaisie, sont considérés tantôt comme une des grandes races humaines, tantôt, par ceux qui n'admettent que trois grandes races, la race blanche, la race jaune, la race noire, comme une race dérivée de la race jaune.

Les Hollandais ont des colonies très importantes dans la Malaisie. Les Portugais, après la découverte de la route des Indes par le cap de Bonne-Espérance, ont été les premiers Européens qui aient fait le commerce dans ces contrées et qui y aient possédé des colonies. A la fin du seizième siècle et au commencement du dix-septième siècle, à une époque où le Portugal était en décadence et avait été conquis par l'Espagne, les Hollandais, dont la marine était devenue la plus puissante de l'Europe, s'emparèrent de ces colonies et étendirent leur domination sur presque toutes les îles de la Sonde et sur une partie des îles situées plus au nord.

Les Anglais possèdent dans l'Australie un territoire plus étendu que celui des colonies hollandaises. Il est moins peuplé. Mais, comme il est situé en majeure partie dans la zone tempérée australe, laquelle convient beaucoup mieux que la zone tropicale à la race européenne, la population y est composée principalement non d'indigènes, comme en Malaisie, mais de colons venus pour la plupart d'Europe et ayant apporté avec eux l'activité européenne. Aussi l'Australasie anglaise est-elle la région la plus commerçante de l'Océanie et celle qui a le plus bel avenir de développement.

Lectures. — 21ᵉ LECTURE. — *L'or et les moutons d'Australie.* — « En 1851, un colon d'Australie qui avait, comme tant d'autres, quitté son pays pour aller chercher fortune dans les gîtes aurifères de la Californie, tout récemment découverts, fut frappé de la ressemblance des roches de cette contrée avec celles de son pays. Il revint et commença à exploiter ces roches dans la Nouvelle-Galles du sud, non loin de Bathurst. Le succès répondit à ses espérances. Bientôt les chercheurs d'or affluèrent de toutes parts; des découvertes nouvelles furent faites, non seulement dans la Nouvelle-Galles, mais beaucoup plus au sud, dans la colonie de Victoria, où la production de l'or devint plus importante que partout ailleurs, puis dans l'Australie méridionale, dans la Tasmanie, dans la Nouvelle-Zélande, qui rivalisèrent d'ardeur pour l'exploitation des gisements aurifères. »

« Les émigrants arrivèrent en foule de l'Europe, de l'Amérique, de la Chine et peuplèrent les solitudes, creusant des puits, broyant les roches, lavant les sables pour en extraire l'or. Beaucoup y trouvèrent la misère, au lieu de la richesse qu'ils espéraient; mais ces vastes contrées, qui n'attendaient que le travail de l'homme pour devenir fécondes, y gagnèrent des colons. »

« Néanmoins, de 1851 à 1881, les colonies australasiennes n'ont pas produit moins de sept milliards de francs en or, et, quoique le rendement soit inférieur aujourd'hui à ce qu'il a été dans les années les plus brillantes de l'exploitation, il dépasse encore cent millions de francs par an. Leur agriculture a plus gagné encore. Il y avait déjà plus d'un demi-siècle qu'on avait compris les facilités que le climat et les vastes pâturages de ce pays offraient à l'élevage des moutons; les premiers mérinos avaient été introduits en 1797, et ils s'étaient rapidement multipliés. Quand l'or eut attiré l'attention de l'Europe sur l'Australie, et que les communications avec cette partie du monde furent devenues plus fréquentes, la production de la laine augmenta à mesure que les débouchés s'ouvrirent et qu'ils assurèrent aux éleveurs un placement avantageux. On compte aujourd'hui plus de soixante millions de moutons dans les colonies anglaises d'Australasie, et l'exportation de laine, en 1880, s'est élevée à 180 millions de kilogrammes, représentant une valeur beaucoup plus considérable que celle de l'or. »

INTERROGATIONS SUR LA CARTE MUETTE D'AMÉRIQUE.

Méthode. — La carte muette d'Amérique est, comme les deux cartes écrites, à l'échelle du 60,000,000e, soit 1 millimètre pour 60 kilomètres. L'Amérique du nord et l'Amérique du sud sont réunies sur la carte muette de manière à familiariser les élèves avec la position relative des deux parties du continent américain.

Nous indiquons, aux pages suivantes (p. 50 et 52), le procédé géométrique à employer pour la construction de ces deux cartes.

Sur la carte muette où les deux Amériques sont réunies, chacune des deux parties est la reproduction de la carte écrite. Or, comme les cartes écrites ont été dressées séparément, et que, par conséquent, le centre de projection n'est pas le même, elles ne se raccordent que très imparfaitement, ainsi qu'il est facile de le voir en examinant, à la rencontre des deux cartes, le degré de latitude dont la courbure est double.

AMÉRIQUE DU NORD

Questionnaire. — 34e **leçon.** — Quels sont les océans qui baignent l'Amérique du nord? — R. *L'océan Glacial, l'océan Atlantique, le Grand Océan.*

D. Quels sont les mers et golfes formés par l'océan Atlantique sur les côtes de l'Amérique? — *Le golfe du Saint-Laurent, le golfe du Mexique, la mer des Antilles.*

D. Où est située la Floride? — R. *Dans l'océan Atlantique, entre l'Océan proprement dit et le golfe du Mexique.*

D. Nommez et montrez les îles des grandes Antilles. — R. *Cuba, Haïti, Puerto-Rico, la Jamaïque.*

D. Qu'est-ce que la Trinité? — R. *C'est une des îles des petites Antilles.*

D. Qu'est-ce que le banc de Terre-Neuve? — R. *C'est un grand banc sous-marin qui est situé au sud-est de l'île de Terre-Neuve et qui est très fréquenté par les pêcheurs de morues.*

D. Où est le golfe de Californie? — R. *Sur la côte occidentale de l'Amérique et, par conséquent, dans le Grand Océan.*

D. Qu'est-ce qui sépare ce golfe de l'Océan? — R. *C'est la presqu'île de Californie, terminée par le cap San Lucas.*

D. Nommez les principaux groupes d'îles de l'Amérique du nord dans le Grand Océan. — R. *Les îles Aléoutiennes, l'archipel de la reine Charlotte, l'île de Vancouver, les îles Revella-Gigédo.*

D. Qu'est-ce que l'archipel Parry? — R. *C'est un archipel situé dans les terres polaires de l'océan Glacial; il a reçu le nom du navigateur anglais qui l'a découvert.*

D. Où est la baie d'Hudson? — R. *Elle est dans l'océan Glacial, sur la côte septentrionale de l'Amérique.*

D. Qu'est-ce que la Cordillère du nord? — R. *C'est un haut massif de montagnes et de plateaux qui s'étend du nord au sud de l'Amérique, le long de la côte du Grand Océan.*

D. Quelles en sont les chaînes les plus importantes? — R. *Les montagnes Rocheuses à l'est du massif, la sierra Nevada à l'ouest.*

D. Où est le Grand bassin? — R. *Le Grand bassin est un des plateaux de la Cordillère, entre les montagnes Rocheuses et la sierra Nevada.*

D. N'y a-t-il pas un lac sur le Grand bassin? — R. *Oui, le Grand lac Salé.*

D. Qu'est-ce que le Popocatepetl? — R. *C'est le plus haut volcan du plateau du Mexique.*

D. Entre quelles mers est situé l'isthme de Tehuantépec? — R. *Entre le golfe du Mexique et le Grand océan.*

D. Qu'est-ce que la plaine du Mississipi? — R. *C'est une des grandes plaines du monde; elle occupe presque tout le bassin du fleuve.*

D. Où sont situés les monts Apalaches? — R. *A l'est de l'Amérique; ils sont parallèles à la côte de l'océan Atlantique.*

D. Nommez les cinq grands lacs auxquels le Saint-Laurent sert de débouché. — R. *Lac Supérieur, lac Michigan, lac Huron, lac Érié, lac Ontario.*

D. Qu'est-ce que la chute du Niagara? — R. *C'est la chute que fait, d'une hauteur de 50 mètres, le Niagara, large fleuve par lequel les eaux du lac Érié coulent dans le lac Ontario.*

D. Nommez et montrez les fleuves de l'Amérique du nord tributaires de l'océan Atlantique et du golfe du Mexique. — R. *Le Saint-Laurent, le Connecticut, l'Hudson, la Susquehanna, la Delaware, le James, le Roanoké; dans le golfe du Mexique, l'Alabama, le Mississipi, le rio Grande del Norte.*

35e et 36e **leçons.** — D. D'où vient le nom d'États-Unis? — R. *De ce que la République des États-Unis est formée de 38 États qui sont unis et qui forment une république fédérative.*

D. Quels sont les États des États-Unis désignés sous le nom d'États de la Nouvelle-Angleterre? — R. *Maine, Vermont, New Hampshire, Massachusetts, Connecticut, Rhode Island.*

D. Où est située la Louisiane? — R. *Sur le golfe du Mexique.*

D. Et la Californie? — R. *Sur le Grand océan.*

D. Quelle est la capitale des États-Unis? — R. *Washington, bâtie sur la rive du Potomac.*

D. D'où lui vient son nom? — R. *Du général auquel les États-Unis, anciennes colonies anglaises, doivent leur indépendance.*

D. Nommez et montrez les principales villes des États-Unis arrosées par le Mississipi. — R. *Saint-Louis et la Nouvelle-Orléans.*

D. N'ont-elles pas été fondées par des Français? — R. *Oui, à l'époque où les Français possédaient la vallée du Mississipi.*

D. Nommez et montrez les principaux ports des États-Unis sur l'océan Atlantique ou sur les fleuves qui y débouchent en allant du nord au sud. — R. *Boston, dans le Massachusetts; New York, sur l'Hudson, le plus grand port de toute l'Amérique; Baltimore, Charleston, la Nouvelle-Orléans, sur le Mississipi.*

D. Quelle est la ville la plus peuplée de l'Amérique? — R. *New York.*

D. Quelle est la population des États-Unis? — R. *Plus de 50 millions d'habitants.*

D. Est-elle plus considérable que celle de la France? — R. *Oui.*

D. Quelles sont les principales productions agricoles des États-Unis? — R. *Le maïs, le froment, le tabac, le coton. On y élève beaucoup de chevaux, de bœufs, de porcs.*

D. Où sont situées principalement les manufactures des États-Unis? — R. *Dans la région du nord-est.*

D. De quelle région tire-t-on beaucoup de métaux précieux? — R. *De la région de l'ouest; on exploite l'argent sur le plateau de la Cordillère, l'or en Californie.*

D. Dites ce qu'est la Vera-Cruz? — R. *C'est le principal port du Mexique.*

D. Nommez les cinq États de l'Amérique centrale. — R. *Guatemala, Honduras, Salvador, Nicaragua, Costa-Rica.*

D. Quelles sont les deux républiques de l'île d'Haïti? — *Haïti et Saint-Domingue.*

D. Qu'est-ce que le Dominion du Canada ou Puissance du Canada? — R. *C'est une confédération de colonies qui appartiennent à l'Angleterre.*

D. Quelle en est la capitale? — R. *Ottawa.*

D. Quelles sont les villes principales du Bas-Canada? — R. *Québec et Montréal.*

D. Où est située Québec? — R. *Sur la rive gauche du Saint-Laurent.*

D. Pourquoi parle-t-on le français dans tout le Bas-Canada? — R. *Parce que la population est d'origine française, le Canada ayant autrefois appartenu à la France.*

D. Nommez et montrez les colonies britanniques de l'Amérique du nord autres que le Dominion du Canada. — R. *Terre-Neuve, les îles Bermudes, le Honduras britannique, les Indes occidentales comprenant les îles Bahama, la Jamaïque dans les Grandes Antilles, et la plus grande partie des Petites Antilles, dont les principales sont la Barbade et la Trinité.*

D. Quelles sont les productions principales des Antilles? — R. *Le sucre, le café et le tabac.*

Devoirs. — Sur une carte muette politique, tracer les cinq grands lacs, le Saint-Laurent, le Mississipi et ses affluents.

Faire, à l'aide d'une carte muette, la carte physique et politique des Grandes et des Petites Antilles.

Faire, à l'aide d'une carte muette, la carte physique et politique des États-Unis et mettre les noms des principaux États de cette république fédérative.

AMÉRIQUE DU SUD

Questionnaire. — 37e **leçon.** — D. Par quoi l'Amérique du sud est-elle rattachée à l'Amérique du nord? — R. *Par l'isthme de Panama.*

D. Où est situé le cap Horn? — R. *Le cap Horn est situé à l'extrémité méridionale de l'Amérique du sud dans une île.*

D. D'où vient le nom de détroit de Magellan? — R. *De Magellan qui l'a découvert et qui a pénétré le premier, par mer, de l'océan Atlantique dans l'océan Pacifique.*

D. Quels sont les îles, caps et golfes du Grand Océan dans l'Amérique du sud? Nommez-les et montrez-les sur la carte. — R. *Les îles Wellington et Chiloé sont les principales îles au sud; au nord, les îles Galapagos; au centre est le golfe d'Arica; au nord, la pointe Parina.*

D. Qu'est-ce que les Andes? — R. *Les Andes, ou Cordillère du sud, sont un épais massif de montagnes et de plateaux qui s'étend du nord au sud sur toute la longueur de l'Amérique.*

D. Nommez et montrez les principales montagnes et les plateaux des Andes. — R. *Les principales montagnes sont le Chimborazo, l'Illampou, l'Aconcagua. Le principal plateau est celui du Pérou.*

D. Quelles sont les trois grandes plaines de l'Amérique du sud situées à l'est des Andes? — R. *La plaine de l'Orénoque, la plaine de l'Amazone, la plaine des Pampas.*

D. Où est situé le pic d'Itatiaia? — R. *Dans la serra do Mar qui fait partie du Grand massif du Brésil.*

D. Dites ce que vous savez de l'Amazone et de ses affluents. — R. *L'Amazone est le fleuve du monde qui a le plus d'eau. Il prend sa source sur le haut plateau du Pérou. Il arrose l'immense plaine de l'Amazone. Il a une longueur, de sa source à son embouchure, six fois grande comme la longueur de la France. Ses principaux affluents, qui sont aussi grands que les plus grands fleuves d'Europe, sont le rio Negro, le Madeira, le Tocantins.*

D. Comment est formé le rio de la Plata? — R. *Il est formé par la réunion du Parana et de l'Uruguay.*

38e **leçon.** — D. Quel est le plus grand État de l'Amérique du sud? — R. *C'est le Brésil.*

D. Nommez et montrez la capitale et les villes principales du Brésil. — R. *La capitale est Rio-de-Janeiro; les villes principales sont Récife et Bahia.*

D. Nommez et montrez les États américains riverains du Grand Océan. — R. *La Colombie, l'Équateur, le Pérou et le Chili.*

D. Qu'est-ce que Quito? — R. *La capitale de l'Équateur.*

D. Montrez la position de la ville? — R.

D. Qu'est-ce que Guayaquil? — R. *Le principal port de la république de l'Équateur.*

D. Quelles sont les richesses minérales du Chili? — R. *Le cuivre et le salpêtre.*

D. Quels sont les États européens qui ont des colonies dans la Guyane? — R. *L'Angleterre, les Pays-Bas et la France.*

Devoirs. — Faire, à l'aide d'une carte muette politique, la carte physique, côtes, relief du sol, cours d'eau, de l'Amérique du sud.

Sur une carte muette physique, marquer les limites des états et faire la carte politique de l'Amérique du sud.

Sur un planisphère muet ou sur carte muette des deux Amériques dessiner la Cordillère du nord et la Cordillère du sud, écrire les noms des chaînes et des montagnes, ceux des villes qui se trouvent dans la Cordillère et des ports du Grand Océan.

Carte muette pour l'étude de l'Amérique du nord et l'Amérique du sud.

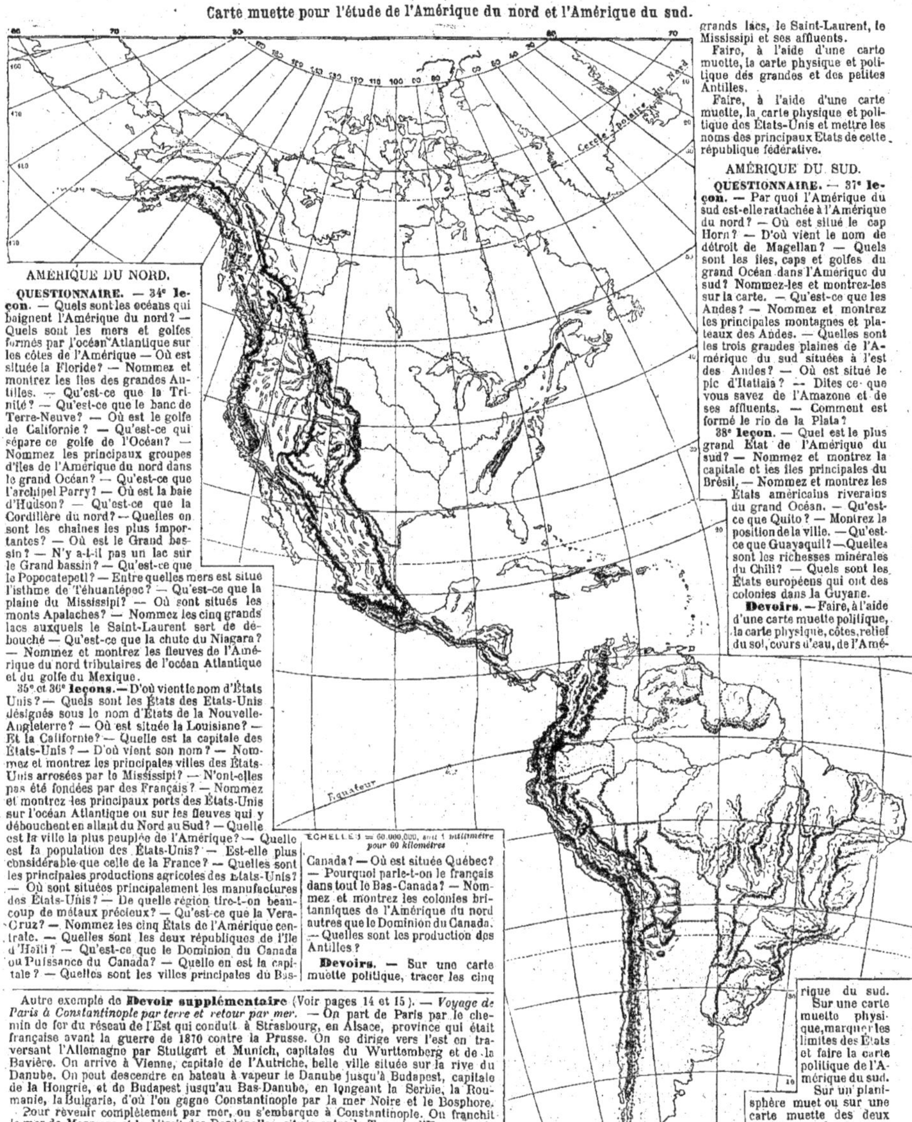

ECHELLE 1 = 60.000.000, soit 1 millimètre pour 60 kilomètres

AMÉRIQUE DU NORD.

QUESTIONNAIRE. — 34e leçon. — Quels sont les océans qui baignent l'Amérique du nord? — Quels sont les mers et golfes formés par l'océan Atlantique sur les côtes de l'Amérique — Où est située la Floride? — Nommez et montrez les îles des grandes Antilles. — Qu'est-ce que la Trinité? — Qu'est-ce que le banc de Terre-Neuve? — Où est le golfe de Californie? — Qu'est-ce qui sépare ce golfe de l'Océan? — Nommez les principaux groupes d'îles de l'Amérique du nord dans le grand Océan? — Qu'est-ce que l'archipel Parry? — Où est la baie d'Hudson? — Qu'est-ce que la Cordillère du nord? — Quelles en sont les chaînes les plus importantes? — Où est le Grand bassin? — N'y a-t-il pas un lac sur le Grand bassin? — Qu'est-ce que le Popocatepetl? — Entre quelles mers est situé l'isthme de Téhuantépec? — Qu'est-ce que la plaine du Mississipi? — Où sont situés les monts Apalaches? — Nommez les cinq grands lacs auxquels le Saint-Laurent sert de débouché — Qu'est-ce que la chute du Niagara? — Nommez et montrez les fleuves de l'Amérique du nord tributaires de l'océan Atlantique et du golfe du Mexique.

35e et 36e **leçons.** — D'où vient le nom d'États Unis? — Quels sont les États des Etats-Unis désignés sous le nom d'États de la Nouvelle-Angleterre? — Où est située la Louisiane? — Et la Californie? — Quelle est la capitale des États-Unis? — D'où vient son nom? — Nommez et montrez les principales villes des États-Unis arrosées par le Mississipi? — N'ont-elles pas été fondées par des Français? — Nommez et montrez les principaux ports des États-Unis sur l'océan Atlantique ou sur les fleuves qui y débouchent en allant du Nord au Sud? — Quelle est la ville la plus peuplée de l'Amérique? — Quelle est la population des États-Unis? — Est-elle plus considérable que celle de la France? — Quelles sont les principales productions agricoles des États-Unis? — Où sont situées principalement les manufactures des États-Unis? — De quelle région tire-t-on beaucoup de métaux précieux? — Qu'est-ce que la Vera-Cruz? — Nommez les cinq États de l'Amérique centrale. — Quelles sont les deux républiques de l'île d'Haïti? — Qu'est-ce que le Dominion du Canada ou Puissance du Canada? — Quelle en est la capitale? — Quelles sont les villes principales du Bas-Canada? — Où est située Québec? — Pourquoi parle-t-on le français dans tout le Bas-Canada? — Nommez et montrez les colonies britanniques de l'Amérique du nord autres que le Dominion du Canada. — Quelles sont les production des Antilles?

Devoirs. — Sur une carte muette politique, tracer les cinq grands lacs, le Saint-Laurent, le Mississipi et ses affluents.

Faire, à l'aide d'une carte muette, la carte physique et politique des grandes et des petites Antilles.

Faire, à l'aide d'une carte muette, la carte physique et politique des États-Unis et mettre les noms des principaux Etats de cette république fédérative.

AMÉRIQUE DU SUD.

QUESTIONNAIRE. — 37e leçon. — Par quoi l'Amérique du sud est-elle rattachée à l'Amérique du nord? — Où est situé le cap Horn? — D'où vient le nom de détroit de Magellan? — Quels sont les îles, caps et golfes du grand Océan dans l'Amérique du sud? Nommez-les et montrez-les sur la carte. — Qu'est-ce que les Andes? — Nommez et montrez les principales montagnes et plateaux des Andes. — Quelles sont les trois grandes plaines de l'Amérique du sud situées à l'est des Andes? — Où est situé le pic d'Itatiaia? — Dites ce que vous savez de l'Amazone et de ses affluents. — Comment est formé le rio de la Plata?

38e **leçon.** — Quel est le plus grand État de l'Amérique du sud? — Nommez et montrez la capitale et les îles principales du Brésil. — Nommez et montrez les États américains riverains du grand Océan. — Qu'est-ce que Quito? — Montrez la position de la ville. — Qu'est-ce que Guayaquil? — Quelles sont les richesses minérales du Chili? — Quels sont les États européens qui ont des colonies dans la Guyane.

Devoirs. — Faire, à l'aide d'une carte muette politique, la carte physique, côtes, relief du sol, cours d'eau, de l'Amérique du sud.

Sur une carte muette physique, marquer les limites des États et faire la carte politique de l'Amérique du sud.

Sur un planisphère muet ou sur une carte muette des deux Amériques, dessiner la Cordillère du nord et la Cordillère du sud, écrire les noms des chaînes et des montagnes, ceux des villes qui se trouvent dans la Cordillère et des ports du grand Océan.

Autre exemple de **Devoir supplémentaire** (Voir pages 14 et 15). — *Voyage de Paris à Constantinople par terre et retour par mer.* — On part de Paris par le chemin de fer du réseau de l'Est qui conduit à Strasbourg, en Alsace, province qui était française avant la guerre de 1870 contre la Prusse. On se dirige vers l'est en traversant l'Allemagne par Stuttgart et Munich, capitales du Wurttemberg et de la Bavière. On arrive à Vienne, capitale de l'Autriche, belle ville située sur la rive du Danube. On peut descendre en bateau à vapeur le Danube jusqu'à Budapest, capitale de la Hongrie, et de Budapest jusqu'au Bas-Danube, en longeant la Serbie, la Roumanie, la Bulgarie, d'où l'on gagne Constantinople par la mer Noire et le Bosphore.

Pour revenir complètement par mer, on s'embarque à Constantinople. On franchit la mer de Marmara et le détroit des Dardanelles, situés entre la Turquie d'Europe et la Turquie d'Asie. On traverse la mer Égée où se trouvent l'île d'Eubée et les Cyclades; on longe les côtes de la Grèce et on peut s'arrêter au port d'Athènes. On tourne le Péloponnèse en doublant le cap Malapan; on traverse la mer Ionienne, au sud de l'Italie, et le phare de Messine, entre l'Italie et la Sicile; puis on navigue vers le nord-ouest dans la mer Tyrrhénienne dont on sort par les Bouches de Bonifacio, entre la Sardaigne et la Corse, et on atteint Marseille. On prend enfin le chemin de fer de Paris-Lyon-Méditerranée pour rentrer à Paris.

X. L'AMÉRIQUE DU NORD

CONTOURS ET CÔTES.

(Voir les cartes n°s 14 et 15.)

L'**Amérique du nord** est la partie septentrionale du *continent américain*. Elle s'étend au sud jusqu'à l'**isthme de Panama**.

1° La *côte orientale* est baignée par l'**océan Atlantique**.

Les principaux golfes et mers sont : le *golfe du Saint-Laurent*, le **golfe du Mexique**, la **mer des Antilles**.

Il y a trois grandes presqu'îles : la **Nouvelle-Écosse**, la **Floride**, terminée par le *cap Sable*, le **Yucatan**, terminé par le *cap Catoche*.

Les îles sont : au nord, le groupe du Saint-Laurent, comprenant l'*île du Prince-Édouard*, l'*île du Cap-Breton*, **Terre-Neuve**, devant laquelle s'étend un grand banc sous-marin fréquenté par les pêcheurs de morues ; en pleine mer, les *îles Bermudes* ; au sud, les **îles Bahama** ou Lucayes et les **Antilles**. Ces dernières sont divisées en *grandes Antilles* (**Cuba**, **Haïti**, *Puerto-Rico*, *Jamaïque*), et en *petites Antilles* (*Guadeloupe*, *Martinique*, *Barbade*, *Trinité*, etc.).

2° La *côte occidentale* est baignée par le **Grand Océan** ou océan Pacifique. On y trouve :

Le **golfe de Californie**, la **mer de Béring**, le **détroit de Béring** qui sépare l'Amérique de l'Asie ;

La **presqu'île de Californie**, terminée par le *cap San Lucas*, le *cap Mendocino*, la *presqu'île d'Alaska*.

Les îles *Révilla-Gigedo*, l'*île de Vancouver*, l'*archipel de la Reine-Charlotte*, les **îles Aléoutiennes**.

3° La *côte septentrionale*, partout déserte, est baignée par l'**océan Glacial**.

On y trouve la grande **baie d'Hudson** et le *détroit d'Hudson*.

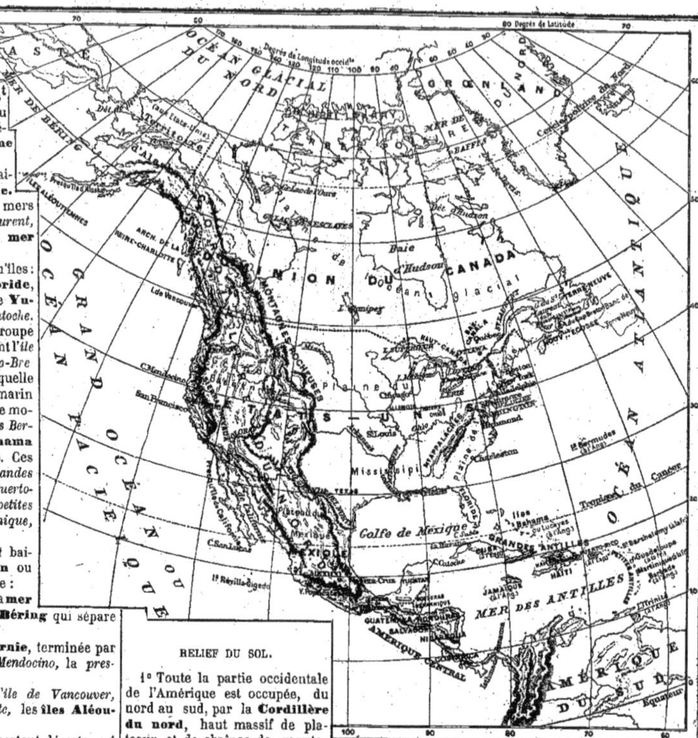

ÉCHELLE = 1 : 60,000,000, soit 1 millimètre pour 60 kilomètres.

N° 14. — Carte de l'Amérique du nord.

Animaux et plantes de l'Amérique du nord et de la région polaire.

La mer, couverte de glaces, comme la terre, est semée de nombreuses îles, dites **terres polaires du nord**, et de détroits impraticables à la navigation. De hardis navigateurs, entre autres Parry, qui a donné son nom à l'*archipel Parry*, ont exploré ces déserts.

Au nord-est, la vaste terre du **Grœnland** est séparée des autres terres polaires par la **mer de Baffin** et par le *détroit de Davis*.

RELIEF DU SOL.

1° Toute la partie occidentale de l'Amérique est occupée, du nord au sud, par la **Cordillère du nord**, haut massif de plateaux et de chaînes de montagnes, telles que les **montagnes Rocheuses**, la **sierra Nevada**. Entre les deux se trouve le *Grand Bassin*, plateau coupé de montagnes et de déserts. Plus au sud, le **plateau du Mexique** renferme de nombreux volcans, tels que le *Popocatepetl*.

L'*isthme de Téhuantépec* sépare ce plateau du *plateau de l'Amérique centrale*, également volcanique. Au sud est l'*isthme de Panama*.

2° A l'est des montagnes Rocheuses, s'étend une des plus grandes plaines du monde. Elle est désignée sous les noms de *plaine de l'océan Glacial* dans sa partie septentrionale et de **plaine du Mississipi** dans le bassin de ce fleuve.

3° A l'est de la plaine du Mississipi sont les **monts Appalaches**.

4° A l'est des monts Apalaches est la **plaine de l'océan Atlantique**.

COURS D'EAU ET LACS.

1° La plaine de l'océan Glacial est semée d'un nombre considérable de lacs, **grand lac de l'Ours**, **grand lac des Esclaves**, *lac Winnipeg*. Le principal fleuve est le **Mackensie**.

2° L'*océan Atlantique* reçoit le **Saint-Laurent**, qui sert de débouché aux **cinq grands lacs**, *lac Supérieur*, *lac Michigan*, *lac Huron*, *lac Érié*, *lac Ontario*. Entre le lac Érié et le lac Ontario est l'admirable *chute du Niagara*, formée

Chute du Niagara.

par une masse énorme d'eau qui tombe avec un horrible fracas d'une chute d'environ 50 mètres.

AMÉRIQUE DU NORD.

Méthode et commentaire. — La carte de l'Amérique du nord est dressée, comme les cartes précédentes, à l'échelle de 1/60,000,000^e, soit 1 millimètre pour 60 kilomètres en longueur.

Pour dresser une carte de l'Amérique du nord semblable à celle de l'Atlas-scolaire, il faut d'abord faire un triangle dont le plus grand côté serait incliné presque en diagonale du nord-ouest au sud-est et dont la hauteur serait un peu moindre que la moitié de la longueur ; le sommet serait à l'est et, des deux côtés adjacents à ce sommet, celui du nord serait un peu plus long que celui du sud. On déterminerait ainsi la position du cap du Prince-de-Galles, celle de l'extrémité du Labrador et celle de l'isthme de Panama. En élevant sur le plus grand côté un autre triangle surbaissé avec des côtés plus inégaux, on déterminerait la position du cap San Lucas et on formerait une figure irrégulière à quatre côtés qui encadrerait à peu près l'Amérique du nord et qui aiderait à en dessiner de mémoire le contour.

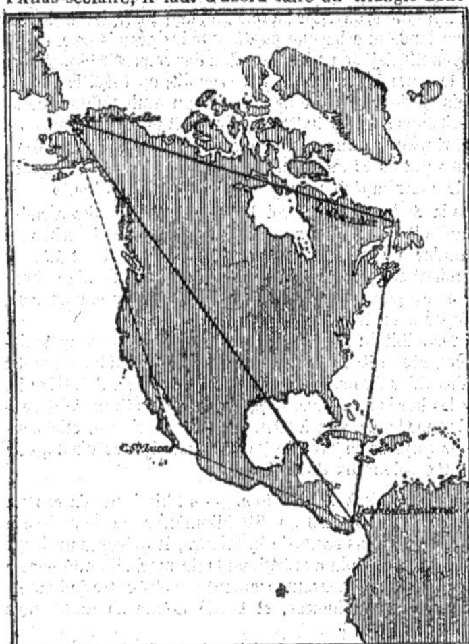

Tracé géométrique de l'Amérique du Nord.
(La partie ombrée représente les terres.)

Géographie physique. — I. En étudiant le relief du sol, le maître fera remarquer qu'il y a deux parties bien distinctes dans l'Amérique du nord.

1° La région de la Cordillère tranche sur tout le reste ; c'est, du nord au sud, un môle large et continu de hautes terres qui borde de très près le Grand océan et qui atteint presque partout une altitude supérieure à 2,000 mètres. On retrouve précisément la même disposition dans la Cordillère de l'Amérique du sud. Ce môle occupe presque toute la largeur du continent entre le golfe du Mexique et la mer des Antilles, d'une part, et le Grand océan, d'autre part, et laisse à peine place à quelques étroites plaines côtières. Il est interrompu à l'isthme de Téhuantépec, dont l'altitude n'atteint pas 300 mètres. Le môle se relève au sud de cet isthme ; mais il s'abaisse de nouveau dans l'isthme de Panama, où la crête que franchit aujourd'hui le chemin de fer de Colon à Panama et que coupera le canal maritime de Panama, n'a qu'une altitude de 87 mètres au-dessus du niveau de la mer.

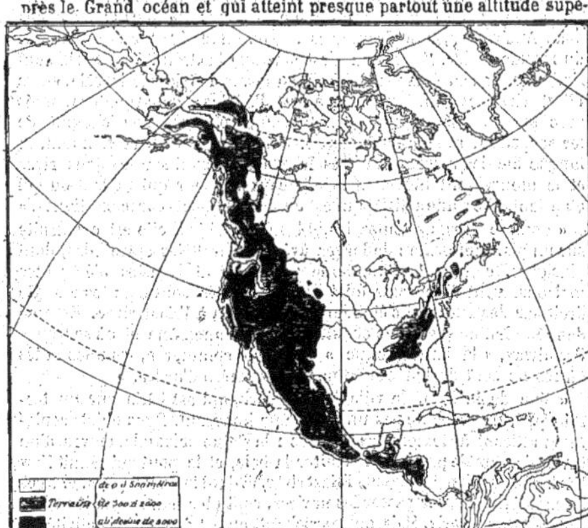

Carte hypsométrique de l'Amérique du Nord.

2° A l'est de ce môle, entre l'océan Glacial et le golfe du Mexique, règne une des plus grandes plaines du monde. La chaîne des Appalaches l'interrompt pour ainsi dire seule en la séparant de la plaine de l'Atlantique. La carte hypsométrique ci-jointe aidera le maître à faire comprendre cette structure générale.

II. En étudiant les eaux, le maître n'oubliera pas de dire que les cinq grands lacs constituent la plus grande masse d'eau douce qui existe sur le globe. Ils représentent une superficie près de quatre cent fois grande comme celle du lac de Genève, qui est un des plus grands lacs de l'Europe centrale.

Le maître insistera sur le Mississipi qui est un des plus grands fleuves du monde, dont le territoire a appartenu autrefois à la France et qui coule dans une des contrées les plus civilisées et les plus commerçantes de la terre. Pour attirer l'attention des élèves sur ce fleuve, il se servira de la lecture : *La découverte du Mississipi par un Français.*

III. Voici quelques indications relatives aux animaux et plantes représentées sur la figure de l'Atlas-scolaire.

1. *Ours blancs.* — L'ours blanc vit dans les régions glacées voisines du pôle. Il s'y nourrit surtout de phoques et de poissons.

2. *Morse* — 3 *Phoque.* — Le morse ou « cheval marin, » qui a deux défenses, et le phoque, qui n'a pas de défenses, sont des mammifères qui vivent dans l'eau, mais qui séjournent aussi hors de l'eau, sur la glace ou sur les rochers. Ils se trouvent dans les régions voisines du pôle et sur les côtes septentrionales de l'Atlantique et du Pacifique. Des bâtiments sont armés pour la chasse de ces animaux : on en tire de l'huile, du cuir et de l'ivoire.

4. *Bœuf musqué.* — Le bœuf musqué, nommé aussi ovibos parce que sa tête rappelle celle du mouton, est un animal rare, qui vit, comme les précédents, dans la région polaire.

5. *Bison.* — Le bison est une espèce de buffle sauvage dont le poil est crépu, la tête et les cornes fortes, le dos bossu. Il y avait autrefois beaucoup de bisons dans l'Amérique du nord. La chasse et les progrès de la colonisation en ont beaucoup diminué le nombre, et on n'en trouve plus guère aujourd'hui qu'à l'ouest du Mississipi et dans le bassin du Mackensie.

6. *Castors.* — Le castor est un animal du genre des rongeurs, qui vit sur l'eau ; avec sa queue large et plate et ses pattes courtes, il nage très bien. Il tient le milieu entre le lièvre et le renard pour la grosseur. Il a une grande habileté à couper des branches d'arbres avec ses dents, et à construire dans l'eau des digues et des huttes où ces animaux se rassemblent par troupes l'hiver. Le castor, dont la fourrure est recherchée, pullulait autrefois au Canada et dans le nord de l'Amérique. On l'a beaucoup chassé, et aujourd'hui il est devenu plus rare.

7. *Porcs.* — Les porcs, importés d'Europe, se sont multipliés aux États-Unis et sont devenus une des branches importantes de la richesse nationale et du commerce d'exportation de ce pays.

8. *Dindons.* — La poule d'Inde ou dindon est originaire de l'Amérique du nord. On lui a donné ce nom précisément parce qu'elle venait de l'Amérique qu'on appelait autrefois Indes occidentales.

9. *Cotonnier.* — Le cotonnier est un arbrisseau dont les graines, enveloppées dans une capsule, sont garnies d'un abondant duvet : ce duvet est le coton. Le cotonnier est cultivé dans les deux Amériques, en Afrique, en Asie, quelque peu même en Europe. Il a été placé ici, parce que nul pays n'en produit autant que les États-Unis.

10. *Maïs.* — Il en est de même du maïs. C'est une céréale qui est cultivée même en France ; mais aucun pays n'en récolte autant que les États-Unis.

11. *Acajou.* — Les bois d'ébénisterie sont en grand nombre dans la zone tropicale. L'acajou, nom sous lequel on désigne plusieurs espèces d'arbres, est un des principaux.

Géographie politique. — En étudiant la géographie politique, il y a deux points sur lesquels le maître donnera quelques explications : la population française du Canada et les progrès des États-Unis.

Le Canada est une colonie française. Il a eu ses premiers colons en 1608, date de la fondation de Québec. Il comptait environ 65,000 habitants de race blanche, lorsqu'en 1763 la France, après une guerre désastreuse, dut céder cette colonie à l'Angleterre. La population demeura française et catholique et, malgré les rigueurs du gouvernement britannique pendant le XVIIIe siècle, elle prospéra dans le Bas-Canada,

Les colons anglais, qui vinrent ensuite, s'établirent la plupart plus au sud dans le Haut-Canada. La population totale du Haut et du Bas-Canada est aujourd'hui (recensement de 1881) de 3,282,000 individus : c'est une des populations du globe dont l'accroissement a été le plus rapide depuis un siècle. Sur ce nombre, le Bas-Canada, où la population est presque en totalité d'origine française, compte pour 1,359,000 et, avec les autres Français établis au Manitoba et aux États-Unis, on évalue à 1,750,000 le total des gens d'origine et de langue française qui vivent aujourd'hui dans ces contrées.

Voici quelques chiffres qui pourront aider le maître à donner une idée des progrès des États-Unis.

	Population.	Commerce extérieur.
1790	3,929,297 hab.	241 millions de francs
1830	12,866,020 »	723 —
1880	50,155,783 »	7,515 —

Les États-Unis ont aujourd'hui une population qui est de 13 millions plus forte que la population de la France. Jusqu'en 1860 il en était autrement. Le premier recensement français (en 1801) donnait 27,349,000 habitants, et le second recensement américain (en 1800) 5,305,000 habitants; en 1861, le dixième recensement français donnait en tout 37,449,000 habitants, et le huitième recensement des États-Unis donnait 31,443,000 habitants. Mais, comme la population des États-Unis s'accroît beaucoup plus vite que la population française, les États-Unis ont trouvé, en 1880, à leur dixième recensement, 50,155,000 habitants sans compter les tribus d'Indiens, et la France, à son quatorzième recensement, en 1882, a trouvé 37,334,000 habitants.

Lectures. — 22e LECTURE. — *La chute du Niagara.* — « Le Niagara est un cours d'eau large et profond par lequel les eaux du lac Erié, et, par conséquent, celles des trois autres lacs situés en amont, se déversent dans le lac Ontario. Il roule une masse d'eau considérable, à travers une région boisée, peu accidentée, sur la limite du Canada et des États-Unis. »

« Vers les deux tiers de son cours, en un point où son lit est partagé en deux bras par une petite île verdoyante, l'île des Chèvres, le sol semble tout à coup manquer au Niagara. La nature avait creusé un long ravin très profond, coupé à pic de toutes parts : toute la masse des eaux du fleuve s'y précipite avec un fracas épouvantable. Déjà, à quelques kilomètres en amont, attiré par l'abîme, il acquiert une vitesse vertigineuse ; ses flots se pressent et se succèdent sans cesse en écumant avec une rapidité qui donne le vertige. »

« Parvenu sur le bord même de cet abîme, il tombe d'une chute de cinquante mètres en étalant son immense nappe d'un vert transparent ; de longues traînées d'écume blanche tranchent comme des fils d'argent sur ce fond d'émeraude. L'eau a usé le roc, dont la partie centrale, celle où se porte le principal effort du fleuve, s'est creusée en formant une ligne concave : c'est ce qui a fait donner à la chute le nom de Fer à cheval. Les aspérités du roc divisent la grande nappe en plusieurs nappes qui, ayant des inclinaisons différentes, se rencontrent et se heurtent dans le gouffre en faisant jaillir des gerbes d'écume ; elles frappent toutes du poids énorme de leur chute le fond de l'abîme et en font incessamment monter d'autres gerbes et des nuages de poussière d'eau qui obscurcissent l'atmosphère et qu'un vent violent, produit par la cataracte même, chasse en aval. C'est surtout vers le milieu, où les nappes convergent, que ce combat des eaux est le plus terrible et que les gerbes lancées comme les fusées d'un feu d'artifice montent le plus haut dans les airs en produisant un fracas effroyable. Ce spectacle est un des plus grandioses qu'il soit donné à l'homme de contempler. »

« Cependant le bras du fleuve qui a contourné l'île des Chèvres, atteint à son tour le bord du ravin et tombe tout à coup d'une chute plus uniforme, avec une masse d'eau moindre; mais l'effet n'est guère moins saisissant et il complète l'ensemble d'un tableau unique au monde. »

« L'hiver, sous un climat où le froid est très rigoureux, les bords de la chute et une partie de ses nappes se congèlent, en formant des cascades et des voûtes de glace dont l'étrange beauté n'attire pas moins de curieux que la chute elle-même. »

23e LECTURE. — *La découverte du Mississipi par un Français.* — « Les Français ont découvert et peuplé les premiers le Canada : Québec a été fondée sur la rive gauche du Saint-Laurent, en 1608, sous le règne du roi Henri IV. Bientôt les colons, remontant le fleuve, parvinrent jusqu'aux grands lacs, y bâtirent quelques forts et s'aventurèrent dans l'ouest à la chasse des castors et à la recherche de pays nouveaux. Au milieu du dix-septième siècle, ils étaient parvenus à l'extrémité du lac Supérieur. »

« Un jésuite, le père Marquette établi au sud du lac Michigan, apprit par les sauvages qu'à quelques journées du lac se trouvait le Mississipi, c'est-à-dire « le grand fleuve collecteur, « que leur imagination leur représentait comme peuplé de monstres. Trois ans après, il partit accompagné d'un trafiquant nommé Joliet, et, quoique abandonnés de leurs guides, les deux Français portèrent leurs canots d'écorce de la rivière des Renards jusqu'au Wisconsin, descendirent ce dernier cours d'eau jusqu'à son confluent, puis s'abandonnèrent au fil de l'eau sur le Mississipi jusqu'au confluent de l'Arkansas ; de là, ils revinrent aux grands lacs. C'était en l'année 1673. »

« Un intrépide pionnier, Cavelier de la Salle, natif de Normandie, qui avait le premier lancé une barque pontée sur les grands lacs, et qui avait peut-être pénétré déjà, en 1669, jusqu'au fleuve par l'Ohio, résolut de reconnaître le cours du Mississipi. Il descendit, en 1682, la rivière des Illinois, puis le fleuve lui-même jusqu'à son embouchure, constata qu'il se jetait dans le golfe du Mexique, en prit possession au nom de la France et vint en annoncer la nouvelle à Québec et à Versailles, pendant que deux autres Français complétaient cette reconnaissance en remontant le cours supérieur jusqu'au saut Saint-Antoine. »

« Cavelier de la Salle obtint du roi Louis XIV une petite escadre à l'aide de laquelle il devait aller reconnaître par mer les bouches du Mississipi et fonder un premier établissement; mais il fut déposé par le commandant de l'escadre bien loin à l'ouest de l'embouchure et après avoir erré quelque temps et enduré de cruelles souffrances, il fut assassiné par deux traîtres de son escorte. »

« La France recueillit du moins quelque temps le profit de cette découverte. La contrée prit le nom de Louisiane en l'honneur de Louis XIV, et des villes françaises, la Nouvelle-Orléans, Saint-Louis, s'élevèrent sur les bords du fleuve. Lorsqu'en 1763, la France fut contrainte d'abandonner le Canada à l'Angleterre victorieuse, elle conserva encore les pays de la rive droite du Mississipi; ce n'est qu'en 1803 qu'elle en fit cession aux États-Unis. »

24e LECTURE. — *New York et l'Hudson.* — « L'Hudson n'a pas un cours très étendu : il ne mesure que 540 kilomètres de sa source à son embouchure. Mais, dans sa partie inférieure, il présente un large et profond estuaire, accessible aux bâtiments de mer, sillonné par de nombreux bateaux à vapeur, merveilleusement encadré entre de hautes collines, verdoyantes ou rocheuses, et bordé même de montagnes dans la région des Catskill. »

« Le navigateur anglais Hudson, qui le découvrit au commencement du XVIIe siècle, fut frappé de la beauté de cet estuaire et de la situation avantageuse de la petite île de Manhattan qui formait une pointe avancée entre l'embouchure du fleuve et un détroit nommé aujourd'hui East river, au fond d'une baie capable de fournir un mouillage sûr aux plus grandes flottes. »

« Comme Hudson commandait une escadre hollandaise, les Hollandais s'établirent les premiers à Manhattan. Mais en 1664, le pays fut occupé par les Anglais ; la petite bourgade, qui prit alors le nom de New York, était devenue un port florissant à l'époque où les colonies anglaises s'émancipèrent pour fonder la République des États-Unis. »

« New York n'a cessé de grandir depuis ce temps. C'est aujourd'hui une cité de plus d'un million d'habitants, la plus peuplée des deux Amériques, une des places de commerce les plus importantes du monde entier. Manhattan n'est plus que l'extrémité de la ville qui s'allonge bien au delà vers le nord, en forme de triangle isocèle, entre l'East river et l'Hudson. Elle a peu d'édifices remarquables; mais avec ses tramways, ses omnibus, ses voitures, son chemin de fer suspendu, avec la foule des gens affairés qui vont et viennent, la longue file des navires amarrés la poupe au quai sur les deux rives et le mouvement incessant des bateaux à vapeur qui partent ou qui abordent, elle a une activité qui est un de ses aspects caractéristiques. »

« Comme presque toutes les villes d'Amérique, elle est construite sur un plan uniforme : de larges avenues parallèles entre elles, dont plusieurs, comme la Cinquième avenue, sont bordées d'élégantes maisons, vont d'une extrémité à l'autre ; elles sont coupées à angle droit par des rues qui s'étendent de l'Hudson à l'East river. Excepté dans Manhattan qui est de construction plus ancienne et où se trouve Broadway, « la large avenue, » centre du commerce, les unes et les autres ne sont désignées que par leur numéro d'ordre. »

« Vue de la baie, la ville de New York, qui est bâtie sur un terrain plat, ne présente pas un panorama imposant. Deux objets seulement attirent fortement les regards : la statue colossale, œuvre d'un Français, dont le phare doit éclairer la baie, et le pont qui réunit New York à Brooklyn par-dessus l'East river, et dont les deux piles, élevées de manière à laisser passer les navires, sont plus hautes que les tours Notre-Dame à Paris. Mais, en approchant, on est frappé de l'activité du mouvement maritime et on comprend la puissance de cette ruche humaine où, avec New York au centre, Brooklyn à l'est, Jersey City et Hoboken à l'ouest, deux millions d'hommes, actifs et industrieux, se trouvent groupés dans une magnifique situation commerciale. »

L'océan Atlantique reçoit aussi le *Connecticut*, l'*Hudson*, la *Susquehanna*, la *Delaware*, le *Potomac*, le *James*, le *Roanoké*.

3° Le *golfe du Mexique* reçoit le **Mississipi**, *un des plus grands fleuves du monde*. Ce fleuve reçoit le **Missouri**, l'*Ohio* grossi du *Tennessee*, l'*Arkansas*. Dans le golfe du Mexique se jettent aussi l'*Alabama* et le *rio Grande* del Norte (c'est-à-dire la grande rivière du nord).

4° Les principaux fleuves qui se jettent dans le *grand Océan*, sont : le *Yucon*, l'**Orégon**, le **rio Colorado** de l'ouest.

5° Dans le Grand Bassin, le **grand lac Salé** est sans communication avec l'Océan.

ÉTATS, COLONIES ET VILLES.

(Voir les cartes n°s 53 et 54.)

1° Tout le centre de l'Amérique est occupé par les **Etats-Unis**, qui possèdent aussi, au nord-ouest, le *territoire d'Alaska*. La population est de *plus de 50 millions d'habitants*.

La *République des États-Unis* est ainsi nommée parce qu'elle est formée de plusieurs États régis par un gouvernement commun.

Ces États sont au nombre de 38. Dans le nord-est sont les six États de la *Nouvelle-Angleterre* (Maine, Vermont, New Hampshire, *Massachusetts*, *Connecticut*, Rhode Island), le *New York* et la *Pennsylvanie*.

Les États les plus importants des autres régions sont : au sud-est, la *Virginie* et la *Virginie occidentale*, les deux *Carolines*, la *Géorgie*; dans le centre, l'*Ohio*, *le Michigan*, l'*Indiana*, l'*Illinois*, le *Kentucky*, le *Tennessee*; dans le sud, la *Louisiane* qui a appartenu à la France, avec toute la vallée du Mississipi, le *Texas*; dans l'ouest, la *Californie*.

N° 15 — Carte des États-Unis (Est et centre)

Capitale : **Washington**, sur le *Potomac*, ville

Le Capitole, où siège le Congrès, à Washington.

ainsi nommée du nom du général auquel les États-Unis, anciennes colonies anglaises, doivent leur indépendance; c'est le siège du gouvernement fédéral. — Villes princ. : **New York** sur l'Hudson, le plus grand port et la ville la plus peuplée de toute l'Amérique (plus de 1 million d'hab.); **Philadelphie**; *Boston*, la ville princ. du Massachusetts; *Baltimore*, *Richmond*, *Charleston*, près de l'Atlantique; *Chicago* et *Buffalo*, sur le lac Michigan; *Pittsbourg*, *Cincinnati*, *Louisville*, sur l'Ohio; *Saint-Louis* et la *Nouvelle-Orléans*, fondées par des Français; *San Francisco*, port sur le Pacifique.

Les États-Unis, dont le territoire est presque grand comme l'Europe, récoltent en très grande abondance le *maïs*, le *froment*, le *tabac* dans le centre; le *coton* et le *riz* dans le sud. On y élève en grand nombre les *chevaux*, les *bœufs* et les **porcs**.

New-York (avant la construction du pont)

La *houille* et le *fer* abondent dans les monts Apalaches; le *cuivre*, sur les bords du lac Supérieur : l'*argent*, sur le plateau de la Cordillère; l'*or*, en Californie.

Les industries manufacturières se trouvent surtout dans les *Etats du nord-est*.

De nombreux *chemins de fer* sillonnent les États-Unis dans tous les sens : le chemin de fer du Pacifique réunit San-Francisco aux ports de l'Atlantique.

2° Les autres États sont :

Le **Mexique**, capitale : *Mexico*; port principal, *La Vera Cruz*.

Les cinq républiques comprises dans l'*Amérique centrale* : **Guatemala**, **Honduras**, **Salvador**, **Nicaragua**, **Costa-Rica**.

Les deux républiques de l'île d'Haïti : **Haïti** et **Saint-Domingue**.

Le *sucre*, le *café*, le *cacao* avec lequel on fait le chocolat, la *vanille* sont les principales productions de ces États situés dans la région tropicale.

3° La principale *colonie britannique* est le **Dominion du Canada**, ou *Puissance du Canada*, confédération de plusieurs colonies; capitale fédérale : *Ottawa*. Les plus importantes colonies sont : le *Bas-Canada*, capit. *Québec* et ville princ. *Montréal*; le *Haut-Canada*, capit. *Ontario*. Ces contrées appartenaient autrefois à la France; on y compte aujourd'hui un million et demi d'hommes parlant le fran-

Québec et le Saint-Laurent.

çais. Les autres colonies britanniques sont : **Terre-Neuve**, les *îles Bermudes*, le *Honduras britannique*, les **Indes occidentales** comprenant les *îles Bahama* et une grande partie des Antilles : **Jamaïque**, *Barbade*, *Trinité*.

Les *colonies françaises* sont : les deux petites îles *Saint-Pierre* et *Miquelon*, au sud de Terre-Neuve; la **Guadeloupe**, avec ses dépendances, et la **Martinique**, dans les petites Antilles.

A l'*Espagne* appartiennent **Cuba**, chef-lieu la *Havane*, et *Puerto-Rico*.

Le *bois*, les *céréales*, les *fourrures* sont les principaux produits du Canada.

Le *sucre*, le *café*, le *tabac* sont les principales productions des colonies tropicales.

XI. L'AMÉRIQUE DU SUD.

(Voir la carte n° 15.)

CONTOURS ET CÔTES.

L'Amérique du sud est la partie méridionale du *continent américain.*

1° La *côte nord-est* s'étend de l'**isthme de Panama,** isthme étroit et peu élevé, qui relie les deux Amériques, jusqu'au **cap Saint-Roch.** Elle est baignée par la **mer des Antilles** et par l'**océan Atlantique.** L'archipel des *petites Antilles* s'étend jusqu'à cette côte.

2° La *côte sud-est,* qui s'étend du cap Saint-Roch au **cap Horn,** est baignée par l'**océan Atlantique.** Au sud se trouvent les *îles Falkland,* le **détroit de Magellan,** que Magellan découvrit en pénétrant le premier dans le grand Océan ; l'archipel de la **Terre de Feu,** avec le cap Horn, situé dans l'île la plus méridionale.

3° La *côte occidentale,* du cap Horn à l'**isthme de Panama,** est baignée par le **grand Océan.** Au sud, la côte est bordée d'îles : *îles Wellington, île Chiloé.* Au centre est le *golfe d'Arica ;* plus au nord, sont la *pointe Parina* et les *îles Galapagos.*

RELIEF DU SOL.

1° L'Amérique du sud est bordée, à l'ouest, par un énorme massif de montagnes et de plateaux qui s'étend tout le long du grand Océan : c'est la **Cordillère du sud** ou chaîne des **Andes,** une des plus grandes chaînes du monde. La plupart des sommets, presque

Forêt vierge de la plaine de l'Amazone.

aussi hauts que ceux de l'Himalaya, *Chimborazo, Illampou, Aconcagua,* sont volcaniques. Au centre est le vaste et haut *plateau du Pérou.*

2° A l'est des Andes s'étendent d'immenses plaines : *plaine de l'Orénoque, plaine de l'Amazone,* couverte de forêts vierges, *plaine des Pampas,* où poussent de grandes herbes.

3° Le **Massif de la Guyane** forme une région montagneuse, peu explorée, entre le bassin de l'Orénoque et celui de l'Amazone.

4° Le **Grand massif du Brésil** se compose de plateaux et de chaînes bien moins élevés que les Andes ; la principale chaîne est la *sierra do Mar,* avec le *pic d'Itatiaia.*

ÉCHELLE 1 = 60,000,000, soit 1 millimètre pour 60 kilomètres.

N° 16. — Carte de l'Amérique du sud.

COURS D'EAU ET LACS.

1° L'Amérique du sud n'a aucun cours d'eau important du côté du grand Océan, parce que les Andes bordent la mer de trop près.

2° Sur le versant de l'*océan Atlantique,* sont :

Au nord, la *Magdalena* et l'**Orénoque.**

Au centre, l'**Amazone,** *le plus puissant fleuve du monde par l'abondance de ses eaux.* L'Amazone prend sa source sur le plateau du Pérou ; il arrose ensuite l'immense plaine qui porte son nom ; il a un cours plus de six fois long comme la France. Il reçoit beaucoup de rivières aussi grandes que les plus grands fleuves de l'Eu-

Animaux et plantes de l'Amérique du Sud.

rope : le *rio Negro,* le **Madeira,** le *Tocantins.*

Le *San-Francisco* arrose la partie orientale du Brésil. Au sud, le **rio de la Plata,** très large estuaire, est formé par la réunion de l'*Uruguay* et du *Parana,* qui est lui-même grossi du *Paraguay.*

ÉTATS, COLONIES ET VILLES.

Sur le plateau du Pérou est le *lac Titicaca.*

1° Le plus important des États de l'Amérique du sud est l'**Empire du Brésil.**

Capitale **Rio-de-Janeiro,** située à l'entrée d'une vaste baie. — Villes princ. : *Recife* (ou Pernambuco) et *Bahia.*

Le *café,* le *sucre,* le *coton,* le *caoutchouc,* les *bois d'ébénisterie* sont les principales productions de cet empire.

2° États situés au nord et à l'ouest du Brésil :

Venezuela, capitale *Caracas.*

Colombie, capitale *Bogota.*

Équateur, capitale *Quito ;* port *Guayaquil.*

Pérou, capitale *Lima.*

Bolivie, capitales *la Paz* et *Chuquisaca.*

Le *café,* l'*argent,* le *guano,* le *salpêtre,* la *laine* des moutons et des lamas sont les principales productions de ces États.

3° États situés au sud-ouest du Brésil :

Paraguay, capitale *Assomption.*

Uruguay, capitale *Montévideo.*

République Argentine, capitale *Buenos-Ayres.*

Chili, situé sur la côte de l'océan Pacifique ; capitale *Santiago ;* port principal, *Valparaiso.*

Dans cette dernière région la principale richesse consiste dans l'élevage des chevaux, des *bœufs* et

Rio-de-Janeiro.

des *moutons.* Le Chili a des mines de *cuivre* et exploite le *salpêtre.*

4° Les colonies européennes sont :

En **Guyane :** la *Guyane française,* ch.-l. *Cayenne ;* la *Guyane néerlandaise,* appartenant aux Pays-Bas ; la *Guyane britannique,* à l'Angleterre.

AMÉRIQUE DU SUD.

Méthode et commentaire. — La carte de l'Amérique du sud est à l'échelle de 1/60,000,000e, soit 1 millimètre pour 60 kilomètres.

Pour construire une carte semblable, on peut d'abord faire un triangle rectangle dont le grand côté serait très légèrement incliné vers le sud-est. Les deux extrémités de ce côté marqueraient la pointe Gallinas et le cap Horn ; le sommet de l'angle droit serait le cap Saint-Roch. Un autre triangle, beaucoup plus surbaissé et de côtés très inégaux, donnerait la position de la pointe Parina. L'ensemble de la figure à quatre côtés que l'on obtient ainsi, aide à dessiner le contour de l'Amérique du sud ; mais il faut observer que la côte déborde hors de ce cadre au nord-est et au nord-ouest, et qu'au contraire, au sud-ouest et au sud-est, elle forme deux concavités.

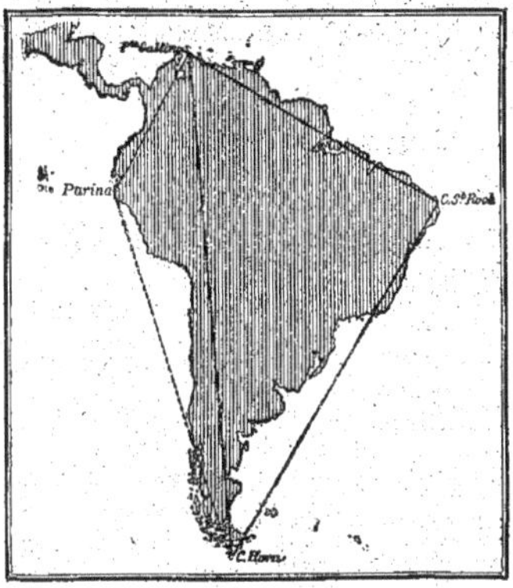

Tracé géométrique de l'Amérique du Sud.
(La partie ombrée représente les terres.)

I. En étudiant le relief du sol de l'Amérique du sud, le maître fera comprendre aux élèves la structure très simple et très caractérisée de ce relief. A l'ouest, la Cordillère est un énorme massif de hautes terres, formant comme un môle gigantesque qui s'étend sans interruption du nord au sud avec une altitude qui est presque partout supérieure à 3,000 mètres et souvent à 4,000 mètres et dont l'épaisseur varie d'une centaine de kilomètres à plus de 500 kilomètres. A l'ouest, les pentes de ce môle descendent presque jusque dans la mer et ne laissent place pour une plaine de quelque étendue qu'au Chili. A l'est, les pentes du môle descendent dans une plaine peu élevée au-dessus du niveau de la mer. Cette plaine règne d'une manière continue du nord au sud de l'Amérique, de sorte que les autres parties montagneuses, à l'exception de la chaîne côtière du Venezuela, ne se relient en aucune façon à la Cordillère, tandis que les grandes plaines communiquent les unes avec les autres de plain-pied, la plaine de l'Orénoque, la plaine de l'Amazone, la plaine des Pampas et la Patagonie. Le massif de la Guyane et le Grand massif du Brésil sont ainsi comme deux îles hautes au milieu d'un océan de plaines. La carte hypsométrique ci-jointe aidera le maître à comprendre et à faire comprendre à ses élèves cette structure de l'Amérique du sud.

Carte hypsométrique de l'Amérique du sud.

II. En parlant des eaux, le maître insistera sur l'Amazone et reprendra à ce sujet la lecture, l'*Amazone* (p. 9); ce fleuve a été décrit dans le chapitre de la Terre comme étant en quelque sorte le type des grands fleuves.

III. Voici la liste des animaux et des plantes représentés sur la figure de l'Atlas-scolaire :

1. *Singes.* — Les singes de diverses espèces pullulent dans les forêts tropicales de l'Amérique et surtout dans celles de la Guyane et de la plaine de l'Amazone. Les Indiens chassent et mangent des singes.

2. *Jaguars.* — Le jaguar est un animal carnassier qui ressemble au tigre, mais qui est un peu plus petit, d'un pelage différent, et qu'on trouve sous les climats chauds de l'Amérique du sud ; c'est un animal très agile et redoutable.

3. *Tapirs.* — Les tapirs sont des pachidermes qui rappellent un peu le sanglier, mais qui n'ont pas de soies et dont le museau est allongé de manière à former une courte trompe. Les tapirs sont très communs dans les forêts de la zone tropicale ; les Indiens les chassent et se nourrissent de leur chair.

4. *Lamas.* — Les lamas sont en quelque sorte les chameaux de l'Amérique. Ils se trouvent dans la région des Andes. Ils vivent à l'état domestique, et ils sont employés comme bêtes de somme, surtout pour les transports dans les montagnes. On fait commerce de la laine du lama, et surtout de la vigogne et de l'alpaca, qui sont d'autres espèces du même genre.

5. *Bœuf.* — 6. *Cheval.* — Le bœuf et le cheval ne sont pas indigènes en Amérique. Ils ont été importés par les Européens ; ils se sont multipliés et ils sont aujourd'hui au nombre des principales richesses du bassin de la Plata. Nous aurions pu ajouter sur la figure le *Mouton*, qui est dans le même cas.

7. *Ara.* — L'ara est un des plus grands et des plus beaux oiseaux du genre perroquet. Les perroquets d'espèces très diverses abondent dans les forêts vierges de l'Amérique du sud.

8. *Condor.* — Le condor, qu'on appelle aussi le grand vautour des Andes, est le plus grand des oiseaux de proie. Il ressemble en effet au vautour, mais il est beaucoup plus fort. Un condor, les ailes déployées, a une envergure de 2 à 3 mètres. Cet oiseau vit dans les parties les plus élevées de la Cordillère.

9. *Toucan.* — Le toucan est un oiseau qui a un beau plumage et un très gros bec ; il est presque aussi commun que le perroquet dans les forêts de l'Amérique du sud.

10. *Alligators.* — Les alligators ou caïmans sont des sauriens du même genre que les crocrodiles. Leur museau large et obtus diffère de celui du crocodile. Ils sont très nombreux dans les cours d'eau et dans les marais de la zone tropicale.

11. *Quinquinas.* — Les quinquinas ou chichonas sont des arbres ou des arbustes qui poussent sur les flancs de la Cordillère, depuis la Colombie jusqu'à la Bolivie, principalement sur le versant oriental. Il y en a plusieurs espèces. On détache l'écorce qui est le quinquina médicinal et qui est employée comme fébrifuge.

12. *Ebénier.* — L'ébénier, dénomination sous laquelle on comprend des végétaux d'espèces diverses (la principale est le plaqueminier), est un des nombreux bois d'ébénisterie que l'on exploite dans les forêts tropicales de l'Amérique du sud. La figure aurait pu représenter également le *palissandre* et l'*acajou*.

Lectures. — 25e Lecture. — *Rio-de-Janeiro.* — « Rio-de-Janeiro est la capitale du Brésil et la ville la plus peuplée de toute l'Amérique du sud : elle compte, avec ses faubourgs, plus de 275,000 habitants. »

« Elle doit sa fortune à sa situation sur la limite des zones tropicale et tempérée, à l'entrée d'une des plus belles baies de l'océan Atlantique. La baie de Rio-de-Janeiro, qu'avait découverte Magellan dans son voyage autour du monde et où des Français, conduits par Villegaignon, s'étaient établis dès l'année 1555, avant les Portugais, présente à l'intérieur un développement de côtes de plus de cent kilomètres et est semée de nombreuses îles ; elle pourrait abriter toutes les flottes réunies de l'Europe et de l'Amérique. La riche végétation tropicale qui en pare les rives et les hautes crêtes boisées qui ferment l'horizon lui prêtent un charme particulier. L'entrée, qui n'a guère plus d'un kilomètre et demi de largeur, est dominée, d'un côté, par une montagne à laquelle sa forme a fait donner le nom de « pain de sucre », et de l'autre, par le fort de Santa-Cruz.

« Quand on a franchi le goulet et dépassé l'île fortifiée de Villegaignon, on commence à distinguer la ville de Rio-de-Janeiro, bâtie sur la rive occidentale de la baie, et tout d'abord l'île das Cobras et la pointe de Callabouço sur laquelle s'élève l'arsenal. L'ancienne ville, où est principalement concentrée l'activité commerciale, est basse : elle occupe la partie orientale avec ses docks, ses maisons aux toits rouges, ses rues étroites, tortueuses, mal pavées et quelquefois inondées par les orages ; plusieurs cependant, comme la rue d'Ouvidor, sont très animées et garnies d'élégantes boutiques sur lesquelles on voit autant d'enseignes en français qu'en portugais. »

« Rio-de-Janeiro a quelques beaux édifices, tels que l'hôpital de la Miséricorde, l'hospice de Pedro II, l'hôtel des Monnaies, la Banque. A l'ouest de la grande place de l'Acclamation et de la place de Constitution transformées en jardin public, commence la nouvelle ville, qui présente des rues droites et larges, de grandes places, quelques constructions monumentales et qui se relient aux faubourgs par une suite ininterrompue de maisons. »

LES DÉCOUVERTES.

Le professeur ne peut pas s'étendre longuement sur les découvertes; il lui suffit de donner à ses élèves quelques idées justes sur la manière dont les diverses parties de la Terre ont été successivement connues des Européens, et de leur citer le nom des principaux voyageurs français qui ont contribué à ces découvertes.

Cependant, si le professeur trouve quelques heures de loisir dans le cours de l'année, il les emploiera utilement en lisant à ses élèves quelques récits de voyages; de pareilles lectures intéressent presque toujours les enfants et les instruisent.

Il trouvera d'ailleurs dans les pages précédentes du Livre du maître deux lectures qu'il pourra faire à ses élèves, s'il ne les a déjà faites, la lecture 20, *les découvertes des Portugais* (page 16), et la lecture 23, *la découverte du Mississipi par un Français* (page 21). Nous y ajoutons ici une autre lecture, *Marco Polo*. Nous donnons en outre un tableau chronologique résumant les principales découvertes depuis le temps des croisades.

TABLEAU CHRONOLOGIQUE DES PRINCIPALES DÉCOUVERTES.

ASIE.

1245. — Voyage d'Ascelin à Khiva.
1246. — Voyage de *Plan Carpin* dans l'Asie centrale.
1253. — Voyage de *Rubrouck* à Karakoram.
1271-1295. — Voyages de *Marco Polo* en Asie et séjour en Chine.
1497-1498. — *Vasco de Gama* (portugais) aborde dans l'Inde.
1517. — Les Portugais abordent en Chine.
1542. — Les Portugais abordent au Japon.
1578. — Le Cosaque Yermak pénètre en Sibérie.
1648. — Le Cosaque Dejnev navigue au delà de la pointe orientale de l'Asie (cap Oriental).
1725-1743. — Reconnaissance des côtes de Sibérie par les Russes.
1741. — *Béring* franchit le détroit de Béring.
1808. — Voyage de Webb à la source du Gange.
1820-1823. — Voyages de Wrangel sur les côtes de la Sibérie.
1838. — Voyage de Wood au Pamir.
1842-1845. — Voyage de Middendorff en Sibérie.
1846. — Voyage du père Huc au Tibet.
1845-1847. — Géodésie de l'Himalaya par les Anglais.
1856. — Traversée du Karakoroum par les frères Schlagintweit.
1866-1868. — Expédition de Lagrée et Garnier sur le Mé-kong.
1877. — Voyage de Prjevalski au Lob-noor.
1878. — *Nordenskiœld* fait la circumnavigation de l'ancien continent par le nord de l'Asie.

AFRIQUE.

1402. — Le Français Béthencourt aux Canaries.
1419-1420. — Découverte de Madère par les Portugais.
1462-1472. — Découverte des côtes de Guinée par les Portugais.
1486. — *Barthélemy Diaz* (portugais) découvre le cap de Bonne-Espérance.
1526. — Voyage de *Léon l'Africain* dans le nord de l'Afrique.
1790. — Bruce découvre la source du Nil bleu.
1795-1800. — Voyage de *Mungo Park* au Niger.
1823. — Voyage de Denham et Clapperton au lac Tchad.
1827. — Voyage de Clapperton et Lander au Niger.
1828. — Voyage de René Caillié à Timbouctou.
1849. — *Livingstone* découvre le lac Ngami.
1850-1856. — Voyage de *Barth* et de *Vogel* au Soudan.
1852-1855. — *Livingstone* traverse l'Afrique australe.
1858. — Découverte des lacs Tanganyika et Victoria par Burton et Speke.
1859-1860. — Voyage de Duveyrier dans le Sahara.
1861-1863. — Découverte des sources du Nil par Speke et Grant.
1866-1867. — Rohlfs traverse l'Afrique.
1867-1873. — Derniers voyages de *Livingstone* dans le bassin du Congo.
1870-1874. — Voyage de Nachtigal au Soudan.
1873-1875. — Cameron traverse l'Afrique australe.
1877. — *Stanley* découvre le cours du Congo.
1880-1882. — Voyages de Gallieni, de Derrien, de Borgnis-Desbordes, du Sénégal au Niger.
1880. — Voyage de Brazza par l'Ogooué au Congo.

AMÉRIQUE.

1492-1502. — *Christophe Colomb* (génois au service de l'Espagne), aborde aux îles Bahama et découvre les Antilles et la côte de l'Amérique centrale.
1494-1517 — Jean et Sébastien *Cabot* découvrent Terre-Neuve et la côte septentrionale de l'Amérique.
1500. — *Alvarez Cabral* (portugais), aborde au Brésil.
1501-1503. — Voyages d'Améric Vespuce sur les côtes de l'Amérique du sud.
1513. — *Nunez de Balboa* découvre la Mer du sud (océan Pacifique) en traversant l'isthme de Panama.
1508-1516. — *Juan de Solis* découvre le rio de la Plata.
1519-1521. — *Cortez* conquiert le Mexique.
1519-1522. — *Magellan* découvre le détroit de Magellan, traverse l'océan Pacifique et découvre les Philippines. Premier voyage autour du monde.
1527-1545. — Découverte et conquête du Pérou par *Pizarre*.
1535. — Découverte et commencement de la conquête du Chili par *Almagro*.
1534. — *Jacques Cartier* découvre le Saint-Laurent.
1541. — *Orellana* descend l'Amazone.
1615. — *Champlain* découvre le lac Ontario.
1673. — *Marquette* et *Joliet* découvrent le Mississipi.
1682. — *Cavelier de la Salle* descend le Mississipi jusqu'au golfe du Mexique.
1789. — *Mackensie* descend le fleuve Mackensie.
1799-1803. — Voyages de *Humboldt* et de *Bonpland* dans l'Amérique tropicale.
1817-1820. — Voyage de Spix et Martius au Brésil.
1825-1826. — Voyages de Franklin sur le territoire de la baie d'Hudson.
1864. — Voyage d'Agassiz sur l'Amazone.

OCÉANIE ET OCÉAN PACIFIQUE.

1513. — Les Portugais abordent aux îles Moluques.
1577-1580. — Voyage de Francis *Drake* autour du monde.
1606. — Torrès découvre le détroit de Torrès.
1642. — *Tasman* découvre la Tasmanie et la Nouvelle-Zélande.
1768. — Voyage de Bougainville.
1768-1780. — Voyages de *Cook* dans l'Océanie (archipel de la Société, Nouvelle-Zélande), Hawaï et sur la côte orientale de l'Australie.
1785-1788. — Voyage de *La Pérouse* dans la partie septentrionale de l'océan Pacifique.
1791. — Voyage de Vaucouver sur la côte nord-ouest de l'Amérique.
1806. — Voyage de Burke en Australie.
1818-1820. — Voyage de Freycinet autour du monde.
1828-1831. — Découverte du Murray par Sturt.
1844-1848. — Voyage de Leichhardt en Australie.
1862. — Stuart traverse l'Australie.
1874-1876. — Warburton, Forrest, Giles, traversent l'Australie occidentale.

RÉGIONS POLAIRES.

1553. — Découverte de la mer Blanche par Chancellor, et de la Novaïa-Zemlia par Willoughby.
1587. — *Davis* découvre le détroit de Davis.
1594-1596. — *Barents* découvre la mer de Kara et le Spitzberg.
1610. — *Hudson* découvre le détroit d'Hudson.
1616. — *Baffin* découvre la mer de Baffin.
1768-1780. — Voyages de Cook dans l'océan Glacial du sud et dans l'océan Glacial du nord.
1819. — Voyage de Parry à la recherche du passage nord-ouest.
1829-1834. — John Ross découvre la presqu'île Boothia.
1837-1840 — Voyages de *Dumont d'Urville* et de Wilkes dans la région du pôle sud.
1841. — *James Ross* découvre la Terre Victoria.
1845-1847. — Expédition de Franklin à la recherche du passage nord-ouest.
1850-1854. — *Mac Clure* complète la découverte du passage nord-ouest.
1853. — Voyage de Kane vers le pôle nord.
1861. — Voyages de Hayes vers le pôle nord.
1871-1872. — Expédition de Hall vers le pôle nord.
1874. — Payer et Weyprecht découvrent la Terre François-Joseph.
1875-1876. — Expédition du capitaine Nares vers le pôle nord.

Lecture. — 26e LECTURE. — *Marco Polo.* — « La fortune a souri à Marco Polo. Il vivait dans un temps où les conquêtes de Gengis-Khan et de ses fils et petits-fils avaient mis sous la domination mongole la plus grande partie de l'Asie, des bords de la mer Noire à ceux de la mer de la Chine, et rendu les routes relativement plus sûres; au siècle précédent, cette sécurité n'existait pas encore; au siècle suivant, elle n'existait plus. A cette époque, les Croisades avaient créé des relations entre l'Europe et l'Asie; déjà, avant les Polo, deux voyageurs européens, Plan Carpin et Guillaume de Rubrouck, avaient frayé la voie jusqu'à Karakoram, au centre de la Mongolie. Le père et l'oncle de Marco Polo avaient même fait un premier voyage avec lui jusqu'à Cambaluc (nom ancien de Pékin) à la cour de Koubilaï-Khan. »

« Mais Marco Polo a dépassé tous ses devanciers par l'étendue de ses connaissances sur ces mystérieux pays et par l'intéressant récit qu'il en a dicté pendant qu'il était prisonnier à Gênes. »

« Marco Polo avait quinze ans quand il partit de Venise avec son père et son oncle, Maffeo et Nicolo Polo. De Laïas, port situé au fond du golfe d'Alexandrette, ils traversèrent l'Arménie, la Perse jusqu'au port d'Ormuz. N'ayant pas pu s'y embarquer, les trois Vénitiens achevèrent la traversée de la Perse, franchirent le plateau de Pamir, qu'on peut regarder comme l'extrémité des pays connus dans l'antiquité et comme la limite des régions peuplées par la race blanche. Après eux, aucun Européen n'a voyagé sur ce plateau jusqu'à la seconde moitié du XIXe siècle. Le désert de Gobi qu'ils parcoururent dans sa plus grande étendue, est encore en partie inconnu de la science européenne. »

« Le grand monarque Koubilaï régnait sur le Cathai ou Chine septentrionale, et venait de conquérir le Manzi, c'est-à-dire la Chine méridionale. Il prit en affection le jeune Marco Polo, qui avait en peu de temps appris les diverses langues du pays; il le chargea à plusieurs reprises d'importantes missions qui fournirent au voyageur l'occasion de visiter l'Indo-Chine, le Tibet oriental, une partie de l'Inde. Il lui confia même le gouvernement de Yanguy (aujourd'hui Yang-tcheou-fou). »

« Marco Polo resta plus de quinze ans au service du Khan, et il y serait resté sans doute, un peu malgré lui, plus longtemps encore, si les trois Vénitiens n'avaient obtenu la permission de conduire par mer une princesse mongole qu'un souverain de la Perse avait demandée en mariage. Le voyage, depuis le grand port chinois de Zaïton jusqu'au port persan d'Ormuz, dura trois années, qui furent fécondes pour les études du sagace observateur; car il visitait des régions entièrement inconnues des Européens, et il fut forcé de relâcher pendant toute une saison à Sumatra, et pendant deux autres saisons dans l'Inde. »

« Partis de Venise en 1271, les Polo n'y rentrèrent qu'en 1295. Ils eurent d'abord, comme Ulysse, quelque peine à se faire reconnaître de leur famille qui les croyait morts depuis longtemps. Ils rapportaient de grandes richesses en pierres fines et en or, et des richesses beaucoup plus précieuses en renseignements géographiques qui ont constitué le fonds des connaissances scientifiques sur l'Asie pendant le reste du moyen âge, et qui même ont contribué à la découverte de l'Améque, en suggérant à Christophe Colomb l'idée d'atteindre le Cathai par une navigation directe vers l'ouest. »

PRINCIPAUX VOYAGES DE DÉCOUVERTES
par E. Levasseur.

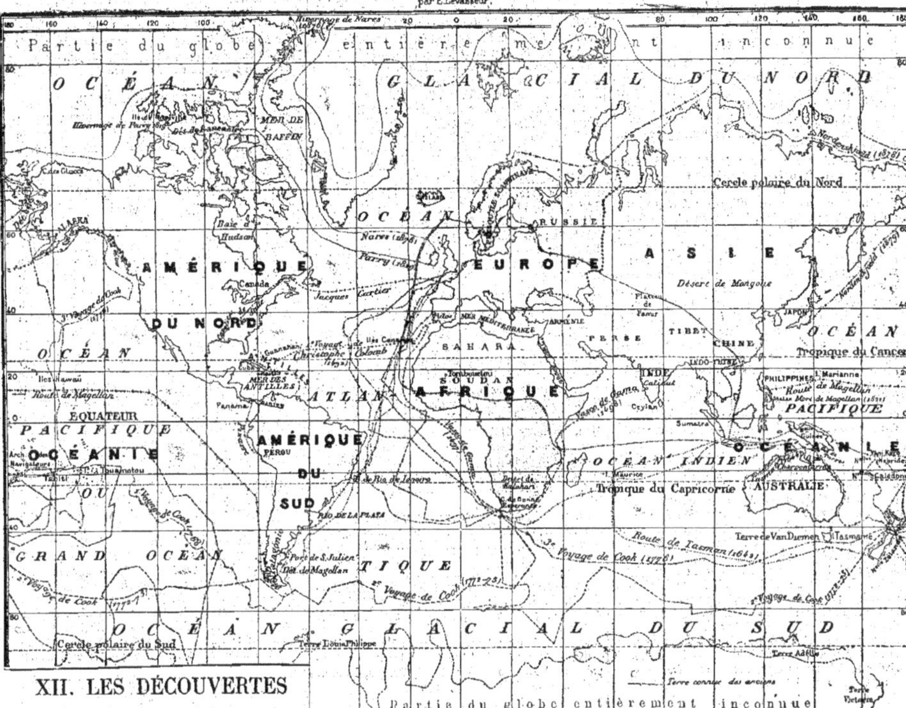

XII. LES DÉCOUVERTES

(Voir la carte n° 17.)

La Terre a été connue peu à peu, à mesure que les sociétés se sont civilisées, que le commerce a créé des relations entre les contrées et que les voyageurs ont exploré les régions sauvages ou inhabitées.

Dans l'*antiquité*, la science des Grecs et des Romains se bornait à peu près à la connaissance des **régions voisines de la Méditerranée** ou *mer intérieure*, comprenant l'Europe méridionale, occidentale et centrale, l'Afrique septentrionale et la partie occidentale de l'Asie *jusqu'à l'Indus*.

Le moyen âge n'a pas ajouté beaucoup à la science géographique de l'antiquité. Cependant, les îles du nord de l'Europe ont été explorées par les *Scandinaves*; les *Arabes* ont fait mieux connaître l'Asie occidentale et l'Afrique septentrionale; les *croisades* et le commerce ont contribué à répandre les connaissances des Arabes en Europe. — Le plus célèbre des voyageurs du moyen âge est un Vénitien, **Marco Polo**, qui, dans la seconde moitié du treizième siècle, visita l'Asie, séjourna dix-sept ans en Chine et donna le récit de ses voyages.

A la fin du quinzième siècle, **Christophe Colomb**, marin génois, conçut le projet de gagner la côte de l'extrême Orient, dont avait parlé Marco Polo, en naviguant en ligne droite à l'ouest de l'Europe; il pensait que, puisque la terre est ronde, il devait être plus facile d'atteindre ainsi cette contrée par mer que de la gagner en faisant route vers l'est, par terre. Il partit, en août 1492, avec trois petits bâtiments fournis par l'Espagne. A partir des Canaries, il navigua pendant 36 jours dans une mer tout à fait inconnue, et il aborda enfin, le 12 octobre 1492, dans une des îles Bahama qu'il nomma San Salvador. Il venait de découvrir l'**Amérique**.

Dans trois autres voyages (1493-1504) il reconnut la plupart des îles et une partie de la côte de la mer des Antilles. Ce fut un autre navigateur, *Américo Vespuce*, qui eut l'honneur de donner son nom au nouveau monde.

Depuis le commencement du quinzième siècle, les Portugais cherchaient par une autre route à pénétrer dans cet extrême Orient et faisaient une suite d'importantes découvertes sur la *côte occidentale de l'Afrique*. — En 1486, **Barthélemy Diaz** était parvenu jusqu'à la pointe méridionale de l'Afrique. — Le roi de Portugal, à qui cette découverte faisait espérer le succès définitif de l'entreprise, la nomma *Cap de Bonne-Espérance*.

En effet, l'amiral **Vasco de Gama**, ayant doublé ce cap, atteignit l'année suivante (1498) la côte de l'**Inde**. — Les Portugais firent dans ces régions un grand commerce et apprirent à connaître les côtes de la Chine, du Japon et la Malaisie.

En Amérique, un Espagnol *Nunez de Balboa*, ayant traversé les épaisses forêts de l'isthme de Panama, découvrit, en 1513, le *Grand océan*.

Quelques années après, un navigateur portugais au service de l'Espagne, **Magellan**, entreprit de naviguer sur ce nouvel océan. — Il découvrit le *détroit de Magellan*, puis il traversa le Grand océan ou océan Pacifique avant d'atteindre la région déjà connue de la Malaisie. Magellan y mourut, mais un de ses navires put rentrer en Europe : ce *premier voyage autour du monde* prouvait expérimentalement que la terre est ronde.

Le Grand océan fut exploré par plusieurs navigateurs au XVIIe et au XVIIIe siècle; entre autres, par le Hollandais *Abel Tasman*, qui (1643) aperçut la Tasmanie, la Nouvelle-Zélande, la Nouvelle-Guinée, puis, par deux Français, *Bougainville* (1768), qui visita Tahiti, et *La Pérouse* (1787), qui explora une partie de la côte nord-ouest de l'Amérique et de la côte nord-est de l'Asie et périt près de l'île Vanikoro; par le capitaine anglais **Cook**, le plus célèbre de tous, qui découvrit ou reconnut la côte orientale de l'*Australie*, la Nouvelle-Zélande, les abords du champ de glace de l'océan Glacial du sud, la Nouvelle-Calédonie, les îles Hawaï où il fut tué (1779).

La *région du pôle sud*, qui est inhabitable, a été explorée au XIXe siècle par l'amiral français *Dumont d'Urville*, qui découvrit la terre Adélie (1840), par l'Anglais *James Ross*, qui pénétra plus au sud, reconnut la terre Victoria (1841).

La *région du pôle nord*, un peu moins inhospitalière, a été plus explorée, parce qu'on y a cherché longtemps un passage pour se rendre de l'océan Atlantique dans le Grand océan et qu'on a cherché, dans notre siècle, à parvenir au pôle. De nombreux marins se sont signalés dans ces entreprises, depuis *Hudson* et *Baffin*, au commencement du XVIIe siècle, jusqu'à *Parry* qui, en 1849, parvint au sud de l'île Melville, à *Franklin* qui est mort dans les glaces en 1847 et au capitaine *Nares* qui, en 1876, a passé l'hiver à environ 800 kilomètres du pôle.

En 1878, le Suédois **Nordenskiœld**, parti de la Suède, a longé toute la côte septentrionale de l'Asie et est entré par le détroit de Béring dans le Grand océan, accomplissait la première circumnavigation de l'ancien continent.

Depuis la découverte de l'Amérique, des voyages importants pour la connaissance du monde ont été faits dans l'intérieur des continents.

Parmi ceux qui ont fait connaître l'**Amérique**, on peut citer, pour l'Amérique du nord, le Français *Jacques Cartier* qui, au XVIe siècle, a exploré le fleuve Saint-Laurent; au XVIIe siècle, *Cavelier de la Salle* qui a descendu jusqu'à son embouchure le Mississipi; pour l'Amérique du sud, l'Espagnol *Pizarre*, qui a découvert et conquis le Pérou, et son lieutenant *Orellana*, qui a descendu le premier (1541) l'Amazone.

En **Afrique**, les voyages de découvertes ont été très nombreux, depuis la fin du XVIIIe siècle. On peut citer le Français *René Caillié*, qui (1828) visita Tombouctou et traversa le Sahara; l'Allemand *Barth*, qui (1855) visita et décrivit le Soudan; les Anglais *Speke* et *Grant*, qui (1861) firent connaître les origines du Nil; l'Américain *Stanley*, qui (1878) a descendu le premier le Congo; l'Écossais **Livingstone**, qui (1853-1873) a découvert le lac Ngami, traversé toute l'Afrique australe, exploré le Zambèze, le lac Nyassa, le lac Tanganyika, le cours supérieur du Congo.

L'intérieur de l'**Australie**, qui est en grande partie un désert, a été exploré par *Burke* (1860), par *Mac-Douall Stuart*, qui le premier a traversé de part en part ce continent (1866).

RÉSUMÉS

I. LA TERRE.

1-2. — La Terre est *ronde*. — Les deux extrémités sont le **pôle nord** et le **pôle sud**. — **L'équateur** partage la terre en deux moitiés, l'*hémisphère boréal* et l'*hémisphère austral*. — Les *tropiques du Cancer* et du *Capricorne* limitent la *zone torride*; les *cercles polaires* limitent les *zones glaciales* et les *zones tempérées*.

3-4. — **L'Océan** occupe les 3/4 de la Terre. — Il y a cinq océans: l'**océan Glacial du nord**, qui forme la mer Blanche, la mer de Baffin; l'**océan Glacial du sud**; l'**océan Altantique**, qui forme la mer du Nord, la Baltique, la Méditerranée, le golfe de Guinée, le golfe du Mexique, la mer des Antilles; le **Grand océan** ou *océan Pacifique*, qui forme le détroit de Béring, la mer du Japon, la mer de la Chine, la mer de la Sonde; l'**océan Indien**, qui forme le détroit de Malacca, le golfe du Bengale, la mer d'Oman, le golfe Persique, la mer Rouge.

5. — Les **continents** et *îles* occupent 1/4 de la Terre. — **L'ancien continent** comprend l'*Europe*, l'*Afrique* et l'*Asie*; le **continent américain** comprend l'*Amérique du nord* et l'*Amérique du sud*; le *continent austral* fait partie de l'*Océanie*.

6. — Les plus *grandes plaines* sont celles de l'*Allemagne du nord et de Russie*, celle de **Sibérie** et du *Bas-Turkestan*, la **plaine** *de l'océan Glacial et* **du Mississipi**, la **plaine de l'Amazone** et celle des *Pampas*.

Les plus hautes *montagnes* de la Terre sont les *Alpes* et le *Caucase* en Europe; le *Kilima-Ndjaro* et le *Massif d'Abyssinie* en Afrique; l'**Himalaya** avec le *Gaorisankar* en Asie; la **Cordillère du nord** et la **Cordillère du sud** en Amérique.

Les principaux *plateaux* sont le **Grand massif central** avec le *Tibet* en Asie; le *Grand plateau austral* en Afrique; le *Grand bassin*, le *plateau du Mexique* et le **plateau du Pérou** en Amérique.

7. — Les *fleuves* sont le **Nil**, le *Niger*, le **Congo** en Afrique; l'*Iénisséï*, l'*Amour*, le **Yang-tsé-kiang**, le *Mé-kong* en Asie; le *Saint-Laurent*, le **Mississipi**, l'**Amazone**, le *rio de la Plata* en Amérique.

Les **races** principales sont la **race blanche**, la **race jaune**, la **race noire**. — Les races dérivées sont la *race rouge*, la *race malaise*.

8. — (Récapitulation.)

II. L'EUROPE.

9-10. — **L'Europe** a 10 *millions de kilomètres carrés* et 333 *millions d'habitants*.

Cotes. — La côte septentrionale est baignée par l'**océan Glacial** et la *mer Blanche*. La côte occidentale est baignée par l'**océan Altantique** du cap Nord au détroit de Gibraltar, par la *mer du Nord*, la *mer Baltique* avec les *golfes de Bottnie* et de *Finlande*, par la *Manche* avec le *pas de Calais*, par la *mer d'Irlande* et le *golfe de Gascogne*. — On y trouve la péninsule Scandinave, la presqu'île du Jutland, les îles Danoises, les îles Britanniques, l'Islande, les caps Lindesnœs, Land's end, Mizen, Saint-Mathieu, Finisterre, Saint-Vincent.

La côte méridionale est baignée par la **Méditerranée** avec le *golfe du Lion*, le *golfe de Gênes*, *la mer Tyrrhénienne*, la *mer Ionienne*, le *golfe de Tarente*, la *mer Adriatique*, la *mer Égée*, la *mer Noire*, la *mer d'Azof*. — On y trouve la *péninsule Ibérique*, la *péninsule Italique*, la *péninsule Pélasgique*, la *Corse*, la *Sardaigne*, la *Sicile*, les *îles Illyriennes*, les *îles Ioniennes*, la *Crète*, les *Cyclades*, l'*Eubée*.

A la limite orientale de l'Europe sont le *Caucase* et la mer *Caspienne*, le fleuve *Oural*, les *monts Oural*.

11. — Relief. — Les **Alpes** se divisent en *Occidentales* (mont Blanc), *Centrales*, *Orientales*; à l'ouest sont le *Massif central* de la France, le *Jura*, les *Vosges*, la *Forêt Noire*, le système Hercynien, les *Karpathes* et la plaine de la Hongrie, la plaine de la Basse-Allemagne. — Au nord sont les *Alpes Scandinaves*. — Au sud sont les *Pyrénées*, le *plateau de Castille*, la *sierra Nevada*, les *Apennins*, l'*Etna*, les *Balkan*, la *chaîne du Pinde*. — A l'est sont la *plaine de Russie*, les *monts Ourals* et le *Caucase*.

12-13. — Eaux. — Les fleuves alimentés par les Alpes sont le **Rhône** avec le *lac de Genève*, le **Rhin** avec le *lac de Constance*, le **Danube**, le *Pô*, l'Adige. — A l'ouest des Alpes sont la Garonne, la Loire, la Seine, la Meuse, l'Elbe, l'Oder, la Vistule. — Au sud, le Douro, le Tage, l'Ebre, le Tibre. — Dans l'Europe orientale, le Niémen, la Dvina occidentale, la Néva, débouché des lacs Onéga et *Ladoga*, le Don, le Dniéper, le Volga, l'Oural.

14. — Les **États** de l'Europe sont: le *Royaume-Uni de Grande-Bretagne* et d'*Irlande* (cap. Londres); les *Pays-Bas* (cap. Amsterdam); le Grand-Duché de Luxembourg; la *Belgique* (cap. Bruxelles); la *France* (cap. Paris); Monaco, l'*Empire allemand* (cap. Berlin); la *Suisse* (cap. Berne); Liechtenstein; l'*Autriche-Hongrie* (cap. Vienne); le *Portugal* (cap. Lisbonne); l'*Espagne* (cap. Madrid); Andorre; l'*Italie* (cap. Rome); Saint-Marin; la *Grèce* (cap. Athènes); la *Turquie* (cap. Constantinople); la Bulgarie; le Monténégro; la *Serbie*; la *Roumanie* (cap. Bucarest); la *Russie* (cap. Saint-Pétersbourg); la *Suède* (cap. Stockholm); la *Norvège* (cap. Kristiania); le *Danemark* (cap. Copenhague).

III. EUROPE OCCIDENTALE.

15-16. — **Royaume-Uni de Grande-Bretagne et d'Irlande.** — Les îles Britanniques sont baignées par la mer du Nord, le pas de Calais, la Manche, l'océan Atlantique, la mer d'Irlande, le canal Saint-Georges et le Canal du nord. Outre la *Grande-Bretagne* et l'*Irlande*, les îles sont: îles Scilly, Wight, îles *Anglo-Normandes* (Jersey, etc.), Man, Anglesey, Hébrides, Orcades, Shetland.

Les principales montagnes de la *Grande-Bretagne* sont: les monts du pays de Galles, les Cheviot, les Grampian. — Les principaux cours d'eau sont: la Tamise, la Severn, en Angleterre; le Shannon, en Irlande.

La capitale est **Londres**; les villes principales sont: *Liverpool*, *Manchester*, *Birmingham*, *Stafford*, *Swansea*, *Shelffield*, *Leeds*, *Bristol*, *Southampton* en Angleterre; *Édimbourg*, *Glasgow*, *Dundee* en Écosse; *Dublin*, Belfast en Irlande.

17. — Les **Pays-Bas** sont baignés par le *Zuyderzée*, le Rhin, la Meuse. — La capitale est *Amsterdam*; les villes principales sont *La Haye*, Rotterdam.

La **Belgique** est arrosée par la Meuse et l'Escaut. — La capitale est *Bruxelles*; les villes principales sont Anvers, Liège, Gand, Bruges, Namur.

Grand-Duché de Luxembourg.

IV. EUROPE CENTRALE.

18-19. — Empire allemand. — Les principales montagnes de l'**Empire allemand** sont les *chaînes de la Bohême*, le système Hercynien, le Hunsruck, l'Eifel, la *forêt Noire*, le Jura de Souabe, les *Vosges*, le Harz. — Les cours d'eau sont: le *Rhin* avec la Moselle, le Nekar, le Main, l'Ems, le Weser, l'*Elbe* avec la Saale et le Havel, l'Oder, la Vistule le *Danube* avec le Lech et l'Inn.

La **Prusse** a pour capitale **Berlin**; la *Saxe*, Dresde; la *Bavière*, Munich; le *Wurttemberg*, Stuttgart; *Bade*, Karlsruhe. Parmi les autres États de l'Empire allemand sont: la Hesse-Darmstadt, le Mecklembourg, l'Oldenbourg, les duchés de Saxe, les villes de Lubeck, Brême et Hambourg. L'*Alsace-Lorraine* a été enlevée à la France. — Les villes principales sont: Kœnigsberg, Breslau, Posen, Leipzig, Francfort, Mayence, Cologne; *Strasbourg* et *Metz*.

20-21. — Les principales montagnes de la **Suisse** sont: les **Alpes centrales**, comprenant les Alpes Pennines (Grand Saint-Bernard, *Mont Rose*, Simplon), les Alpes Lépontiennes (Saint-Gothard), les Alpes Rhétiques, les Alpes Bernoises, les Alpes Helvétiques, les Alpes des Grisons; le *Jura*. — Les principaux cours d'eau sont: le *Rhône* avec le *lac de Genève*, le Tessin, le *Rhin* avec l'Aare, le *lac de Constance*, l'Inn. — La capitale est *Berne*. — Les villes principales sont Bâle, Zurich, Genève.

Les principales montagnes de l'**Autriche-Hongrie** sont: les **Alpes orientales**: Noriques, Carniques; les *chaînes de la Bohême*; les *Karpathes* avec les Alpes de Transylvanie. — Les principaux cours d'eau sont: l'Elbe, l'Oder, la Vistule, le *Danube* avec la Drave, la Save, la Tisza; le lac Balaton.

Les principales provinces de l'*Autriche* sont: l'archiduché d'Autriche, la *Bohême*, la Moravie, la Galicie, la Styrie, le Tyrol. — Cap. **Vienne**; villes principales, Lintz, Grætz, Brunn, Lemberg, Trieste.

Le *Royaume de Hongrie* a pour capitale *Budapest*; pour villes principaples, Presbourg, Szeged.

La *Bosnie* dépend de l'Autriche.

V. EUROPE MÉRIDIONALE.

22. — Dans le **Portugal**, la serra da Estrella est la principale chaîne. — Les fleuves sont le Douro, le Tage, la Guadiana. — La capitale est *Lisbonne*; ville principale: Oporto.

L'**Espagne** est baignée par l'*océan Atlantique* et la *Méditerranée*, avec le détroit de Gibraltar et les îles Baléares. — Le relief comprend le *plateau des Castilles*, les *Pyrénées*, les monts Ibériques, la sierra Morena, la sierra de Gredos, le plateau d'Aragon, la plaine d'Andalousie, la sierra Nevada (*Mulahacen*). — Les principaux cours d'eau sont le Minho, le Douro, le Tage, la Guadiana, le Guadalquivir, l'*Ebre*. — Cap. *Madrid*; villes principales: Burgos, Barcelone, Valence, Cordoue, Séville, Cadix.

La *République d'Andorre* et *Gibraltar* qui appartient à l'Angleterre, touchent à l'Espagne.

23. — L'**Italie** est baignée par le golfe de Gênes, la *mer Tyrrhénienne*, le phare de Messine, la *mer Ionienne* avec le golfe de Tarente, la *mer Adriatique* avec le canal d'Otrante. — Les îles sont la *Sardaigne*, l'île d'Elbe, la *Sicile*. — Les principales chaînes de montagnes sont · les **Alpes occidentales**, Viso, mont Blanc, Grand Paradis; les **Alpes centrales** avec le *mont Rose*, le Bernina, l'Ortler; les **Alpes orientales** ou Alpes Carniques, les Apennins, le *Vésuve*, l'*Etna*. — Les principaux cours d'eau sont le *Pô*, l'Adda, le Mincio avec les lacs Majeur, de Côme, de Garde; l'Arno, le *Tibre*. — La capitale est **Rome**. — Les villes principales sont Turin, Gênes, *Milan*, Venise, Bologne, *Florence*, Ancône, Livourne, **Naples**, Palerme, Syracuse.

Dans le voisinage sont la *République de Saint-Marin*, la *Principauté de Monaco* sur la côte de France, *Malte* qui appartient à l'Angleterre.

24. — La **Grèce** est baignée par la mer Ionienne et la mer Egée; on y trouve les *îles Ioniennes* (Corfou), les Cyclades, l'Eubée. — Les principales montagnes sont: le Parnasse, le Taygète; — le principal cours d'eau est la Salembria; — la capitale est *Athènes*.

La **Turquie** est baignée par la mer Adriatique, la mer Egée, les Dardanelles, la mer de Marmara, le Bosphore, la mer Noire. — Les principales montagnes sont: le Tchar-dagh, le Pinde, le *Balkan*. — Les principaux cours d'eau sont: la Maritza, le Strouma, le Vardar. — Capitale: *Constantinople*; villes princ.: Andrinople, Salonique. — La *Roumélie orientale* a une administration particulière.

La **Bulgarie**, cap. Sofia. — Le **Monténégro**, cap. Cétigné. — La **Serbie**, cap. Belgrade.

La **Roumanie** est bornée par les Karpathes, le Danube, le Prut. — Elle a pour capitale *Bucarest*, pour ville principale Yassi.

VI. EUROPE ORIENTALE ET SEPTENTRIONALE.

25. — **Russie.** La Russie est baignée par l'*océan Glacial* avec la mer Blanche, la *Baltique* avec les golfes de Bottnie, de Finlande, de Riga; la *mer Noire*, avec la mer d'Azof. — Les chaînes de montagnes sont: l'*Oural*, le *Caucase* (Elbrouz, Kasbek), les collines du Volga, les hauteurs de Valdaï. — Les cours d'eau sont: la Petchora, la Dvina septentrionale, la Néva avec les lacs *Onéga* et *Ladoga*, la Dvina occidentale, le Niémen, la Vistule, le *Dniester*, le *Dniéper*, le *Don*, le **Volga**, l'*Oural*; les lacs de Finlande.

L'empire russe comprend la *Finlande*, cap. Helsingfors, et les provinces polonaises. — La capitale est **Saint-Pétersbourg**. — Les villes principales sont *Moscou*, *Varsovie*, Odessa, Astrakhan, Nijni-Novgorod, Kazan, Perm, Arkhangel, Riga, Smolensk, Kief.

26. — La **Suède** est traversée par les *Alpes Scandinaves*. — Les principaux lacs sont: Vener, Vetter, Mælar. — La capitale est *Stockholm*. — Les villes principales sont Uppsala, Gœteborg.

DE L'USAGE DES RÉSUMÉS.

Les résumés sont la substance principale du texte de l'Atlas-scolaire condensée en aussi peu de mots que possible. Il ne faut pas les confondre avec le texte même qui doit être l'objet de la leçon à apprendre.

Lorsque le maître fait la leçon, il explique, il commente le texte de l'Atlas-scolaire et développe certaines parties en s'aidant surtout des renseignements contenus dans le livre du maître.

Lorsque l'élève étudie en particulier sa leçon, il le fait en lisant attentivement le texte de l'Atlas-scolaire et en regardant chaque nom propre sur la carte ; il s'efforce de se rappeler en même temps les explications données par le maître. S'il étudiait d'abord dans les résumés, il ne mettrait dans sa mémoire qu'une nomenclature incomplète et sèche, et une somme de connaissances insuffisantes, et il ne saisirait pour ainsi dire qu'un squelette sans chair et sans vie; l'effort ne porterait pas profit à son intelligence.

Quand, au contraire, l'élève a appris sa leçon dans le texte de l'Atlas-scolaire, il peut se servir utilement du résumé pour bien fixer dans sa mémoire les principaux noms propres qu'il y trouve ramassés en peu de lignes. Il peut, avant d'être interrogé ou quand il veut faire une récapitulation, s'en servir aussi pour repasser. Les résumés sont donc un auxiliaire commode et constituent en quelque sorte un minimum de connaissances, mais ils ne doivent jamais devenir le fonds premier de l'étude, sous peine de rendre cette étude stérile.

Les résumés portent des numéros correspondant à la division en leçons qui est indiquée dans la préface et dans les questionnaires. Cette division peut être modifiée suivant la manière dont le maître dirige son enseignement. D'ailleurs elle ne saurait convenir à la fois aux trois cours, élémentaire, moyen et supérieur, puisque chaque partie ne comporte pas le même nombre de leçons dans les trois cours, et que notre division est établie d'après le nombre le plus fort de leçons attribuées à chaque partie dans chacun de ces cours. Aussi, le nombre total s'élève-t-il à 98 sans le département, tandis qu'un même cours n'est disposé que pour 46 leçons au plus.

Lecture supplémentaire DESTINÉE A DONNER AUX ÉLÈVES UNE IDÉE DES VOYAGES EN MER. — 27e LECTURE. — *Un voyage en mer.* — « Nous allons en Amérique. Le paquebot qui devait nous y conduire quitta le Havre à six heures du matin, lorsque la pleine mer, emplissant l'avant-port, facilitait l'entrée et la sortie des navires. Pour manœuvrer dans les bassins et dans l'avant-port, un gros bâtiment doit marcher lentement, par prudence. Mais, quand une fois il a franchi la jetée, d'où les amis viennent saluer une dernière fois les voyageurs rassemblés sur le pont, il prend toute sa vitesse. Notre paquebot, qui était un bâtiment à hélice mesurant en longueur sur le pont 116 mètres, filait douze nœuds, c'est-à-dire qu'il faisait environ 22 kilomètres à l'heure. »

« A mesure que l'on s'éloigne, les maisons et la côte s'estompent, puis finissent par se perdre dans la brume et par disparaître. A une distance d'une quarantaine de kilomètres de la terre, on n'a plus d'ordinaire en vue que la mer formant à l'horizon un cercle parfait qui se confond presque avec le ciel. Ce cercle, dont le navire est toujours le centre, reste le même pendant la suite des jours d'une longue navigation. Malgré sa monotonie, ce spectacle éveille la poésie de l'immensité. »

« Une voile ou la fumée d'un bateau à vapeur apparaissant dans le lointain rompt pour quelque temps la monotonie du tableau. D'autres fois, quand le vent souffle, les voiles que l'on déploie pour seconder la vapeur, le balancement des mâts sur le ciel par une belle nuit étoilée, le mouvement même de la mer et la majesté des vagues succédant à des jours de calme, sont des distractions que goûte avec un certain charme le voyageur exempt du mal de mer. Ceux que ce mal atteint sont trop abattus pour être sensibles aux beautés de la nature ; ils restent affaissés sur le pont ou couchés dans leur cabine. »

« Le jour, l'équipage travaille à la manœuvre; les gens de service vont, viennent, servent les repas comme dans un hôtel. Les passagers, distingués suivant les classes, les uns à l'avant du navire, les autres à l'arrière — ceux-ci sont les voyageurs de première classe — se promènent sur le pont, causent, jouent dans le salon, travaillent rarement et cherchent à tromper les heures d'oisiveté de la traversée. La nuit, chacun rentre dans sa cabine où les lits sont disposés deux à deux l'un au-dessus de l'autre, et toutes les lumières s'éteignent à heure fixe. »

« L'aspect est tout autre s'il survient une tempête. Le capitaine interdit parfois l'accès du pont aux passagers. Toutes les ouvertures sont fermées ; le nombre des malades augmente considérablement et, à l'heure des repas, la table est presque vide. »

« Pour se guider dans cette immensité uniforme, le capitaine emploie le loch, la sonde, la carte, la boussole, le chronomètre et les astres. Avec le loch, il mesure à peu près la vitesse de son navire; avec la sonde et la carte, il reconnaît les dangers. La boussole lui donne sa direction. Les astres dont il mesure la hauteur au-dessus de l'horizon avec un instrument appelé sextant lui donnent sa position. Quand le temps est suffisamment clair, c'est la hauteur du soleil à midi que le capitaine mesure. A l'aide de cette observation et du chronomètre qui marque l'heure précise de l'Observatoire de Paris et de tables astronomiques calculées plusieurs années d'avance, il obtient ce qu'on appelle le point, c'est-à-dire la longitude et la latitude exactes du lieu où se trouve le navire. Il sait ainsi la marche suivie depuis le point de la veille, et il rectifie l'estime qu'il en avait faite approximativement à l'aide du loch et du mouvement de la machine à vapeur. »

« Beaucoup de capitaines de bâtiments de commerce n'ont pas de chronomètre; ils naviguent par estime et ne mesurent leur vitesse qu'avec le loch. »

« Au bout de douze jours de navigation, nous avons revu la terre que nous n'avions pas aperçue depuis que nous avions quitté la côte d'Angleterre et la Manche : c'était la terre d'Amérique. Comme on connaît par le point la position du navire, et que d'ordinaire on est accosté en pleine mer par quelqu'un des pilotes qui attendent les bâtiments pour les conduire au port, on est prévenu d'avance de la proximité des côtes et on les cherche de l'œil avec impatience. Si l'on arrive de nuit, ce sont les phares que l'on distingue d'abord comme des étoiles brillant sur l'horizon. Si c'est de jour, on commence par entrevoir sur l'horizon une sorte de nuage qui se dégage de la brume à mesure qu'on approche et qui se dessine enfin en contours arrêtés. »

« Voici le cap May: c'est l'entrée de la baie de la Delaware. Nous voyons les bateaux, les maisons, les cultures, les trains sur les chemins de fer. Dans quelques heures nous jetterons l'ancre devant Philadelphie. Nous sommes enfin au port. »

Exemple de rédactions sommaires de voyages DU GENRE DE CELLES QUI PEUVENT ÊTRE DONNÉES COMME DEVOIRS SUPPLÉMENTAIRES. — *Voyage de Paris à Marseille par chemin de fer.* — On part de Paris par le chemin de fer de Paris à Marseille, réseau de Paris-Lyon-Méditerranée. On traverse en allant vers le sud-est les départements de la Seine, de Seine-et-Oise et de Seine-et-Marne ; on s'arrête à Melun après avoir traversé la Seine ; puis à Fontainebleau, renommé pour sa belle forêt, à Montereau, au confluent de l'Yonne et de la Seine, à La Roche, où débouche dans l'Yonne le canal de Bourgogne ; on passe ainsi dans les départements de l'Yonne et de la Côte-d'Or. On traverse le plateau de Langres par le tunnel de Blaisy-Bas, et on sort du bassin de la Seine pour entrer dans celui du Rhône.

On atteint Dijon, ancienne capitale de la Bourgogne. La Bourgogne et surtout la Côte-d'Or sont renommées pour leurs vins. On se dirige vers le sud et on passe dans le département de Saône-et-Loire, à Mâcon, en longeant le cours de la Saône. On arrive dans le département du Rhône, à Lyon, la seconde ville de France par le nombre de ses habitants et par l'importance de son industrie ; on fabrique surtout des soieries à Lyon.

De Lyon, on continue à se diriger vers le sud; on en longe le Rhône, en passant dans les départements de l'Isère, de la Drôme, du Vaucluse, des Bouches-du-Rhône, et par les villes de Valence et d'Avignon. Cette région est celle du mûrier et de la soie ; elle a beaucoup de vignobles. A droite du chemin de fer, au delà du Rhône, s'élève la chaîne des Cévennes. Dans le département des Bouches-du-Rhône, le chemin de fer quitte les bords du fleuve, se dirige au sud-est et atteint Marseille, qui est le port le plus commerçant de France et dont la population égale presque celle de Lyon.

Autres exemples de devoirs SUPPLÉMENTAIRES SERVANT A LA RÉCAPITULATION. — Aller par mer du Havre en Nouvelle-Calédonie par le cap Horn et indiquer les mers dans lesquelles on navigue et les îles et contrées dans le voisinage desquelles on passe. — Énumérer les possessions de l'Angleterre dans les cinq parties du monde. — Énumérer les principaux ports des cinq parties du monde. — Nommer les États et contrées d'Europe, d'Afrique et d'Amérique que baigne l'océan Atlantique. — Énumérer et marquer sur un planisphère muet les contrées du globe importantes par la culture du coton et par le tissage du coton. — Voyage de New York à Canton par le canal de Suez. (Voir pages 14, 15, et 19 du Livre de l'Élève.)

Extraits de la Brochure intitulée :

INSTRUCTIONS

SUR LA MANIÈRE DE SE SERVIR DU GLOBE TERRESTRE ET DE SES ACCESSOIRES POUR DONNER AUX ENFANTS LES PREMIÈRES NOTIONS SUR LE CIEL, LA TERRE, LE SOLEIL ET LA LUNE.

1° **Le Soleil.** — *Le Soleil a un diamètre qui est plus de 112 fois grand comme celui de la Terre,* et son *volume* est *plus de 1,400,000 fois le volume de la Terre.*

Pour avoir une idée de la dimension du Soleil, supposez que notre globe terrestre, qui a environ 32 centimètres de diamètre (exactement 318 millimètres) et 1 mètre de circonférence, soit le Soleil ; la plus grosse des deux petites boules qui l'accompagnent (celle qui mesure 2 millimètres 8/10 de diamètre), sera la Terre. Tel est le rapport de grosseur du Soleil et de la Terre.

En plaçant cette petite boule à 32 mètres du globe terrestre, on a également une idée juste de *la distance de la Terre au Soleil,* laquelle réellement est de *plus de 38 millions de lieues,* ou de 152 millions de kilomètres en moyenne.....

En représentant la grosseur de la Terre par notre globe de 32 centimètres de diamètre, il faudrait représenter le Soleil par une boule de 35 mètres de diamètre : c'est la hauteur des plus grands peupliers. Pour avoir le rapport des distances, il faudrait placer le globe terrestre à 3 kilomètres 1/2 de la masse figurant le Soleil.....

2° **Les Planètes.** — Les *planètes* sont des astres qui, beaucoup plus petits que le Soleil et assez voisins de lui pour subir son attraction, tournent autour de lui en décrivant des ellipses, et qui ne sont brillants que parce que le Soleil les éclaire de ses rayons. LA TERRE EST UNE DE CES PLANÈTES.

Il y a des planètes plus grosses et des planètes plus petites que la Terre. *La plus grosse planète est Jupiter,* dont le diamètre est un peu plus de 11 fois grand comme celui de la Terre, et dont le volume est égal à plus de 1,400 fois le volume de la Terre.....

Un maître veut-il donner, en jouant, à ses élèves une certaine notion du mouvement général des planètes ? Qu'il fasse tenir à quatre ou cinq d'entre eux, représentant chacun une planète, l'extrémité d'une corde ayant une longueur proportionnelle à la distance de la planète au Soleil ; qu'il tienne lui-même les cordes dans sa main en faisant, selon la vitesse que chacun doit observer, marcher ou courir, comme au manège, les élèves dans le même sens, de sa droite à sa gauche. Il lui sera peut-être plus facile d'attacher le bout des cordes à un piquet. De cet exercice récréatif, les élèves retiendront au moins une chose : c'est que la vitesse des planètes est d'autant moindre qu'elles sont plus éloignées du Soleil.

	LONGUEUR DE LA CORDE.	NOMBRE approximatif de pas à faire dans le même temps.	NOMBRE approximatif de tours à faire dans le même temps.
Jupiter..........	16m,05	1	» 1/12
Mars..........	4m,08	2	» 1/2
Terre..........	3m,02	2 1/2	1
Vénus..........	2m,03	3	1 1/3
Mercure..........	1m,02	5	4

Avec de pareilles distances, la Terre ne devrait être représentée que par une boule ayant environ un quart de millimètre de diamètre, le Soleil par une boule de 3 centimètres environ de diamètre....

3° **Les phases de la Lune et les éclipses.** — *La Lune est beaucoup plus petite que la Terre :* son diamètre est un peu plus du *quart du diamètre terrestre.* Prenez une orange, une grosse pomme ou, mieux encore, un petit ballon de 27 centimètres de circonférence ; mettez-le à côté de notre globe terrestre de 32 centimètres de diamètre ; vous donnerez l'idée de la grandeur comparative de la Terre et de la Lune.

La distance qui sépare la Lune de la Terre est égale à 30 fois le diamètre de la Terre. Pour s'en faire une idée, il faudrait placer le ballon à 9 mètres 1/2 de notre globe. Cette distance, quoiqu'elle paraisse grande relativement à la grosseur des deux corps célestes, est très petite relativement à l'étendue du ciel.

Quand l'abat-jour (abat-jour spécial qui fait partie des accessoires de notre globe) projette sa lumière sur notre globe, placez le ballon par derrière, en l'élevant un peu au-dessus du globe de manière à ce qu'il soit éclairé, et faites remarquer le phénomène qui se produit. Les habitants de la portion du globe qui est éclairée ne sauraient voir la Lune ; ceux de la portion qui est dans la nuit la voient. Ils la voient comme un grand rond tout éclairé par la lumière blanche du Soleil : c'est la *pleine lune,* autrement dit l'époque où l'on voit la Lune dans toute sa rotondité, dans son plein.

Remarquez que la Lune est dans son plein quand elle est à l'opposé du Soleil, c'est-à-dire, quand le Soleil, la Terre et la Lune sont dans le même plan et en quelque sorte sur une même ligne dont le Soleil et la Lune occupent les deux extrémités. Par conséquent, pendant que le Soleil passe à un certain méridien, la Lune passe au méridien directement opposé, c'est-à-dire qu'*à minuit la pleine lune est au plus haut point de sa course au-dessus de l'horizon.*

A ce moment, quelle heure ont les pays qui commencent à apercevoir la Lune du côté de l'Orient sur leur horizon, c'est-à-dire pour lesquels la Lune se lève ? Regardez : ils ont six heures du soir. Quelle heure ont ceux pour lesquels la Lune se couche à l'Occident ? Six heures du matin. *La pleine lune* (voir la fig. 1) *éclaire la Terre pendant toute la durée de la nuit.*

Fig. 1. Pleine lune.

Fig. 2. Deux jours après la nouvelle lune.

Placez, au contraire, le ballon entre la lampe et le globe terrestre, en l'élevant un peu, comme précédemment, et de manière à ce que la Lune soit dans le plan et presque sur la ligne dont les deux extrémités sont le Soleil et la Terre. La Lune est toujours éclairée par le Soleil de la même manière ; mais c'est sa partie obscure qui est tournée vers la Terre. Aussi les habitants de la Terre ne l'aperçoivent-ils pas, sinon avec certaines lunettes dont se servent les astronomes : c'est la *nouvelle lune.* Elle *passe au méridien à midi,* et elle est *invisible* à l'œil nu. Ce n'est que deux ou trois jours après qu'on commence à la voir sous la forme d'un mince croissant. (Voir la fig. 2.)

Placez maintenant le ballon à l'est de la Terre, de manière à ce que la ligne qui réunit la Lune à la Terre fasse un angle droit avec celle qui réunit la Terre au Soleil. La Lune est toujours éclairée de la même manière ; mais les habitants de la Terre ne voient qu'une moitié de la moitié éclairée, c'est-à-dire, un quart : c'est le *premier quartier de la lune.* (Voir la fig. 3.) La Lune, à l'époque de son premier quartier, *passe au méridien à six heures du soir,* et *la partie convexe du quartier est tournée vers l'ouest,* autrement dit *à droite* quand on regarde la Lune.

Placez le ballon à l'ouest de la Terre, de manière à ce que la ligne qui réunit la Lune à la Terre fasse un angle droit avec celle qui réunit la Terre au Soleil. La Lune est toujours éclairée de la même manière ; mais les habitants de la Terre ne voient qu'une moitié de la moitié éclairée : c'est le *dernier quartier de la lune.* (Voir la fig. 4.) Elle *passe au méridien à six heures du matin* et *la partie convexe du quartier est tournée vers l'est,* autrement dit *à gauche,* quand on regarde la Lune.

Fig. 3. Premier quartier.

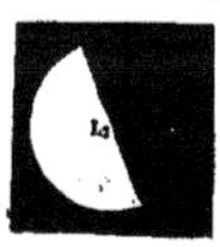

Fig. 4. Dernier quartier.

Pourquoi la Lune est-elle tantôt devant, tantôt derrière la Terre ? Parce qu'elle tourne autour de la Terre dont elle est le satellite. Elle tourne d'occident en orient, comme tourne la Terre elle-même autour du Soleil.

Nous avons dit qu'il fallait élever un peu au-dessus de la Terre le ballon figurant la Lune. En effet, si l'on faisait tourner ce ballon dans le plan de l'écliptique, c'est-à-dire à la hauteur de l'abat-jour et du centre de notre globe, il projetterait son ombre sur le globe quand il serait dans la position de la nouvelle lune, et, dans la position de la pleine lune, il ne serait pas visible, parce que le globe terrestre projetterait sur lui son ombre. En réalité, la Lune ne tourne ni dans le plan de l'écliptique ni au-dessus de la Terre, comme nous l'avons fait tourner. Elle tourne obliquement, tantôt au-dessus, tantôt au-dessous du plan de l'écliptique qu'elle traverse deux fois à chacune de ses révolutions. Il peut arriver et il arrive quelquefois qu'elle traverse précisément ce plan au moment où elle se trouve sur la ligne passant par le centre du Soleil et par le centre de la Terre. Alors se produit le phénomène qui se produirait chaque fois si la Lune tournait dans le plan de l'écliptique. Derrière la Terre, *la Lune se trouve cachée par l'ombre de la Terre :* c'est ce qu'on appelle une *éclipse de lune.* Devant la Terre, *la Lune cache de son ombre le Soleil aux habitants de certaines contrées de la Terre :* c'est ce qu'on appelle *éclipse de Soleil.* Une éclipse est toujours de courte durée, et le plus souvent l'ombre ne cache qu'une partie de l'astre.

La **Norvège** est baignée par l'océan Glacial, l'océan Altantique et la mer du Nord; on y trouve le *cap Nord*, les îles Lofoten. — Capitale *Kristiania;* ville principale: Bergen.

Le **Danemark** est baigné par les détroits Skagerrak et Kattégat. — Il comprend le *Jutland*, les îles Danoises (*Sélande*), Bornholm — en outre, l'*Islande* (volcan Hékla), les îles Fœrœé. — Capitale: *Copenhague*.

VII. ASIE.

27-28. — Côtes. — *Mers et golfes:* L'**Asie** est baignée par l'**océan Glacial**, par le **Grand océan** avec les mers de Béring, d'Okhotsk, du Japon, la mer Orientale, la *mer de la Chine*, par l'**océan Indien** avec le *golfe du Bengale*, la *mer d'Oman*, le golfe Persique, la *mer Rouge*, par la **Méditerranée** avec la *mer Noire*, par la mer Caspienne.

Les principaux *détroits* sont ceux de *Béring*, de *Malacca*, de *Bab-el-Madeb*, des Dardanelles.

Les principales îles sont les Kouriles, Sakhalin, les **îles Japonaises**, Formose, Haï-nan, *Ceylan*.

Les *presqu'îles et caps* principaux sont: le cap Oriental, le *Kamtchatka*, la *Corée*, l'**Indo-Chine** avec le cap Romania, l'**Inde** avec le cap Comorin, l'**Arabie**.

Relief. — La partie la plus importante du relief est le **Grand massif central** comprenant le *Tibet*, la *Mongolie*, le *Turkestan oriental*, la chaîne de l'**Himalaya** (Gaorisankar), le *plateau de Pamir*, les Thian-chan, l'Altaï, les monts Yablonoï.

Les principales *plaines* sont celles de la Chine, de l'Hindoustan, du *Bas-Turkestan* et de la *Sibérie*.

Au sud est le plateau du Dekhan. — A l'ouest sont le plateau de l'*Iran*, celui de l'*Asie Mineure* avec le mont Ararat, le Taurus, le Liban, le *Caucase*.

Eaux. — Les principaux *fleuves* sont: l'Ob, l'Iénisséi avec le lac Baïkal, la *Léna*, tributaires de l'océan Glacial; l'*Amour*, le *Hoang-ho*, le *Yang-tsé-kiang*, le *Mé-kong*, tributaires du Grand océan; le Brahmapoutra, le *Gange*, l'*Indus*, l'Euphrate et le Tigre, tributaires de l'océan Indien; le lac d'Aral avec l'Amou-daria, la mer Morte avec le Jourdain.

29. — États et Colonies. — Les Etats sont: à l'ouest, l'*Empire ottoman*, villes principales: Smyrne, Jérusalem, Damas, La Mecque, Bagdad, — *Mascate*. — La *Perse*, capitale Téhéran — L'*Afghanistan* et le *Béloutchistan*.

Au sud, les États et les colonies sont: l'**Empire des Indes** qui appartient à l'Angleterre; cap. **Calcutta**; villes principales: Madras, Bombay, avec Chypre, Aden, Singapore, Hong-kong. — *Pondichéry* qui est à la France. — La *Birmanie*; — le *Siam*, cap. Bang-kok; — l'*Annam*, cap. Hué; — le *Cambodge*; — la *Cochinchine française*, ch.-l. Saïgon.

A l'est sont: l'**Empire chinois**, comprenant la Chine, la Mandchourie, la Mongolie, le Tibet, le Turkestan oriental; capitale **Pé-king**; villes principales: Chang-haï, Nan-king, Canton; — la *Corée;* — le *Japon*, capitale *To-kio;* ville principale Yokohama.

Au nord la *Russie* possède la Sibérie, le Bas-Turkestan et les provinces Caucasiennes.

VIII. AFRIQUE.

30. — Côtes. — L'**Afrique** est baignée par la **Méditerranée** avec les golfes de Gabès et de la Sidre; par l'**océan Indien** avec la *mer Rouge;* par l'**océan Atlantique** avec le *golfe de Guinée*.

Les principaux *détroits* sont le *détroit de Gibraltar*, le *Bab-el-Mandeb*, le canal de Mozambique.

Les principales *îles* sont **Madagascar**, les Comores, les *Mascareignes*, Fernando-Po, Annobon, Sainte-Hélène, l'Ascension, les îles du cap Vert, les *Canaries*, Madère, les *Açores*.

Les principaux *caps* sont le cap Bon, le cap *Guardafui*, le cap des Aiguilles, le **cap de Bonne-Espérance**, le cap Frio, le *cap des Palmes*, le cap Vert.

Relief. — Les principales parties du relief du sol sont: le **Grand plateau austral** avec les Drakenberg, le *Kilima-Ndjaro*, le *massif d'Abyssinie*, la chaîne Arabique, les hauteurs de Kong et du Fouta-Djalon, l'**Atlas**.

Les principales *plaines* sont celles du *Soudan* et du **Sahara**.

Eaux. — Les principaux fleuves sont: le **Nil** sorti du lac *Victoria-Nyanza;* — le Senégal, la Gambie, le *Niger*, le *Congo* avec les lacs Bangoueolo et Tanganyika, le fleuve Orange, tributaires de l'océan Atlantique; — le Limpopor, le *Zambèze* avec le lac Nyassa, tributaires de l'océan Indien; — le lac Tchad.

31. — États et Colonies. — Les États sont: l'*Égypte*, cap. *Le Caire;* villes princ.: *Alexandrie*, Khartoum, — *Tripoli;* — la *Tunisie*, cap. Tunis; — le *Maroc*, cap. Fez; — les Etats du *Soudan* — les Etats de la Guinée: *Libéria*, *Dahomey*, — la Sultanie de *Zanzibar;* — le royaume des *Hovas*, cap. Tananarive.

Les colonies sont: l'*Algérie*, le *Sénégal* (Saint-Louis, *La Réunion*, Mayotte, à la *France*. — Les comptoirs de Gambie et de Guinée (Bathurst, Sierra Leone), l'Ascension, Sainte-Hélène, la *Colonie du Cap* (le Cap), Maurice, à l'*Angleterre*. — Madère, les Açores, Angola, le Benguela, le Mozambique, au *Portugal;* les Canaries, Fernando-Pô, à l'*Espagne*.

Les autres États Européens sont: l'*État libre d'Orange* et le *Transvaal*.

IX. OCÉANIE.

32. — La **Malaisie** est baignée par le **Grand océan** avec la *mer de la Chine*, la *mer de la Sonde*, la *mer des Moluques* et les *détroits de Malacca*, de Macassar, de la Sonde.

Les principales îles sont: les *Philippines* à l'*Espagne*, ch.-l. Manille; — Bornéo, Célèbes, Moluques, Sumatra, *Java*, aux **Pays-Bas**, ch.-l. *Batavia*.

L'**Australasie** est baignée par l'**océan Indien**, le **Grand océan** avec la mer du Corail, les détroits de Torrès et de Bass. — Les principales îles sont: la *Nouvelle-Guinée*, l'archipel de la Nouvelle-Bretagne, les îles Salomon, les Nouvelles-Hébrides; la Nouvelle-Calédonie à la *France*, ch.-l. Nouméa; les îles Viti, à l'*Angleterre*.

33. — L'**Australie** appartient à l'*Angleterre*. — Les principaux caps sont York, Wilson, Leeuwin. — La *Cordillère australienne* est la principale chaîne; le *Murray* est le principal fleuve. — L'Australie est divisée en cinq **colonies:** *Queensland; Nouvelle-Galles du sud*, capitale Sydney; *Victoria*, capitale *Melbourne; Australie méridionale; Australie occidentale*. — Au sud et au sud-ouest sont les colonies de *Tasmanie* et de *Nouvelle-Zélande*. Dans la **Polynésie** sont les Carolines, à l'*Espagne; Havaii*, cap. Honolulu; les Marquises, *Tahiti*, Touamotou, à la *France*.

X. AMÉRIQUE DU NORD.

34. — Côtes. — Elles sont baignées par l'**océan Atlantique** avec le golfe de Saint-Laurent, le *golfe du Mexique*, la *mer des Antilles;* par le **Grand océan** avec le golfe de Californie et la mer de Béring; par l'**océan Glacial** avec la *baie d'Hudson* et la mer de Baffin. — On y trouve les détroits d'Hudson et de Davis.

Les principales îles sont: dans l'*océan Atlantique*, Prince-Edouard, cap. Breton, **Terre Neuve;** Bermudes; *Bahama*, **Grandes Antilles** (*Cuba*, *Haïti*, Puerto-Rico, Jamaïque), *Petites Antilles* (Guadeloupe, Martinique, Barbade, Trinité); — dans le *Grand océan*, Revilla-Gigedo, Vancouver, archipel de la Reine Charlotte, *îles Aléoutiennes;* — dans l'océan Glacial, Archipel polaire du nord et **Groenland**.

Les presqu'îles et caps sont: dans l'océan Atlantique, la *Nouvelle-Écosse*, la *Floride* avec le cap Sable, le *Yucatan* avec le cap Catoche; — dans le Grand océan, la *presqu'île de la Californie* avec le cap San Lucas, le cap Mendocino, la presqu'île d'Alaska.

Relief. — La **Cordillère du nord** est la principale chaîne; elle comprend les *Montagnes Rocheuses*, la sierra Nevada, le Grand bassin, le *plateau du Mexique* avec le *Popocatepetl*, l'isthme de Téhuantépec, le plateau de l'Amérique centrale et l'isthme de Panama. — A l'est sont la plaine de l'océan Glacial et la **plaine du Mississipi**. — Plus à l'est sont les *monts Appalaches* et la *plaine de l'océan Atlantique*.

Eaux. — Les principaux *lacs* sont: le grand lac de l'Ours, le grand lac des Esclaves, le lac Winnipeg, les **cinq grands lacs:** Supérieur, Michigan, Huron, Erié (chute du Niagara), Ontario. — Les principaux cours d'eau sont: le Mackensie, le *Saint-Laurent*, le Connecticut, l'Hudson, la Delaware, le Potomac, l'Alabama, le **Mississipi** avec le *Missouri*, l'Ohio, le Tennessee et l'Arkansas, le rio Grande, tributaires de l'*Atlantique;* l'Yucon, l'Orégon, le rio Colorado de l'ouest, tributaires du Grand océan.

35-36. — États et Colonies. — Les principaux États des **États-Unis** sont le *Massachusetts* et le Connecticut dans la Nouvelle-Angleterre, le *New York*, la *Pennsylvanie*, la Virginie, l'Ohio, la Louisiane, la Californie. — La capitale est **Washington**; les villes principales sont: **New York,** *Philadelphie, Boston*, Baltimore, Chicago, Cincinnati, Saint-Louis, la Nouvelle-Orléans, San Francisco.

Le *Mexique* a pour capitale *Mexico;* ville principale: Vera-Cruz. — Les États de l'Amérique centrale et des Antilles sont: *Guatemala*, *Honduras*, *Salvador*, *Niacaragua*, *Costa-Rica*, *Haïti* et *Saint-Domingue*. — L'*Angleterre* possède le *Dominion du Canada* (Ottawa, *Québec*, Montréal, Ontario), Terre-Neuve, les Bermudes, le Honduras, les *Indes occidentales* (Bahama, Jamaïque, Barbade, Trinité). — La *France* possède Saint-Pierre et Miquelon, la *Guadeloupe*, la *Martinique*. — L'*Espagne* possède *Cuba* (la Havane), Puerto-Rico.

XI. AMÉRIQUE DU SUD.

37. — Côtes. — Elles sont baignées par l'**océan Atlantique** avec la mer des Antilles, par le **Grand océan** avec le golfe d'Arica, par le *détroit de Magellan*.

Les îles sont: les îles Falkland, la Terre de Feu, l'île Wellington, les îles Chiloé, Galapagos. — Les principaux caps sont le *cap Saint-Roch*, le cap *Horn*, la pointe Parina.

L'*isthme de Panama* unit les deux Amériques.

Relief. — La principale chaîne est la **Cordillère du sud** ou Andes (Chimborazo, Illampou, plateau du Pérou, Aconcagua), le Massif de la Guyane, le *Grand massif du Brésil* (Itatiaia).

Les grandes plaines sont celles de l'Orénoque, de l'Amazone, des Pampas.

Les **cours d'eau** sont: le Magdalena, l'Orénoque, l'**Amazone** avec le Rio Negro, le Madeira, le Tocantins; le San Francisco, le *rio de la Plata* avec l'Uruguay, le Parana et le Paraguay.

38. — États et Colonies. — Le **Brésil** a pour capitale *Rio-de-Janerio;* pour villes principales, Recife, Bahia. — Le *Venezuela* a pour capitale Caracas. — La *Colombie*, Bogota; l'*Équateur*, Quito; le *Pérou*, Lima; la *Bolivie*, La Paz et Chuquisaca; le *Paraguay*, l'Assomption; l'*Uruguay*, Montevidéo; la *République Argentine*, Buenos-Ayres; le *Chili*, Santiago; ville principale: Valparaiso.

Les *Guyanes* sont des colonies *Française* (Cayenne), *Néerlandaise*, *Britannique* (avec îles Falkland).

XII. DÉCOUVERTES.

39. — Les Grecs et les Romains ne connaissaient que les régions voisines de la Méditerranée et l'Asie occidentale jusqu'à l'Indus. Les Scandinaves, les Arabes, les Croisades ont étendu les connaissances géographiques au moyen âge; Marco Polo est le plus grand voyageur de cette époque. — **Christophe Colomb** a découvert l'**Amérique** en 1492. Américo Vespuce a donné son nom à l'Amérique. — Durant le XVe siècle, les *Portugais* découvrirent les côtes occidentales de l'Afrique; Barthélemy Diaz découvrit le cap de Bonne-Espérance, et *Vasco de Gama* aborda dans l'*Inde* en 1498.

40. — En 1513, Nunèz de Balboa découvrit l'*océan Pacifique*, que **Magellan** traversa ensuite après avoir découvert le détroit de Magellan: c'est le premier voyage autour du monde. — Abel Tasman, Bougainville, La Pérouse, *Cook*, découvrirent au XVIIe et au XVIIIe siècle les îles de l'Océanie et l'Australie. — Dumont d'Urville et Ross explorèrent les abords du pôle sud au XIXe siècle. — La région du pôle nord a été explorée par Hudson, Baffin, Parry, Franklin, Nares et par *Nordenskiœld* qui a navigué de la Suède jusqu'au détroit de Béring, le long de la côte septentrionale de l'Asie.

41. — Les voyageurs célèbres dans l'intérieur de l'Amérique, sont: Jacques Cartier, Cavelier de la Salle, Pizarre, Orellana; dans l'intérieur de l'Afrique, Caillié, Speke et Grant, Livingstone, Stanley; dans l'intérieur de l'Australie, Burke, Stuart.

[illegible]

le *Dauphiné* (1349); sous Charles V, la plus grande partie du *Limousin* (1370); sous Charles VII, le *Poitou* (1442), la *Guyenne* après l'expulsion des Anglais (1453); sous Louis XI, *Alençon* et le *Perche* (1475), la *Bourgogne*, la *Picardie* (Ponthieu et Amiénois), le *Boulonnais* à la mort du duc de Bourgogne Charles le Téméraire (1477), l'*Anjou*, le *Barrois royal* (1480), le *Maine* (1481), la *Provence* (1481); sous Charles VIII, par le mariage avec la duchesse Anne, la *Bretagne* (1491), dont la réunion définitive n'eut lieu qu'en 1532; à l'avènement de Louis XII, le *Valois* et l'*Orléanais* (1498); sous François Ier, l'*Angoumois* (1515), le *Bourbonnais*, l'*Auvergne*, la *Marche*, le *Forez* et le *Beaujolais* (1527); sous Henri II, les trois évêchés de *Metz*, *Toul* et *Verdun*, acquis sur l'Allemagne (1552), *Calais* repris aux Anglais (1558).

4° Sous les **Bourbons**, Henri IV, à son avènement, réunit au domaine le *Béarn*, la *Bigorre*, le *comté de Foix*, le *Périgord*, une partie du *Limousin* (1589), et acquit par traité la *Bresse*, le *Bugey* et *Gex* (1601); Louis XIII acquit une partie de l'*Auvergne* (1625), *Sedan* (1642), et, pendant la guerre de Trente ans, l'*Alsace* (1639), l'*Artois* et le *Roussillon* (1640).

[illegible]

Coulomm. Typ. et Stér. [illegible]

www.ingramcontent.com/pod-product-compliance
Ingram Content Group UK Ltd.
Pitfield, Milton Keynes, MK11 3LW, UK
UKHW031956260826
14628UKWH00005B/2104

9 782014 446852